现代图书馆信息资源建设与管理研究

李 一 吴冠冠 孟文辉◎著

线装书局

图书在版编目（CIP）数据

现代图书馆信息资源建设与管理研究 / 李一，吴冠冠，孟文辉著. -- 北京：线装书局，2022.1
ISBN 978-7-5120-4772-3

Ⅰ．①现… Ⅱ．①李… ②吴… ③孟… Ⅲ．①图书馆－信息资源－资源建设－研究 Ⅳ．①G250.73

中国版本图书馆 CIP 数据核字 (2021) 第 222911 号

现代图书馆信息资源建设与管理研究
XIANDAI TUSHUGUAN XINXI ZIYUAN JIANSHE YU GUANLI YANJIU

作　　者：李　一　吴冠冠　孟文辉
责任编辑：林　菲
出版发行：线装書局
　　地　　址：北京市丰台区方庄日月天地大厦 B 座 17 层（100078）
　　电　话：010-58077126（发行部）010-58076938（总编室）
　　网　　址：www.zgxzsj.com
经　　销：新华书店
印　　制：北京四海锦诚印刷技术有限公司
开　　本：787mm×1092mm　16
印　　张：16
字　　数：310 千字
版　　次：2023 年 6 月第 1 版第 1 次印刷
定　　价：60.00 元

线装书局官方微信

前　言

　　作为人类社会知识，信息保存与传递、传播的重要机构之一的图书馆，已经存在并发展了数千年。近年来，在飞速发展的网络技术的推动下，人类社会信息交流渠道不断增多，传统图书馆文献资源建设研究的相关方法和成果，在很多方面已经无法适用这个时代对信息提出的要求，人们普遍认识到传统图书馆所面临的困境和挑战，开始探索新的图书馆资源管理模式，基于信息资源共建共享理论的现代图书馆建设与管理成为不断努力和探索的目标。计算机技术，特别是网络技术、数字存储技术和传输技术的全面普及，使得以信息资源共建共享为基础的现代图书馆应运而生。在基于信息资源共建共享理论的现代图书馆中，几乎所有载体信息均能以数字化的形式获得，如联机采购、编目、公共查询。通过网络还可以对各种信息资源进行检索，包括对外界数字图书馆和文献信息数据库系统的访问，方便了世界各地人们对于信息资源的共享。

　　信息资源建设是图书馆和其他类型信息机构开展各项业务工作和服务工作的一项核心性基础性工作。高校图书馆作为高等教育的重要信息中心，其主要任务之一是建设全校的文献信息资源体系，为教学、科研和学科建设提供文献信息保障，可见信息资源建设工作直接决定着高校办学水平和办学质量。特别是"双一流"建设的提出，为高校图书馆信息资源建设提出了新的机遇和挑战。随着信息技术的发展，网络环境的形成和"互联网+"时代的到来，信息资源建设的理论体系、采访工作、组织管理、开发利用、资源评价、保障体系和共建共享都发生了根本性变化。如何有效构建新时期高校图书馆信息资源保障体系，最大限度地实现信息资源建设的共建共享等相关问题，一直是图书馆界积极研究的重要课题之一。在互联网和计算机技术的带动下，建设智慧型图书馆已成为时代发展的必然趋势，因而图书馆信息资源配置机制也受到了前所未有的挑战。在现代图书馆进入转型时期，图书馆资源配置面临着发展和创新的一系列新问题。"互联网+"和大数据的发展，改变了图书馆资源配置的生态和现状。图书馆在功能上已经变成不仅是学习的场所，也是交流的场所。

　　基于此，本书从信息化与信息资源基本理论入手，对图书馆信息资源建设的方法、图书馆信息资源建设的影响因素、图书馆信息资源共享，以及高校图书馆资源的评价标准与方法展开详细的叙述，在编写上突出以下特点：第一，内容丰富、详尽，时代性强。不仅涵盖图书馆信息化基础知识，而且对高校图书馆资源管理实践也有系统的分析。第二，理论与实践结合紧密，结构严谨，条理清晰，重点突出，具有较强的科学性、系统性和指导性。第三，结构编排新颖，表现形式多样。在结构上编排新颖，生动形象，便于读者理解掌握。是一本为从事图书馆信息资源建设的工作者以及爱好者量身定做的教育研究参考用书。

在本书的编写过程中，参阅、借鉴和引用了国内外许多同行的观点和成果。各位同仁的研究奠定了本书的学术基础，对现代图书馆信息资源建设与管理研究展开提供了理论基础，在此一并感谢。另外，受水平和时间所限，书中难免有疏漏和不当之处，敬请读者批评指正。

目　　录

第一章　图书馆信息化与信息资源概述 ·············· 1

 第一节　信息资源的演变与发展 ·············· 1

 第二节　信息资源建设的含义及内容 ·············· 7

 第三节　信息资源建设的基本理论与建设原则 ·············· 10

第二章　信息资源建设的理论研究 ·············· 19

 第一节　信息资源建设的支撑理论 ·············· 19

 第二节　信息资源建设的基本理念 ·············· 30

 第三节　信息资源建设的理论体系与流程 ·············· 36

第三章　图书馆信息资源建设的方法 ·············· 39

 第一节　图书馆信息资源的采集 ·············· 39

 第二节　图书馆信息资源的整体布局 ·············· 50

 第三节　图书馆信息资源的整合 ·············· 53

 第四节　中文图书与期刊的信息资源建设 ·············· 59

第四章　图书馆信息资源建设的影响因素 ·············· 64

 第一节　图书馆信息资源建设的宏观影响因素 ·············· 64

 第二节　图书馆信息资源建设的微观影响因素 ·············· 81

第五章　图书馆信息资源的检索研究 ·············· 96

 第一节　信息检索概述 ·············· 96

第二节　信息检索语言 ··· 115

第三节　特种文献信息资源检索 ··· 122

第四节　网络信息资源检索 ··· 134

第六章　图书馆信息资源共享 ··· 139

第一节　信息资源共享发展历程 ··· 139

第二节　数字信息环境下图书馆信息资源共享的必要性 ················ 141

第三节　信息资源共享存在的障碍 ··· 145

第四节　信息资源共享内容与模式 ··· 147

第五节　信息资源共享措施 ··· 150

第七章　图书馆信息资源配置机制与开发 ································· 155

第一节　图书馆馆藏信息资源配置机制 ······································· 155

第二节　纸质文献的空间布局与用户开发 ··································· 173

第三节　数字信息资源配置的组织与方法 ··································· 181

第四节　互联网信息资源的未来与开发 ······································· 190

第八章　高校图书馆资源管理实践 ·· 198

第一节　高校图书馆资源的来源与选择 ······································· 198

第二节　建立科学的文献资源引进机制 ······································· 221

第三节　建立完善的文献资源采集工作规范 ································ 223

第四节　加强采访队伍的建设 ·· 225

第五节　合理使用文献购置经费,加强使用效益评估分析 ············· 227

第六节　建立合理的藏书布局 ·· 227

第九章　高校图书馆资源的评价标准与方法 ····························· 229

第一节　高校图书馆资源的评价标准 ·· 229

第二节　高校图书馆资源的评价方法 ·· 240

参考文献 ·· 247

第一章　图书馆信息化与信息资源概述

数字化信息资源是伴随着数字贮存传输技术和网络技术逐渐发展起来的。数字信息与多媒体网页、数据库和计算机软件等不同，从一开始就以二进制编码形式存在。

图书馆数字化信息资源的建设包括两方面的内容：首先是把图书馆的馆藏资源数字化；其次就是对现在迅猛发展的数字化信息资源的收集。可以说，数字时代的数字化信息资源在数量、结构、分布与传播范围、媒体形态、控制机制、传递手段等方面都与传统的信息资源有着极大的差异，因此，只有组织和管理好数字化信息资源，才能使信息环境高度有序化，以此满足日益增长的各层次、各种类信息需求，提高数字化信息资源的利用率。

第一节　信息资源的演变与发展

一、信息的概念

"信息"一词由来已久，并在人们日常生活中被广泛使用，进入信息时代后更是成为人们社会生活、经济活动频繁使用的"关键词"之一，但在过去常常将其与"消息"等同使用。其实当今人们使用的"信息"概念，无论内涵还是外延都和以往有着很大的区别。"信息"作为一个科学术语也是众说不一。20世纪40年代后期，随着信息论、控制论的产生，"信息"作为一个科学的概念，应用于自然科学和社会科学的许多领域，成为哲学、数学、系统论、控制论、经济学、管理学等学科共同讨论和使用的重要概念。由于学科及研究角度的不同，人们对信息概念的理解也不一样。但无论各种理解的差异有多大，"信息"反映的都是人与人之间、人与事物之间相互作用而产生的内容。因此，信息的内容是包罗万象的，是一切数据、符号、信号、资料等的集合体，在数字信息环境下，其表现形式更是多种多样的，数字、文字、语言、声音、符号、图形、报表等都能表示信息。

二、信息资源的概念

在生产力低下、科学技术落后的农业社会，人们是不可能从"资源"的角度来认识信息的。信息时代，由于信息被应用于生产，缩短了生产周期，节约了物质资源，降低了产品成本，也提高了产品质量，对经济增长和社会发展起到了特殊的作用，因而为人们所刮目相看。从此信息作为一种新兴资源深入人心。信息是一种具有巨大作用的资源，然而，只有经过开发、加工、处理，使之有序化，才能成为有用的资源。信息时代，以计算机和网络技术为核心的现代技术为信息的充分开发和利用提供了前所未有的技术基础和条件，使信息利用更为便捷。而对信息资源的认识也是众说纷纭。

因此，从狭义上讲，信息资源是经过人类选择、加工、处理、组织、序化的各种有用信息的集合。从广义上讲，信息资源除了信息内容本身外，还应包括与其密切相关的信息设备、信息人员、信息系统、信息网络等。但从信息资源建设的角度看，信息资源的概念主要是狭义上的。

三、信息资源类型的发展

信息需要依附于一定形式的载体才能传播、交流。从信息资源的载体形式看，信息资源可分为体裁信息资源、文献信息资源、网络信息资源和实体信息资源。体裁信息资源是指以人体为载体，并能为他人识别的信息资源，如谈话、授课、唱歌等口语信息资源和表情、手势、姿态、舞蹈等体语信息资源。文献信息资源是指以文献为载体的信息资源，如人所皆知的图书、期刊、报纸等信息资源。网络信息资源是指以计算机技术、通信技术、多媒体技术相融合而形成的网上可查找到的信息资源，如电子图书、联机杂志、各种数据库，以及电子邮件等信息资源。实体信息资源是指以实物为载体的信息资源，如产品、样品、模型、雕塑等人工实物信息资源和野外地质剖面、海岸线的形态等天然实物信息资源。从图书馆信息资源建设角度看，信息资源可划分为刻写型文献信息资源、印刷型文献信息资源、缩微型文献信息资源、视听型文献信息资源和数字信息资源。

刻写型文献是指以刻画和手工书写为手段，将知识信息内容记录在各种自然物质材料和纸张等不同的载体上而形成的文献，如古代的卜辞、金文、简策、帛书，以及现代的笔记、手稿、书信、原始档案、会议记录等。

印刷型文献是通过石印、油印、铅印、复印等印刷方法将知识信息内容记录到纸质载体上的一种文献形式。印刷型文献阅读方便、直观、随意，欣赏性强。因此，到目前为止一直受到人们的欢迎。印刷型文献主要是图书、期刊、报纸、特种文献资料，以及其他零散资料。

图书是迄今为止人类利用最多的文献信息资源,以纸质为载体材料,记录着内容全面、系统、成熟的知识,多是著者长期知识积累和研究的成果。它包括有专著、译著、教材、资料汇编、通俗读物、少儿读物等,还包括书目、索引、文摘、指南、百科全书、手册、年鉴、字典、词典等工具书。近年来,多卷书、丛书日渐增多,为读者利用专题文献信息提供了便利。

期刊是一种连续出版物,记录着内容广泛、知识新颖的信息。期刊内容涉及广泛,包括经济、政治、思想、科学技术、文化教育、文学艺术,以及社会生活等各个方面,因此,期刊有政论性、学术性、工艺美术性、通俗性、检索性、资料性等期刊。因为期刊出版周期短,信息传递速度快,能及时反映最新理论、技术、方法、动态等信息,所以最受读者青睐。按出版周期来看,期刊可分为年刊、半年刊、季刊、双月刊、月刊、半月刊、旬刊等。近年来期刊品种并没有大幅度增加,但是每种期刊的版面逐年增大,且多数期刊期数增多——许多从季刊变为双月刊,双月刊变为月刊,月刊变为半月刊,半月刊变为旬刊等,说明期刊文献信息资源越来越丰富。

报纸是出版周期最短、报道内容最广泛、时效性最强的定期连续出版物。报纸具有报道、宣传、评论、教育、参考、咨询等多种社会职能,是最为灵活、活跃、重要的信息资源。按报纸的报道内容可划分为综合性报纸、专业性报纸;同时又可根据其报道内容的区域范围划分为全国性报纸和地方性报纸。此外,按其出版周期,可分为日报、周报、月报、旬报等,而日报则又有早报和晚报之分。总之,报纸信息资源也在蓬勃发展。

特种文献资料指的是那些出版形式比较特殊的科技文献资料,介于图书与期刊之间,主要包括科技报告、政府出版物、会议文献、学位论文、专利文献、标准文献、产品资料等。特种文献资料的特殊性表现如下:第一,内容专一,专业性极强,都是有关某一专业的技术或学术等方面的资料;第二,特种文献资料多数是内部参考文献,没有标准书号,如许多论文集就没有 ISBN 号;第三,多数没有连续性,如有的学术会议文献有时有出版论文集,有时又没有;第四,交流范围较窄,大多是在行业内部交流,具有一定的保密性;第五,内容真实,实用性强,如产品资料记载的数据比较可靠,对技术人员在产品设计、造型、试制、改造,以及引进国外技术设备方面具有参考价值;第六,收集较难,因其大多数是内部交流资料,没有公开发行,收集难度较大。特别是保密性不大的政府出版物会由政府委托出版商在各图书馆宣传、推销,从而得以收藏。

缩微型文献信息资源是指采用光学记录技术将印刷型文献的影像缩小记录在感光材料上制成的文献复制品。缩微型文献信息资源主要指的是缩微资料,其按外形划分可分为缩微胶片、缩微胶卷、缩微卡片等。缩微资料的主要优点是体积小,重量轻,信息存储量大,复制性能好,不走样,同时易于转换成其他形式的文献;成本相对低廉,只有印刷品的 1/10～1/15。不足之处就是不方便阅读，须借助阅读放大机，阅读效果也不及印刷版文献，同时缩微资料的保存和使用条件要求严格，设备费用成本较高，因此一般图书馆收藏极少或无收藏。

视听型文献信息资源是指以电磁材料为载体，以电磁波为信息符号，将声音、文字、图像记录下来的一种动态型文献。视听型文献信息资源主要是指视听资料，其按人的感官接收方式可分为视觉资料、听觉资料、音像资料三种，视觉资料主要有照相底片、摄影胶卷、幻灯片、无声影片、传真照片等。听觉资料主要有唱片、录音带等发声记录资料。音像资料主要有声影片、电视片、配音录像带等显像发音记录资料。视听资料生动、感性，是教学、欣赏的重要资料，也是公共图书馆和专业图书馆及专科院校图书馆收藏的重要资料，如公共图书馆就收藏了较多的音像资料供读者欣赏，电影、音乐、美术院校图书馆也收藏了大量的视听资料。

数字信息资源是指以数字化的形式将文字、图像、声音、动画等多种形式的信息存储在光、磁等非纸质载体中，以光信号、电信号的形式传输，并通过计算机和其他外部设备再现出来的信息资源。数字资源有单机信息资源与网络信息资源之分。单机信息资源是指通过计算机存储和阅读，但不在网络上传输的数字信息资源。由于单机信息资源主要存储在磁带、磁盘、光盘上，在利用上受到很多限制，因此，不利于信息资源的存取和共享。如今人们利用更多的是网络信息资源，所谓网络信息资源指的是借助计算机网络以获取和利用所有信息资源的总和。网络信息资源按其使用形式可划分为联机检索信息资源和互联网信息资源。联机检索信息资源是指通过主机或联机网络及检索终端获取信息的联机数据库。其内容覆盖面广、检索精确度高、信息规模大，节省时间，是获取网上信息的重要途径。互联网信息是世界上最具活力、前景最广阔的信息资源。各种信息内容都集中在统一易用的用户界面上，方便用户存取与利用，而联机检索信息资源用户界面不统一，使用时还需专业人员帮助，因此，互联网信息资源较之于联机检索信息资源更为优越。

数字信息环境下，数字资源大为发展，已经成为社会发展、经济建设、科学研究不可缺少的重要信息资源。因此，数字信息资源成了图书馆收藏的重要对象。近年来，数字信息资源发展迅猛，不仅数量剧增，类型也更为多样化。按照所对应的非网络信息资源来划分，可分为电子图书、电子期刊、电子报纸、信息数据库，以及其他电子信息。

电子图书是指以二进制的数字化形式记录文字、图像、声音等信息，通过磁盘、光盘、网络等电子载体出版发行，并借助于一定的工具进行阅读利用的"数字化书籍"。电子图书主要有两种类型：一类是将纸质图书通过扫描等计算机处理技术将其转换为数字格式的，用电子的方式发行，用计算机阅读和存储的电子读物；另一类为原生数字出版物，即一开始就有电子文本的电子图书。电子图书具有许多优点：①便携性。人们外出时也可阅读大量的图书。②阅读时自然、随意，可以像阅读纸质书那样一页一页地翻看，而不是在电脑屏幕上滚动翻看。③可以用系统附带的书写笔等输入工具在书页上做批注或书写读书感想等。④通过关键词在全文、标题等不同位置的检索，读者可快速找出所需图书，甚至精确到章节，降低读者精确查找图书的时间成本。⑤阅读外文图书时遇到不会念的单词只要点击该单词就会发出读音。⑥阅览图片时动静态可随意转换，如在动态下，可以看到花蕾慢慢绽放的全过程。因此，电子图书越来越受人们喜爱，是图书馆收藏的重要内容之一。

　　电子期刊是指以数字形式存储在电子媒介上，并通过电子媒体发行和阅读使用的连续性出版物。电子期刊按出版发行方式可分为与印刷版并行出版的电子版期刊和纯电子版期刊两种类型。前者是在编辑、出版、发行印刷版期刊时将电子版期刊采用联机形式安装在网络服务器中，提供网上服务；后者则是从投稿、编辑、出版、发行、订购、阅读，乃至读者意见反馈等各环节都在网络环境中进行。相比较而言，与印刷版并行出版的电子版期刊发展势头旺盛，因为印刷版期刊历史悠久，尤其是那些知名度高的期刊早已深入人心，如 Elsevier、Oxford 等著名出版社出版的期刊。这些期刊一旦发行电子版，就能很快被用户接受，因此这类电子期刊是图书馆收藏的重点。另外，按出版来源可分为由原始出版机构发行的电子期刊和由非原始出版机构发行的电子期刊。前者是由出版机构直接将其电子期刊通过网络发行；后者是由电子期刊集成服务商向原始期刊出版机构付费取得经销权，将不同机构出版的电子期刊集中整合于同一检索平台以提供服务，这种期刊价格相对便宜，但有时间滞后问题，有的会延时 6 个月左右。

　　电子报纸是指在多媒体技术、网络技术和通信技术的基础上，将电子技术应用到报纸出版、发行、利用的全过程，从而成为一种新的数字化新闻媒体。可利用计算机和其他电子装置通过网络来阅览。如今电子报纸越来越公众化，在图书馆、公共场所都设有许多触摸屏的电子报纸，供人们选择阅览。电子报纸内容除了显现文字外，还可以呈现表格、彩色图像，甚至可以带有声音、动画等多媒体信息，广受大众喜爱。电子报纸可分为四种形式：第一种是完全纸质的电子报；第二种是纸质报纸在网上设立独立的网站，如《人民日报》的"人民网"，其特点是整点刷新，容量远远大于印刷版，而且还可为用户提供网上资料库查询、短信服务、电子商务等多种服务内容；第三种是数据库形式的电子报纸，如《中国重要报纸全文数据库（CCND）》，数据库型电子报纸学术性、资料性较强，内容覆盖面很广，涉及经济、政治、军事、法律、文化、艺术、教育、科技，以及婚姻家庭、社会生活各个方面；第四种是便携式的电子报纸，可以随身携带，轻松便捷。这种电子报纸支持网卡式离线阅读，可存储多份报纸和相关数据，容量大，阅读方便。

　　信息数据库是指按照一定的数据模型在计算机系统中组织、存储和使用的互相联系的数据组合。数据库的规模大小不一，专业内容无所不包，类型也多种多样。按数据库记录的方式可划分为书目数据库、目次数据库、索引数据库、文摘数据库、综述数据库、事实数据库、数值数据库和全文数据库。

书目数据库指的是图书馆或情报部门根据需要而建立的馆藏书目数据库或联合目录数据库。现今图书馆馆藏目录已发展成联机公共目录检索系统（OPAC），人们通过图书馆目录的 URL（Uniform Resource Locator），就可以查询到世界各地各种类型图书馆的藏书信息，这是信息资源建设与共享最早的成果，也是最重要的成果之一。

目次数据库是指将某些期刊论文的篇名目次汇集在一起，供人检索之用的数据库，如 CCC 西文期刊篇名目次数据库。

索引数据库指的是在出版物中以"篇或知识单元"作为著录单元的检索型数据库。常见的有篇名索引、内容索引、引文索引等数据库；著名的引文索引数据库有 SCI、SSCI、AHCI 数据库和我国的 CSCD、CSSCI 等数据库。

文摘数据库，多数是将印刷型的文摘进行数字化处理而形成的数据库，是图书馆资源建设的重要内容之一。尤其是国外知名的文摘，如生物学文摘、化学文摘，其网络版数据库大型图书馆都会收藏。综述数据库指的是将纸质综述性期刊数字化后汇集在一起，供人利用的数据库。

事实数据库指的是系统存储已有的供人检索并利用的基本事实，包括事实、概念、思想、知识等非数值信息的数据库。

数值数据库是指将物质的各种参数、观测数据、统计数据等数字数据和图表、图谱、市场行情、化学分子式、物质的各种特性等非数字数据按照事物的某种属性集合在一起，供人们检索和获取的数据库，如科学数据库、工程数据库等。

全文数据库指的是存储文献全文的数据库。从数据检索意义上讲可将全文数据库划分为两种：一种是可进行全文检索的电子图书型全文数据库；另一种是文献库型全文数据库，如期刊全文数据库、学位论文数据库、学术会议论文数据库等。

按信息数据库的文献类型来划分，信息数据库可分成电子图书数据库、期刊数据库、报纸数据库、学位论文数据库、会议论文数据库、专利数据库、标准数据库、产品数据库，以及各种专题数据库，如考试类数据库、美术数据库等。数字信息资源的发展大大促进了知识信息的利用，充分发挥了其本身固有的作用，如会议论文是一种很有参考价值的文献，一般而言，会议论文主题鲜明，其议题都是某一时期业界关注的热点问题，是作者自身研究成果的原始创作。科学上的许多新发现、新观点及新成果多半是在学术会议上首次发表，因此，从会议论文里人们可感受到业界发展的新动向。然而，由于印刷版会议论文集出版处于无序状态，要么没有结集出版，要么出版没有 ISBN 号，只能在小范围里交流，图书馆也难以收藏。而会议论文数据库则将各行业的会议论文汇集在一起，供人们较为全面地阅读和利用，发挥出印刷版会议论文难以发挥的作用。再如学位论文，尤其是博、硕士学位论文，都是在导师的精心指导下，经过长期调查或实验，收集大量文献资料而做出全面、系统的论述，并提出创造性的见解，因而具有较高的学术水平和参考价值，是学术研究的重要信息源。

然而，纸质的学位论文在利用上具有很大局限性，只能在小范围里使用，而学位论文数据库则大大拓展了人们的利用范围。由此可见，数字信息资源在传播、利用上有着纸质信息资源难以达到的效果。另外，专利数据库、标准数据库，以及产品数据库的出版发行都更加便于人们的利用。

其他电子信息主要指的是除了上述几种类型信息外的电子信息，如电子邮件、电子公告等。这些都是网络信息资源的重要组成部分。

第二节　信息资源建设的含义及内容

一、信息资源建设的含义

"信息资源建设"一词现在图书馆界已广泛使用，但"信息资源建设"这一称谓也是经历了不断的演变而得来。在我国，先秦时期就出现了"藏书"这一概念。由于当时社会生产力低下，社会知识成果数量有限，文献生产的数量相当之少，人们用各种方法尽可能地全面收集图书并加以妥善收藏和保管，因此"藏书"的含义更多地是表示收藏。进入近代社会，随着西学东渐与西书翻译的发展，西方近代印刷术与造纸术的广泛应用和杂志、报纸、教科书等新型出版物的诞生和发展，图书的种类与出版物的数量日益增多，图书馆藏书已不再局限于狭义的图书。图书馆也不可能对全部文献收罗无遗，于是就出现了"藏书采访"这一专业术语，它强调的是图书馆要有计划地、科学地、选择性地收集文献。20世纪60年代，由于"藏书采访"一词已不足以概括对文献资料的精心选择、收集、组织和积累等工作的全过程，于是，我国图书馆界开始使用"藏书建设"这一专业术语。20世纪70年代以后，藏书建设已形成了较为完善的系统概念。它更加注重了读者需求，强调了藏书建设规律、藏书发展的过程和藏书结构体系。20世纪80年代，图书馆藏书建设面临许多新问题，藏书类型更加复杂，出现了各种不同载体的出版物，如缩微资料、音像资料、机读资料，"藏书建设"的概念就难以真实和准确地反映这一领域理论和实践的发展。因此，图书情报理论界开始寻求新概念和新理论，到了20世纪80年代中期提出了

"文献资源建设"这一概念。所谓的文献资源建设就是指依据图书情报机构的服务任务与服务对象和整个社会的文献情报需求，系统地规划、选择、收集、组织管理文献资源，建立特定功能的文献资源体系的全过程。

其核心内容包含了两个层次的含义：在微观层次上，是指具体图书情报机构的藏书体系的建设，即图书馆如何将各种分散无序的文献予以选择收集、组织管理，使之成为较为完整的藏书体系；在宏观上，是指一定范围内，如一个地区、一个系统，乃至一个国家里众多图书情报机构对文献资源进行统筹规划、协调发展，形成一个完整的资源保障体系，以满足整个社会对文献的需求。文献资源建设突破了传统的图书馆藏书、藏书建设的局限，更好地概括了文献和文献工作的本质，从建立文献资源保障体系的视角和高度来审视和研究各类文献的收藏，将馆际协作、文献资源整体化建设和资源共享、建立联合目录报道体系等一系列宏观文献资源建设理论纳入了研究范畴，从而突显了这一理论的创新性。20 世纪 90 年代以来，由于信息技术的突飞猛进，尤其是互联网的迅速普及，数字图书馆的迅猛发展，文献资源建设的实践发生了巨大的变化，因此，文献资源建设的理论也显露出它的一些局限性。20 世纪 90 年代中期，图书馆界提出了"信息资源建设"这一概念。面对各种形式的数字信息资源的大量涌现，图书馆的信息资源结构发生了翻天覆地的变化，即由单一的实体馆藏变成了实体馆藏加虚拟馆藏。同时信息资源共享只有借助于先进的信息生产、存贮与传播技术，才能最大限度地实现信息资源共建、共知、共享，从而真正建立起一个无比丰富的信息资源保障系统。这一系统问题是文献资源建设概念所无法容纳的。

因此，也只有信息资源建设这一概念才能涵盖。所谓信息资源建设，就是人类对处于无序状态的各种媒介信息进行选择、采集、组织和开发等活动，使之形成可以利用的信息资源体系的全过程。从狭义上讲，尤其是在数字信息资源环境下图书馆信息资源建设就是依据本馆制定的目标和与其他馆的协议进行分工、协作，并对处于无序状态的各种媒介信息进行选择、采集、组织和开发，从而建立起可以利用的信息资源体系的全过程。

二、信息资源建设的内容

（一）信息资源体系规划

信息资源体系指的是信息资源各要素相互联系、相互作用而形成的具有特定功能的有机系统。信息资源体系规划就是根据信息资源体系的功能要求来设计这个体系的微观结构和宏观结构。在微观层次上，就是每一个具体的图书馆根据本馆的性质、任务确定信息资源建设原则，资源收藏的范围、重点和标准，提出本馆信息资源构成的基本模式，制订信息资源建设计划，各型信息资源入藏的数量、比例、层次级别，从而建立起具有特色的信息资源体系。宏观层次上的信息资源体系规划就是从一个系统、一个地区，乃至全国的整体出发，按照整体的规划和分工进行信息资源建设，从而建立起一个较为完备的整体化、综合化的信息资源体系。

（二）信息资源的选择与采集

图书馆根据制定的信息资源选择与采集原则、范围、重点、复本标准、书刊比例、纸质信息资源与电子信息特征及读者、用户利用特点，以及购置经费等情况来选择、采集各种信息资源。读者、用户的需求是动态的，因此，在信息资源的选择与采集这一环节，要跟踪其需求变化，这样才能使采集的信息资源得以有效利用，特别是国外价格昂贵、规模大的数据库资源要慎重采集。

（三）馆藏资源数字化与数据库建设

为了便于资源共享，图书馆应通过计算机和大容量的存储技术、全文扫描技术、多媒体技术，将馆藏中具有独特价值的纸质文献转化为扫描版全文电子文献，以便更大范围地利用。数据库建设要将购买和自建相结合，除了有计划地采选一些数据库资源外，还要建设一些数据库。对图书馆来说，数据库建设主要是书目数据库和特色数据库建设。书目数据库是开发图书馆信息资源的基础数据库，也是图书馆实现网络化、自动化的基础，直接关系到联机编目和联合目录数据库的建设，尤其是外文期刊的联合目录数据库的建设是十分重要的，其关系到资源的有效利用和资源共享问题。特色数据库是图书馆特色资源的集中反映，是图书馆充分展示其个性，提高其社会影响力和信息服务竞争力的核心资源。图书馆可根据本馆馆藏优势，了解社会的需求，选择适合的主题，集中技术力量制作独具特色的专题数据库，提供上网利用，为本地区，乃至全国更大范围的用户提供服务。

（四）网上信息资源的开发利用

互联网信息资源丰富多彩，图书馆对其开发组织，就可构建成自己的虚拟馆藏，为用户提供更多的信息源。这里开发和利用就是根据用户的需求与资源建设的需要，搜索、选择、挖掘互联网中的信息资源，下载到本馆或本地的网络中，或链接到图书馆的网页上，建立 Internet 信息导航库，为用户提供服务。如今外文电子期刊备受用户青睐，但其价格昂贵，图书馆费尽全身解数也难以满足用户的需求。而现在网上有许多 OA 期刊，这是为用户解决电子期刊资源缺乏的新途径。图书馆可根据本馆用户的需求，尽可能地收集、挑选相关网站作为今后集成和跟踪的对象，广泛而有针对性地收集相关的 OA 期刊，为用户提供更多的外文电子期刊信息源。

（五）信息资源的组织管理

信息资源的组织管理分别是对馆藏纸质信息资源和电子信息资源的组织管理。其目的是使资源得到有效的利用。纸质信息资源的布局、排列是相当重要的，如外文图书混杂在中文图书里就如同海里捞针，而将外文文献归放在少人去的分馆则会更加减少其利用率。因此，要妥善处理图书馆馆藏布局，合理安排藏书结构，使馆藏得以充分利用。此外，图书馆的电子信息资源也日益增多，为此，图书馆要对购买的数据库资源进行整合，将不同类别的资源加以合理区分，以便用户利用，同时将购买的数据库与自建数据库有机地集成一体，对其内容进行充分揭示，实现跨库检索，提供"一站式"服务，尽可能地为用户信息利用提供便利，并节约其宝贵的时间。

（六）信息资源的共建与共享

进入信息时代，各种信息资源剧增，特别是随着数字化进程的快速推进，电子资源数量激增。数字信息环境下图书馆再也无法凭借一馆之力来满足用户日益增长的信息需求。因此，信息资源共享便成了图书馆的呼声，也是图书馆为之奋斗的最高目标。然而，信息资源共享的前提是信息资源共建。因此，信息资源共建是信息资源建设的一项重要内容。具体地说，数字信息环境下，信息资源共建共享要达到如下目标：通过整体规划与图书馆之间的分工协调，建立起相对完备的信息资源保障体系；形成覆盖面宽、利用便捷的书目信息网络；建立迅速、高效的文献传递系统和便利的馆际互借系统。

第三节 信息资源建设的基本理论与建设原则

一、信息资源建设的基本理论

（一）系统论在信息资源建设的应用

系统论是研究系统的一般模式、结构和规律的学问，研究各种系统的共同特征，用数学方法定量地描述其功能，寻求并确立适用于一切系统的原理、原则和数学模型，是具有逻辑和数学性质的一门科学。

系统论的核心思想是系统的整体观念。任何系统都是一个有机的整体，系统中各要素不是孤立地存在着的，每个要素在系统中都处于一定的位置，起着特定的作用。要素之间相互关联，构成了一个不可分割的整体。要素是整体中的要素，如果将要素从系统整体中剥离出来，就将失去要素的作用。

现代系统论认为，客观世界的一切物质都存在于一定系统中。所谓系统是由相互联系、相互依赖的若干个组成部分结合而成、具有特定功能的有机整体。数字信息环境下系统论对图书馆信息资源建设起着重大作用。图书馆信息资源建设，实际上也是在一种闭合的循环系统中运行，并由采访信息接收系统、采访信息处理系统、订单信息接收与反馈系统、信息资源使用信息反馈系统等多个子系统组成，有效地处理好各系统的关系便能促进信息资源建设工作的开展，并收到事半功倍的效果。

（二）控制论在信息资源建设的应用

控制论是研究各类系统的调节和控制规律的科学，是具有方法论意义的科学理论。控制论的思想和方法已渗透到了几乎所有的自然科学和社会科学领域。管理系统是一种典型的控制系统，管理系统中的控制过程在本质上与工程的、生物的系统一样，都是通过信息反馈来揭示成效与标准之间的差，并采取纠正措施，使系统稳定在预定的目标状态上的。因此，从理论上说，适合于工程、生物控制论的理论与方法，也适合于分析和说明管理控制问题。

从控制论的本质看，控制的过程就是一个信息流通的过程，控制就是通过信息的传输、变换、加工、处理来实现系统高效运转的。由此可见，控制的基础是信息，一切信息传递都是为了控制，进而任何控制又都有赖于信息反馈来实现。信息反馈是控制论的一个极其重要的概念。所谓信息反馈就是控制系统把信息输送出去，又把其作用结果返送回来，并对信息再输出产生影响，起到制约的作用，以达到预期的目的。

当代信息资源增长迅速，数量浩繁，出现了信息涌流的现象，这就是信息流。所谓的信息流是指以科学文献为主要传播媒介的各种信息在人类社会生活各个领域的传播，知识信息量增长之速度，传播之广度，触及社会生活之深度，参与交流、传播之人数都是人们始料未及的，乃至在某些方面使人们对它失去控制。正是因为信息流的出现及其对人们社会生活的广泛影响，因此，被称为"信息爆炸"。

信息流的出现给人们的社会生活带来了重大影响，尤其是给科学和专业工作者的劳动增添了巨大困难。主要表现在三个方面：其一是具有情报价值的新的知识信息被大量价值不大的文献信息所淹没，给人们检索所需信息加大了难度；其二是信息的涌流造成了知识内容的重复；其三是知识信息的有效期缩短，信息的自然淘汰期加速，也给信息的及时利用增加了难度。总之，由于信息的涌流，图书馆用户不得不花去大量时间检索自己想要的信息，而用于创造性研究和思考的时间则变少了，这实际上是对社会最宝贵生产力的巨大浪费。由于信息流的泛滥及用户有效信息获取难度的增加，对信息的涌流必然要采取对策，图书馆信息资源建设就是对众多信息资源进行有效的控制。所谓的信息控制是指对信息进行选择，使其具有合理的流向，并定向传播，有效地满足人们的需求。

（三）经济理论在信息资源建设中的运用

信息是一种重要的经济资源，因而信息资源建设必须遵循基本的经济学法则，即用有限的信息成本获取尽可能大的信息报酬。信息成本指的是用于信息资源建设的资金投入。信息报酬指的是信息投资的产出或效益。我国用于信息资源建设的投入在逐年增长，但无论如何增长也跟不上信息资源数量的迅猛增长和价格的不断上涨。信息资源投资的效益是指信息资源被利用后引起生产要素增值的部分。但由于这种增值是一个十分复杂的过程，有很多因素在起作用。因此，信息资源效益具有很大的模糊性和难计量性。然而一个十分直观的事实便是信息资源的效益与资源的使用率成正比。从资源利用情况看，各种类型的信息资源利用率并不高，据统计资料表明，外文文献利用率仅为10%，中文文献利用率稍高些，也只在30%~40%，因此，图书馆信息资源建设就是运用经济学的有关理论、原理来有效配置信息资源，使其得以尽可能地利用，从而最大限度地提高其效益。

二、信息资源建设的原则

信息资源建设原则是信息资源建设客观规律的反映，是信息资源建设实践的科学概括和总结。信息资源建设的实践是随着信息环境的变化、图书馆事业的发展而发展的，同时还会受到社会经济、政治、科技、教育及文化发展状况的影响，因而信息资源建设原则的内涵，也是随着社会的发展而不断丰富和发展。因此，数字信息环境下，信息资源建设应该遵循实用性原则、系统性原则、特色化原则、协调发展原则以及共建共享原则。

（一）实用性原则

实用性原则是指图书馆要从实际使用需要出发，规划、选择、收集、整理、组织和管理信息资源，以最大限度满足读者、用户的信息需求。实用性原则首先要求图书馆要根据本馆工作任务的需要进行信息资源建设，如国家图书馆和大型综合性公共图书馆承担着为政府决策和国家的政治、经济、科学、教育和文化发展服务的任务。因此，就要系统收集、保存各学科有价值的信息资源。而中小型公共图书馆的主要任务是为地方经济、文化发展服务，为满足人民群众学习科学文化知识的需要服务，要重点收藏符合地方经济和社会发展的有关科研、生产、管理等方面信息资源，以及地方文献和有关群众学习科学文化知识的信息资源。高校图书馆的主要任务是为本校教学和科学研究服务。那么，高校图书馆既要系统收集有关专业的教材和教学参考书，重点入藏与学校科研任务有关的信息资源，又要广泛而有选择地收藏各种课外读物。科学专业图书馆的主要任务是为科学研究服务，要紧密结合本系统、本单位的研究方向和研究课题的需要，完整、系统地收集本专业的国内外信息资源，有重点地收集相关学科的信息资源，有选择地收集其他学科的信息资源。

实用性原则要求图书馆应根据读者、用户实际需要进行信息资源建设。读者或用户是图书馆的服务对象，图书馆要完成所负担的服务任务，是要通过为读者或用户提供各种信息资源来实现的。图书馆的信息资源如果脱离了服务对象的实际使用需要，就无法实现它的价值。不同的读者、用户对各种类型的信息需求存在着很大的差异。专家型（研究型）读者、用户更喜欢电子信息资源，尤其是网络信息资源，而大众型（学习型）读者、用户更喜欢纸质信息资源；年轻读者、用户更喜欢电子信息资源，年长读者、用户更喜欢纸质信息资源。因此，图书馆信息资源建设要从读者的实际需求出发，了解各种类型读者、用户群的大小，从而掌握各类型信息资源入藏比例。

实用性原则要求图书馆应根据信息资源实际出版、发行情况来配置信息资源。数字信息环境下，信息资源数量、类型都在激增，因此，图书馆要了解时下有哪些类型的出版信息资源，从各类型的信息资源中选择读者、用户最需要的那些信息资源，不能心中无数，盲目或有偏见地只配置某一类型的信息资源，导致有些读者、用户缺少自己喜爱的信息资源。另外，还要关注各类型的信息资源出版数量，在资源配置时可能从多中选优，而数量少时切不可失去良机，从而造成某些信息资源的缺藏。

总之，图书馆应根据本馆的服务任务，读者、用户的实际需求，以及信息资源的实际发展情况来配置信息资源，改变传统图书馆以书为本、以"藏"为工作重心的文献资源建设观念，转变为数字信息环境下以人为本、以"用"为工作重心的信息资源建设观念。信息资源建设所做的每一件事都要从读者的实际需求出发，不做"假大空"、不切合实际的事情。只有这样，才能建立起符合实际使用需要的信息资源体系。

（二）系统性原则

系统性原则是指在信息资源建设中图书馆要注意信息资源系统各要素之间相互联系和信息资源系统与环境的联系。

1. 科学知识具有系统性

任何门类的科学知识在时间上，从古至今，不断继承、积累，纵向发展，各类知识大量产生，各学科发展日益完善；在空间上从中到外，各门类知识相互渗透、交叉，横向联系，边缘学科、交叉学科、横断学科大量产生，各学科之间的关系越来越密切。这体现了科学知识内容的系统性。此外，其生产具有连续性。例如，各种类型、各种载体类型的文献，其出版发行大多具有计划性和连贯性的特征，尤其是时效性强的报纸、杂志、丛书、丛刊、多卷书等连续出版物等。

2. 读者对科学知识的需求具有系统性

信息资源利用的主体，是由不同层次的年龄结构、文化结构、知识结构组成的读者群系统。他们对信息资源的要求和使用，在类别和类型上，在时间和水平上，在范围和深度上，从表面上看好像宽泛杂乱、变幻莫测，但实际上是有一定的专指性和系统性的。尤其是从事系统学习和系统研究的读者群，更表现出循序渐进的阅读需求和专门深入的检索需求。要满足各种读者的系统要求，就必须在信息资源建设过程中始终保持各种类型和载体的比例合理，系统收集，分别组织，做好总体规划，使信息资源的系统性与读者需求的系统性相一致。

图书馆应先根据主要服务任务和读者需要，将某些学科、专业或专题范围的文献作为重点收集的对象。对这些重点藏书，从纵向系统看，要在内容上保持这些学科内在的历史延续性和完整性，反映出学科发展变化的特点和规律；从横向系统看，要广泛收集这些学科各个学派有代表性的专著和有关评论、重要期刊、主要相关期刊和其他类型文献资料。此外，图书馆将长期积累的某些类型的珍贵书刊资料作为特藏。对于特藏书刊，要保持历史连续性和稳定性。

对与本馆服务任务直接相关的多卷书、丛书、连续出版物及重要工具书，要完整无缺，不能随意中断。这类文献无论在知识内容还是在出版发行形式方面，都具有很强的系统性，一旦中断，就会失去其完整性，因而也就失去了价值。这类文献很多已经数字化，并通过网络传递，因此，图书馆要根据实际使用需要和可能的条件，确定这类文献中哪些应该购买印刷版，哪些应该购买电子版，哪些既要印刷版又要电子版。总之，要使这类文献配套，形成相互联系、相互依存的系统。

要注意各学科间相互渗透、边缘交错的内在联系，广泛而有选择地收集相关学科、边缘学科，以及供一般读者学习和阅读的基础书刊。这类书刊涉及学科面广，读者使用面宽，数量大，图书馆应根据需要挑选其中最主要、最有价值的部分入藏，从而形成有重点、有层次的馆藏文献资源体系。

（三）特色化原则

信息资源特色化，指的是一个图书馆馆藏信息资源所具有的独特风格，它体现着图书馆馆藏资源的生命力。社会信息资源是一个整体，每个图书馆的信息资源都是这个整体的一个组成部分。如果每个图书馆的信息资源都具有各自的特色，就能更好地实现地区性，乃至更大范围内的信息资源共享。同时，各类型图书馆，除了共同性的任务以外，还分别担负着为某些方面服务的特殊服务，拥有本馆特定的读者群。因此，图书馆必须根据本馆的性质、任务和读者对象的需要，建设能满足特殊服务任务和特定读者需要的信息资源体系。

1. 学科特色

即对某些学科、专业的文献有完整系统的收藏，形成自己的特色，学科特色对科学专业图书馆、高校图书馆而言都是至关重要的。科学专业图书馆要围绕自己所服务的科研领域、任务来形成学科特色资源。高校图书馆要根据本校专业设置，尤其是重点学科专业情况，形成专业特色资源。即使是公共图书馆，也要根据本地生产、科研的重要领域，确定本馆资源的学科特色。

2. 专题特色

即围绕某些专题（事物、问题、人物等）较为完整、系统地收藏有关文献，形成专题文献特色。如有些图书馆建立服装文献特藏、陶瓷文献特藏、旅游文献特藏，有些图书馆建立台湾问题研究文献特藏、东南亚问题研究文献特藏，有些图书馆建立起某位名人研究文献的特藏等。这种专题特色是馆藏特色的重要内容。

3. 地方特色

即根据本地区的地理、历史、经济和文化特点，对有关本地的文献完整系统地收藏，从而形成特色。而最具有地方特色的文献就是地方文献。所谓地方文献，是指涉及本地区政治、经济、历史、文化、科学等方面内容的文献资料。地方文献记载着从古至今本地区的历史沿革、经济特点、自然环境、风俗民情、文化古迹等情况，为研究本地区的历史和现状提供了第一手材料，对发展本地区的经济、文化、科学事业，特别是发挥本地区的优势，具有独特的使用价值。因此，藏书的地方特色对为地方经济、科学和文化发展服务的公共图书馆来说，是至关重要的。

4. 文献类型特色

即根据图书馆的任务、历史特点、藏书协调组织的统筹安排等，对某些文献类型完整系统地收藏，形成特色，如某些图书馆的标准文献特藏、专利文献特藏、缩微资料特藏、音像资料特藏等。如有些艺术类高校图书馆、国家图书馆或省级公共图书馆收藏的许多音像资料都是很重要的特藏。

信息资源特色化原则除了在资源类型等方面有所要求外，在信息资源数量方面也有所要求。信息资源特色的形成，是图书馆对资源长期积累的结果，因此，一定的信息资源数量是保证馆藏资源特色的基础，数量太少，特色就很难形成。这就要求图书馆对已经确定为馆藏资源特色的信息资源要尽可能完整、系统地收集，在经费上优先分配，使这些种类的文献在数量上得以保证。此外，还要看其是否达到完备程度。

信息资源特色化原则除了在信息资源数量上有所要求外，在质量方面也有所要求。信息资源数量是形成特色的一个因素，但绝不是有了数量就自然形成特色，资源数量要以资源质量为基础，并以质量来控制数量。首先要求图书馆收集的信息资源在内容上要有一定的深度，能够体现学科发展的最新动向与发展水平。这对科学专业图书馆来说是毫无疑问的。对高等院校图书馆来说，为了保证馆藏特色，也必须有一定品种数量的符合专业特色的有较高水平和深度的科研用书，包括特藏书、外文原版书、大型成套工具书、特色数据库等。省级公共图书馆除了担负为广大群众提高科学文化水平服务的任务外，同时也负担着为科学研究与生产服务的任务。因此，省级公共图书馆不仅要收藏为普及科学文化服务的书刊，更要注意收集学术性较强的科学专著、期刊及其他类型的资料，否则难以形成特色。其次，特色化要求图书馆对特色信息资源的入藏比例合理，尤其是已形成特色的学科领域的最新文献资料要占有合理的比例。一般说来，公共图书馆新书率应在15%～20%，高校图书馆文科新书率应在20%～25%，理工科新书应在25%～30%。达到新书率的标准，就能使图书馆提供最新的信息和最先进的知识，使信息资源的特色经得起时间的考验。如果没有新信息资源的及时补充、更新，原有的特色就会衰老和消失。

重点藏书是图书馆信息资源中的精华，图书馆信息资源的特色也主要体现在重点藏书中。因此，图书馆要为主要服务任务和重点服务对象配备某些学科、某些专业或专题的信息资源，对重点藏书的要求，一是要做好调查研究，使确定的重点藏书真正符合客观实际，有较强的针对性；二是要全面、系统地收集，在纵向上注意其历史连贯性，横向上注意各学科的相互联系性，补充要及时；三是要保持其稳定性，保证购书经费及各类书刊的合理比例，调整其局部变化。

核心期刊信息密度大，内容质量高，论文寿命长，引用率、文摘率和借阅率也都比其他期刊高，代表着某学科、某专业领域学术水平和发展趋势。因此，核心期刊是信息资源特色的一个重要组成部分，图书馆应根据实际情况和读者需要，结合期刊本身的质量（可靠性、权威性、实用性等），慎重确定。一旦各专业核心期刊确定后，就要从各方面给予保证，系统订购，长期保存。

此外，特色数据库建设也十分重要，但须慎重。当一个图书馆的馆藏转化为文献数据库并提供网上信息服务时，其他图书馆再把相同的资源进行加工上网是没有意义的。如果说传统的图书馆作为独立的存在体，它们所拥有的资源相互之间还允许一定程度重复的话，那么在网络上，图书馆作为网络整体的一个节点，它的数据库资源如果被网上其他机构的数据库资源所覆盖，那么它的生命力和存在价值就会大大降低。而只有图书馆拥有的信息资源各具特色、互不雷同，图书馆从网络获取的资源才是丰富而真正有价值的。

（四）协调发展原则

数字信息环境下，不仅信息资源数量激增，而且类型多样。因此，图书馆应根据本馆的实际情况及读者、用户的需求特点进行资源配置，并使之协调发展，以充分满足读者、用户的各种信息需求。数字信息环境下，图书馆首先要注意各学科信息资源的协调发展。各学科信息资源协调发展指的是在兼顾一般学科的基础上主要保证重点学科、特色学科信息资源的持续发展。不要因某类图书出版得多就不加选择地订购，而是要根据学科建设的需求情况而定。其次要注意各语种信息资源的协调发展。读者、用户对外文信息资源需求量是不同的。

中文信息资源一直是我国读者、用户利用的主要信息资源，但近年来，读者、用户对外文信息资源的需求量逐年攀升。但并不是说读者、用户对外文信息资源的利用都均衡。一般说来，读者、用户对外文科技类信息资源需求量较大，对社科类外文信息资源需求量较小。因此，信息资源建设语种上协调发展，也要根据读者、用户对各学科信息资源的实际需求情况来发展。再次要注意各种载体的信息资源协调发展。近年来，用户对电子信息资源需求量越来越大，其中需求量最大的是中文全文电子期刊，其次是外文全文电子期刊；用户需求面也越来越宽，不仅是对书目数据库、电子期刊数据库有需求，对电子图书数据库、专题数据库、各种教学视频库等都有需求。一方面，要注意根据用户对各类型电子资源的实际需求情况来配置电子资源；另一方面也要注意纸质信息资源与电子信息资源的配置比例，从而促进各种信息资源的协调发展。

（五）共建共享原则

共建共享原则是指一个地区、一个系统、一个国家，乃至全球的图书馆之间建立广泛的合作关系，科学规划，分工协作，共同建设互为利用、互为依存的信息资源联合保障体系。数字信息环境下，信息资源共建共享变得更为必要和迫切。信息技术的发展和网络环境的形成也为信息资源共建共享提供了强有力的技术支持。海量的信息存储系统、高速和成本低廉的传输手段、联机联合目录及各种电子化的检索工具等，都为信息资源共建共享创造了有利条件。因此，图书馆要从整体目标出发，信息资源建设要进行统筹安排、科学规划、合理布局。各图书馆要在服从整体目标的前提下，建立本馆有重点、有特色的专门化信息资源系统。各图书馆之间通过分工协作、联合采集、优势互补建立起相对完备的信息资源联合保障体系。同时，通过建立于现代信息技术基础上的馆际互借和文献传递系统，各馆的资源相互提供利用，从而实现广泛的信息资源共享。

数字信息资源环境下，信息资源建设的五项原则是一个相互联系、不可分割的统一体。其中，实用性原则是基本原则，系统性原则、特色化原则和协调发展原则既要以实用性原则为前提，又是实用性原则的保证。共建共享原则把信息资源建设的实用性、系统性、特色化和协调发展从微观领域带入宏观领域，丰富了这些原则的内涵，同时也使信息资源建设真正成为一项社会性的事业，并对促进社会的发展和进步起到重要的作用。

第二章　信息资源建设的理论研究

　　任何实践活动都需要在一定的理论指导下来进行，信息资源建设是技术性、业务性很强的实践活动，因此需要有理论的指导与监督；反过来，经过对信息资源建设实践活动的概括和总结，同时不断从相关学科的理论和方法中汲取营养，又会不断形成、升华为新的理论来丰富、充实和完善原有的理论体系。

第一节　信息资源建设的支撑理论

一、信息资源建设中传统基础理论的运用

（一）图书馆学

　　图书馆学是研究图书馆的发生发展、组织管理，以及图书馆工作规律的科学。其研究的内容包括图书采访、图书分类、目录学、读者服务、文献检索、参考咨询、图书馆系统以及图书馆事业和宏观调控与管理等。信息资源建设主要探讨为符合图书馆任务和读者要求，系统地建立、发展、规划、组织馆藏体系以及信息保存、保护的理论与方法，进而研究系统、地区、全国信息资源的布局和信息资源的共享等。可以说，现代图书馆工作以及一些理论已与现代信息资源建设工作连成一线，其部分工作内容就是信息资源建设活动的重要的核心组成部分。

（二）情报学

　　情报学是以作为一种普遍存在着的社会现象的情报和整个情报交流活动为研究对象。具体地说，主要研究情报的收集、组织、存储、检索，情报系统资源的布局、开发和利用，情报网络和情报系统的建设，以及国家情报管理体制、国家情报政策与法规、情报产业与情报经济、情报教育等。现代信息资源建设活动是以情报文献工作为延伸，因此现代

信息资源建设的理论研究与情报理论紧密相连。

（三）档案学

档案学是研究档案的形成和特点、档案管理的原则和方法以及档案工作发展规律的一门科学。具体地说，主要研究档案和档案管理过程（包括收集、整理、鉴定、保管、统计、检索、开发利用等），研究档案系统及组织，研究国家档案事业的组织、管理和发展规律等。档案信息资源是建设现代信息资源的重要内容之一，与现代信息资源建设密切相关。

（四）大众传播学

大众传播学又称传播学或者传媒学，是研究人们运用符号进行社会信息交流的规律性和行为的一门科学。具体地说，主要研究传播和传播过程，传播类型与传播模式，传播媒介，传播与国家发展、传播与现代化等内容。现代传播学除了研究纸载信息这一传统媒体外，也研究其他各种形式的信息媒体——声像、缩微、电子出版物等类型，这为现代信息资源建设的信息资源传播提供了坚实的理论基础。

二、信息资源建设中现代基础理论的运用

信息资源建设的现代基础理论是信息科学理论和信息整序理论。信息科学理论包括信息论、系统论和控制论，人们通常称之为"老三论"；信息整序理论包括耗散论、突变论和协同论，人们通常称之为"新三论"。

（一）信息资源建设中信息科学理论的运用

信息科学理论以信息为基本的研究对象，以信息的运动规律和应用方法为主要研究内容，以计算机技术为主要研究手段，以扩展信息功能为研究目标的科学，是信息资源建设最直接和最重要的基础理论。

1. 信息论

信息论是一种关于通信的数学理论，通过数理统计方法研究信息的度量、传递和变换规律，解决信息的获取、度量、变换、存储、传递等问题的基本理论。信息论有狭义信息论、一般信息论和广义信息论之分。狭义信息论即申农的信息论，主要研究信息的测度、信息容量和编码等问题；一般信息论即通信理论，主要研究信息传输的一般理论，包括信号与噪声理论、信号过滤与检测、调制与信息处理等问题；广义信息论即信息科学，研究涉及通信科学、心理学、语言学、语义学、遗传工程、决策科学等与信息有关的一切领

域。信息的传递交流也是一种通信工程，除了通过人与人之间直接交谈进行交流之外，更多的是通过电话、电报、无线电、电视、报纸、各种出版物等方式，借助于对各种符号和信号系统的传递、存储来交流信息。特别是用现代信息技术处理信息资源后，更使得信息论与现代信息资源建设结下不解之缘。

信息机构作为信息服务中心，以满足信息用户的需求为最终目的，对信息用户提供咨询、检索等服务，要做好这些工作，必然要求其子系统紧密配合，形成一个有机的整体，而这种配合就是一种信息交流的方式。信息机构的资源运行系统的这种信息交流表现为外部的交流与内部的交流。外部交流，主要指各信息机构之间的相互交流以及信息机构与外部环境之间广泛的联系。信息机构为了满足整个社会的信息需求，信息机构之间必然要联合起来，互通有无，进行资源共建，实现资源共享。内部交流主要指内部子系统之间的相互作用、相互制约。表现在其接收服务对象的反馈上，信息用户对信息资源中心的整体运作提出意见，这些意见被信息资源中心汇总、分析、研究，从中找出工作中的不足，加以改善，不仅能更好地为信息用户提供服务，同时也促进了自身的发展。

2. 系统论

（1）系统与系统的性质

现代系统理论认为，客观世界的一切物质都存在于一定的系统之中。所谓系统，是由相互联系、相互依赖的若干组成部分结合而成的具有特定功能的有机整体。而这个系统本身又是所从属的更大系统的组成部分。一个国家的信息资源也是这样一个系统，它具有普通系统所具有的基本性质。

第一，信息资源系统是由若干要素和子系统按一定方式组合而成的。各种信息生产部门、图书馆、情报机构、档案机构及其他信息机构的信息资源，都是构成这个系统的要素，各要素按一定的方式组成若干层次的子系统，然后由这些子系统组成全国信息资源整体系统，同时信息资源系统又是整个社会大系统的一个组成部分。

第二，信息资源系统内的各要素、各子系统之间相互依存、相互制约，这种依存和制约关系是通过大系统这个整体相联系的。

第三，整体的信息资源系统具有一定的特性和功能，这些特性和功能并非各要素、各子系统特性和功能的简单叠加，合理建立起来的信息资源系统，其整体功能应该大于各子系统功能的算术和。

第四，信息资源系统存在于社会环境之中，并与环境进行物质、能量和信息交换。一方面，信息资源系统受到社会经济、政治、科学、文化、教育各种因素的影响和制约，另一方面，又向社会提供信息资源，以其特有的作用促进社会的发展。

信息资源系统的客观存在及其特征，正是运用系统理论解决信息资源建设问题的基础。

（2）运用系统理论和方法研究信息资源建设

①系统的整体性原则是信息资源共建共享基本的方法论基础

从系统理论观点来看，信息资源共建共享的目的就在于充分发挥信息资源系统功能的放大作用，使大系统的功能大于子系统功能之和，这是系统的整体性原则决定的。系统的整体性原则为信息资源共建共享提供了以下几点启示：

第一，必须建立信息资源保障体系。

第二，信息资源保障体系必须有明确的系统目标，并能保证系统总体的最优化。

第三，信息资源保障体系的运行必须与社会环境相适应。

②系统的联系性原则为信息资源体系结构研究提供了理论依据

系统的联系性原则是指系统要素之间、系统和环境之间存在着相互联系、相互作用的关系。联系性原则和整体性原则密不可分，它要求我们在考察任何对象时，都要从整体出发，把重点放在系统要素的各种联系上，从各种联系中综合考察事物，从而从整体上正确揭示事物的性质和发展规律。

系统的联系性原则要求，要提高信息资源系统的功能，不仅要注意提高组成信息资源系统的各要素的素质，而且要注意改善信息资源系统的构成、组合状况。

③系统的有序性原则对信息资源组织的理论指导意义

系统的有序性原则是指组成系统的各要素之间相互联系和制约的关系是有规律、有秩序的。系统的有序性，是系统有机联系的反映。系统中稳定的联系，构成系统的结构。系统的有序性越高，系统结构越严密，系统的功能就越强。反之，系统的有序性越低，系统结构越松散，其功能也越差。

系统的有序性要求图书馆对采集的信息资源要依据一定的技术方法和规范，进行加工、整序。经过程序化的处理过程，使之成为馆藏信息资源体系中组织化、序列化的组成部分。

系统的有序性原则还要求图书馆建立完善的信息检索系统，使图书馆以及整个信息资源保障体系所拥有的和可存取的所有信息资源的内容都能够通过这些检索工具和检索系统全面系统地加以体现，使信息用户从多角度、多途径了解信息资源内容，从而有效地利用这些资源。

④系统的动态性原则同社会信息需求的变化相适应。

系统是一个"活"的有机体。在各要素之间、要素与系统之间、系统与环境之间都存在着物质、能量、信息的流动。因此，系统的平衡和稳定是一种动态的平衡和稳定。系统的变化，根源于系统内部的矛盾运动，也就是根源于系统组成要素及其相互关系的变化。

同时，来自周围环境对系统及结构的影响也会使系统产生适应性变异。

在信息资源建设的过程中，根据系统的动态性原则，我们要研究信息资源系统在时间上发展变化的趋势和规律，自觉地调整信息资源系统内部结构及其与外部环境的关系。信息资源系统发展变化的内因在于日益广泛、复杂、多元化和个性化的社会信息需求必须与信息资源建设相适应。发展变化的外因在于信息资源的内容和载体会随着科学技术的发展而逐渐陈旧、老化，失去利用价值。因此，信息资源建设是一个不断淘汰老化、失效的资源，不断扩充、发展新的资源的动态过程。只有及时调整和更新信息资源结构，才能建立起一个充满生机与活力的信息资源系统。

3. 控制论

控制论是研究控制系统的理论。所谓控制是指事物之间的一种不对称的相互作用。事物之间构成控制关系，其间必然存在一个或几个主动施加作用的事物，称为主控事物或控制者；同时也存在一个或多个被作用的事物，称为被控事物或控制对象。一般说来，控制者具有一定的控制目标，控制者正是通过不断对控制对象施加作用和影响来逐步达到这一目标的。控制者对被控对象施加作用和影响的过程也是向被控对象反馈信息的过程。反馈是控制论的基本理论，正因为有了反馈，控制的行为才有了目的性。信息是控制的基础，控制则是要从有关的信息中寻找正确的方向和策略。

信息资源运行系统是一个复杂的动态系统，为保持整个系统的运行经常处于最佳状态，就要进行"逐级分层"控制。"逐级分层"控制是指在控制中存在一个集中的控制机构控制着各子系统的影响，同时各子系统又有一个自己的独立控制机构来控制其构成要素的运行，以此逐级控制，环环相扣。当一个子系统或其构成要素出现控制失误时，不会影响到其他子系统的正常运行，对整个系统的运行也不会产生太大的影响，有利于及早发现问题、解决问题。

（二）信息资源建设中信息整序理论的运用

信息的有序化是整个自然、社会有序化进程中的一部分，是加速自然、社会有序化进程的重要因素，耗散结构论、协同论和突变论从普遍的意义上解决了一个开放系统如何从无序走向有序状态的问题。因此，信息整序理论也就成为信息资源整序的基础理论。

1. 耗散结构论

耗散结构指一个远离平衡态的开放系统，通过不断地与外界交换物质、能量，在外界条件的变化达到一定阈值时，从原来的无序的状态转变为在时间上、空间上或功能上的有序状态，这种远离平衡情况下所形成的宏观有序结构，就称为耗散结构。耗散结构理论的基本思想：一是系统必须处于远离平衡状态。只有系统远离平衡状态时，才能形成有序结构。二是系统必须是一个开放系统，在外界的作用下，才能形成新的有序结构。三是系统内部各要素的相互协作，才能使系统从无序变为有序。信息系统正是一种耗散结构系统，它是一个远离平衡状态的开放系统，具有输入、输出、多次循环及反馈等开放性的基本特征。因此，耗散结构论成为信息资源整序的基础理论之一。

信息系统是一种耗散结构系统，具备耗散结构的条件。信息系统原本无序，这种无序程度的存在及增长对信息的交流与利用造成了极大的障碍。那么信息系统要自觉地形成一个有序的结构，并使其内部结构产生的障碍逐步减少，就必须与外界环境进行交流，不断改变系统输入、输出和转换的过程，以抵消系统内部的障碍的产生和增长，促使系统障碍减少，从而推动信息系统形成非平衡态的有序结构。

2. 协同论

协同论论述系统从无序到有序和从有序到无序相互转变的条件和规律。协同论认为，千差万别的系统，尽管其属性不同，但在整个环境中，各个系统间存在着相互影响而又相互合作的关系。其中也包括通常的社会现象，如不同单位间的相互配合与协作，部门间关系的协调，企业间相互竞争的作用，以及系统中的相互干扰和制约等。协同论的协同机制、自组织原理和规律性等基本原理为建立信息有序化理论体系提供理论指导。

在信息资源建设中，信息的有序化是信息资源建设的最基础、最核心的部分。从信息的生产、收集、组织，到信息的交流和利用就是一个从无序到有序化的过程，都可以用协同论来指导，建立信息有序化理论体系。

3. 突变法

突变论是现代数学的一门新兴学科，其基本理论是：解释事物从一种稳定状态跃迁到另一种稳定状态的现象与规律，并用形象而精确的数学模型来描述和预测事物的连续性中断的质变过程。突变理论表明质变可以通过飞跃的方式实现，也可以通过渐变的方式实现。因此突变理论为信息组织理论的发展与完善提供了理论基础。

在信息资源建设中，可以利用突变论方法来研究信息对社会的影响、对知识结构改变的影响，以及应用突变论进行信息系统的设计。

三、信息资源建设中经济学原理的运用

信息是一种重要的经济资源，所以信息资源建设必须遵循基本的经济学法则，即用有限的信息成本获取尽可能大的信息报酬。信息成本指的是用于信息资源建设的资金投入。而信息报酬指的是信息投资的产出或效益。我国用于信息资源建设的投入在逐年增长，但无论如何增长也跟不上信息资源数量的迅猛增长和价格的不断上涨。从我国大学图书馆信息资源资金投入现状看，省属重点大学图书馆资金投入多在 1000 万元人民币左右，国家

重点大学图书馆多在几千万元人民币，但信息报酬则平平。严格地说，信息资源投资的效益是指信息资源被利用后引起生产要素增值的部分。但由于这种增值是一个十分复杂的过程，受很多因素影响，因此，信息资源效益具有很大的模糊性和难计量性。然而一个十分直观的事实便是信息资源的效益与资源的使用率成正比。从资源利用情况看，各种类型的信息资源利用率并不高。因此，图书馆信息资源建设就是运用经济学的有关理论、原理来有效配置信息资源，使其得以尽可能地利用，从而最大限度地提高其效益。

（一）信息资源建设中的"二八规则"的运用

经济学中的"二八规则"指的是20%的事物被80%的人所利用，而80%的事物则只被20%的人所利用，这就存在着成本效益比的问题。这一经济法则启示了图书馆信息资源建设要集中财力搞好图书馆的核心馆藏资源建设。图书馆中20%的信息资源被80%的读者（用户）所利用，而这20%的信息资源就是图书馆的核心馆藏，图书馆对核心馆藏应采取"拥有"的模式，而80%的信息资源只有20%的读者（用户）在利用，由于经费的制约，所以图书馆要采取"获取"的模式加以利用。在数字信息环境下，图书馆要广泛地通过馆际互借、文献传递等方式为读者（用户）获取那些利用率不高但有些读者又有需求的信息。

读者在利用文献时存在着集中性和离散性特征。掌握这一规律对信息资源建设具有重大意义，尤其在外文资源利用这一方面，一定要掌握用户对各类信息资源、各学科信息资源利用的集中性，以便准确配置电子信息资源。信息资源建设中运用经济学中的"二八规则"主要是从读者、用户利用信息资源的角度上来搞好信息资源建设。

（二）信息资源建设中"长尾理论"的运用

图书出版的"长尾现象"是指某类图书的出版高度地集中在极少数的出版社，而极少数的图书广泛地分散于数量很大的出版社里。这种现象由来已久，这是市场经济作用下出版业繁荣的一种特征。信息资源建设中运用经济学中的"长尾理论"主要是利用其原理，对许多图书文献中学术专著资源的分布"长尾现象"加以控制。从而有利于全面扩大图书馆馆藏量，提高其质量。

四、信息资源建设中信息管理理论的运用

（一）文献老化理论与信息资源建设

文献的老化是一个必然、普遍的社会现象。探求文献的老化规律，寻求描述文献老化

的正确方法和指标，具有重要的理论和现实意义。

所谓文献老化，是指文献随着其"年龄"（出版距今的时间）的增长，其内容日益变得陈旧过时，逐渐减少或失去其作为情报源的价值，越来越少地被读者或用户所利用。

1. 文献半衰期

为了衡量已经发表的文献的老化速度，借用放射性元素衰变过程中的"半衰期"这一术语来描述文献的老化率。文献半衰期是指现有活性文献中一半的出版时间。所谓"现有活性文献"，指的是某学科现时尚在被读者利用的文献，而半衰期就是指这些正在被利用的文献中一半是在多长一段时间发表的。因为半衰期与某学科文献中的半数失效所经历的时间相当，所以可以通俗地说文献半衰期就是各学科被利用的文献总量中，一半文献失去利用效率所经历的时间。例如，若计算出某一学科文献的"半衰期"是 3.9 年，那就意味着该学科现在正被使用的全部文献的一半是在最近 3.9 年内发表或出版的；同时，也意味着经过 3.9 年，该学科全部文献的一半的利用价值已逐渐衰减。

文献的老化是一个非常复杂的问题，它不仅取决于这些文献所属的学科性质，而且还受到文献增长、时代特点、人类需要、社会环境和情报需求等许多因素，特别是文献的类型和性质的影响，比较成熟、稳定的学科的文献要比在内容上或技术正在经历重大变化的学科的"半衰期"长；历史较长的学科的文献要比新兴学科的文献"半衰期"长。某一学科的各种类型文献也有着不同的老化速度。科学专著要比期刊论文、科技报告、会议文献等的"半衰期"长；经典论著要比一般论著的"半衰期"长；理论性刊物要比通讯报道性刊物的"半衰期"长。

需要注意的是，文献的"半衰期"不是针对个别文献或某一组文献的，而是针对某一学科或专业领域的文献总和而言的。

2. 普赖斯指数

1971 年，美国科学家普赖斯提出了一个衡量各个知识领域文献老化的数量指标，即"普赖斯指数"，就是在某一知识领域内，把年限不超过 5 年的文献引文数量与引文总量之比作为指数，用以量度文献老化的速度和程度。其计算公式为：

P（普赖斯指数）＝出版年限不超过 5 年的被引文献量/被引文总量

一般来讲，某一学科领域文献的普赖斯指数越大，其半衰期就越短，其文献老化的速度也就越快。

根据普赖斯指数，可将所有被利用的文献分成两大类，一类是"档案性文献"，是指年龄超过 5 年而仍被引证的文献；另一类则是"有现时作用的文献"，是指年龄不大于 5 年的被引文献。在统计计算的基础上，普赖斯指出："档案性文献"的普赖斯指数的数值范围为 22%（正常增长情况下）~39%（迅速增长情况下），"有现时作用的文献"的普赖斯指数的数值范围为 75%~85%，各学科文献的普赖斯指数的总平均值约为 50%。按学科来讲，物理学和生物化学方面期刊的普赖斯指数为 60%~70%，X 射线学和放射学的指数为 55%~60%，社会科学的指数为 40%~45%，植物学的指数约为 20%，语言学和历史学的指数小于 10%。

普赖斯指数与文献半衰期是两个既有联系又有区别的衡量文献老化的指标。都是从文献被利用的角度出发，但以不同的方式来反映文献老化的情况。文献半衰期只能笼统地衡量某一学科领域全部文献的老化情况，而普赖斯指数既可用于衡量某一学科领域全部文献的老化情况，也可用于衡量某种期刊、某一机构甚至某一作者和某篇文献的老化情况。

已发表文献的老化速度，不仅取决于这些文献所属的学科领域，而且还取决于其他一些因素。如文献的增长情况，某学科文献增长越快，旧的文献利用就越少，文献的半衰期就越短。再如文献的种类和性质，像专著、工具书、期刊论文、专利说明书或者某一学科领域的各种文献都有不同的老化速度。

开展文献老化理论研究，探索和掌握文献老化规律，对于开展信息资源建设具有十分重要的意义和作用。首先，为评价和选择文献信息资源提供了理论依据。图书馆要不断补充文献信息资源，建立符合用户需要的文献信息收藏体系，就必须进行文献信息资源的评价和选择。研究文献老化理论，有利于掌握文献信息特征、判断文献时效和研究文献价值，从而帮助图书馆评价和选择文献信息资源。其次，为优化馆藏文献资源的结构提供了理论依据，指导图书馆及时地复选剔除老化文献和调整馆藏资源布局，既有利于解决书库的空间危机，优化馆藏文献资源的布局，又有利于提高文献信息资源的利用率。最后，为制定科学合理的文献工作原则提供了理论依据。对半衰期较短的文献，要抢时间和讲效率，加强文献信息资源的报道和开展定题服务，尽快地被读者所利用；对老化的文献则可实行缩微复制保存或移交储存图书馆保存。还可根据文献老化的数据，确定文献资源利用的年限，合理控制各学科信息资源的流通时间，使有用的信息流及时、准确地流向读者。

（二）布拉德福定律与信息资源建设

现代科学不断分化、不断综合的结果，使各学科的严格界限渐渐消失，各学科之间的相互联系逐渐加强，因此造成文献的分布呈现出既集中又分散的不均匀现象：一方面，相当数量的专业论文相对集中刊载在少量的专业期刊中，其余数量的专业论文却高度分散刊载在大量非专业期刊中。早在 20 世纪 30 年代，国际文献学、情报学、图书馆学界就开始对其进行深入的研究。著名的布拉德福定律就是揭示科学论文在期刊中既集中又离散的分布规律的。

按照科学具有统一性的原则，科学技术的每一个学科或多或少、或远或近与其他任何一个学科相关联。因此才会产生某一学科的文献出现在另一个学科期刊之中的现象。基于这一点，布拉德福经过长期对各学科文献的大量统计调查，发现了文献分布规律。他发现，全部有关电技术的文献约 1/3 登载在本专业的少数几种期刊上，约 1/3 登载在数量约 5 倍的并非直接与电有关力能学和交通运输等相关学科的期刊中，还有 1/3 的有关电技术的文献，登载在 25 倍数量的相邻学科期刊上。布拉德福在对书目、文摘等进行大量统计分析的基础上，采用等级排列技术，揭示了文献离散定律。如果把科学期刊按其关于某一学科主题的文献刊载数量的多少，以递减顺序排列起来，就可以在所有这些期刊中区分出文载率最高的核心部分和包含着与核心部分同等数量论文的随后几个区，这时核心区和后继区中所含的期刊数成 $1:n:n^2$ 子的关系。这就是布拉德福定律的区域表述形式。

布拉德福定律表明，每一学科或专业的文献，在科技期刊群中的分布，总是相对集中在少数专业期刊中，同时又高度分散在数量庞大的相关专业与相邻专业的期刊中。专业核心区期刊，种数不多，但该学科文献载文率高，信息量大，与该学科关系密切，大多是反映了该学科的前沿问题，学术价值高；相关区期刊，种数较多，该学科载文率中等，信息量次之，与该学科关系较密切，学术价值较高；非专业相邻区期刊，种数很多，该学科载文率低，信息量小，与该学科关系较疏远。总之，核心期刊载文率高，质量上乘，而且读者借阅率高，引用指数较高，是一个学科重要的学术信息源。

布拉德福定律从产生到现在一直受到图书情报界的高度重视，尤其是对图书馆的信息资源建设具有很强的指导作用。布拉德福定律描述的是科学论文在期刊中的分布规律，其实布拉德福定律还具有普遍性。不仅表现在科技期刊论文分布具有集中性和离散性，图书文献中学术专著的分布也同样具有集中性和离散性。如通过分析各个出版社关于某一学科或专业的专著出版情况，不难看出学术著作的出版也存在着既集中又分散的现象。因此，图书馆应积极运用布拉德福定律原理及方法，测算出每个学科的核心期刊，每个学科的出版学术专著的核心出版社，掌握专著的基本分布规律，从而有的放矢地配置资源。在数字信息资源环境下，各类信息资源如潮水般涌现，而图书馆信息资源购置经费又紧缺，精准确定核心期刊、核心出版社及核心作者对图书馆信息资源建设尤为重要，它对于准确收藏读者利用率最高的信息资源，指导读者重点阅读，制定信息资源建设政策及优化馆藏等工作都具有重大意义。

（三）零增长理论与信息资源建设

零增长理论又称为稳定状态理论，是指导图书馆信息资源建设的重要理论，也是一种控制图书馆藏书量增长的理论。零增长理论就是要求建立有限规模的图书馆，在图书馆达到一个可靠的目标（馆藏量、功能等指标）之后，剔除馆藏文献的速度应当等同于购进文献的速度，即图书馆新购入的文献资料只是对准备剔除文献资料的相应补偿，馆藏的实际增长数量为零，从而使图书馆收藏的文献总量保持一种相对稳定的状态。

实际上实施零增长理论并不成熟和完善，具体实施的办法和标准还存在不少困惑与疑难，但其对信息资源的借鉴指导作用却不能忽视。主要表现在：

1. 零增长理论可保证文献信息资源建设稳定发展

根据当前图书馆藏书基础还比较薄弱、发展失控或数量盲目增长的实际情况，我们在借鉴零增长理论时，要正确处理好藏书数量与质量之间的关系，在提高藏书质量的同时，实现藏书数量的低速或适度增长，保证文献资源建设稳定、和谐地发展。

2. 零增长理论可用于指导图书馆藏书的初选工作

初选工作具有很强的知识性和学术性，它是对文献信息的知识内容和情报价值的鉴别和选择，选择的结果将对图书馆藏书的质量起决定作用。我们根据零增长理论的要求来加强藏书的初选工作，有针对性地、认真地收集和选择文献信息，尽量避免不必要的文献信息被补充进馆藏中，真正把好图书馆藏书的入口关。

3. 零增长理论可用于指导图书馆藏书的复选与剔除工作

依据零增长理论的要求，我们要经常性地对入藏的文献信息进行复选，及时剔除知识老化、陈旧破损、过时失效、复本过多、利用率低下的馆藏文献，使馆藏文献信息更加精炼，内容质量、构成质量、利用质量都可以改善提高，始终保持馆藏文献信息的生命力。

4. 零增长理论可优化文献信息资源共享的质量

零增长理论实施的前提条件之一，就是要有合作利用馆藏、资源共享的机制。在读者文献信息需求日益多样化、复杂化的今天，单靠某个馆的文献信息资源建设与服务，是绝不能做好服务工作的。因此，应把零增长理论应用于实践中，广泛开展信息资源建设的协调与合作，建立一定数量的中心图书馆和贮存图书馆，切实做到分工入藏、合作利用、资源共享，充分满足读者的信息需求。

（四）信息资源建设中信息管理的相关基础理论的运用

信息资源建设的相关基础理论包括：信息自组织理论、元数据理论和知识组织理论。

1. 信息自组织理论

信息自组织是信息组织方法的拓展，是信息组织理论研究中的一项新课题。凡是能够不再借助于外部控制而能实现从无序到有序的转变，并维持稳定有序状态的系统，就称为自组织系统。任何自组织系统都是通过谐振、反馈和放大来完成信息增强，并保持其有序效应的。信息自组织是指作为信息系统组成要素的信息，由于人与人之间、人与系统其他要素之间存在的相关、协同性或默契性而形成特定结构与功能的过程，也就是信息系统无需外界指令而能自行组织信息，自我走向有序化和优化的过程。由于信息总量的持续增长、信息技术的飞速发展，使信息系统显著地具备了自组织的条件，特别是网络信息已经具有自组织系统的开放性、远离平衡和非线性相干等特征，因此研究信息自组织理论对于信息资源的组织尤其是网络信息的有序组织具有非常重要的理论与实践意义。

2. 元数据理论

元数据的定义在不同领域有不同的理解。在图书信息界，对元数据的定义是提供关于信息资源或数据的一种结构化的数据，是对信息资源的结构化的描述。或定义为是关于数据的数据或描述其他信息的信息。元数据的提出，从某个程度讲，是针对信息的组织而言。例如，网络是一个巨大的信息处理中心，各网站如同是种类不同的出版物，而一个网页就好比出版物的一页。这样，就可以用元数据的理论来对网络信息资源进行组织和控制。

元数据工作原理：描述信息资源，用于对数据单元进行详细全面著录描述，数据元素包括内容、载体、位置和获取方式等相关元素，数据元素数量往往比较多。流行的几种元数据格式主要有 ROADS 元数据（主题信息服务的资源组织和发现）、GILS（政府信息定位服务）、MARC（机读目录格式）等。因此，也成为现代信息资源建设的基础理论之一。

3. 知识组织理论

知识组织产生于图书馆学、情报学的分类系统和对叙词表的研究。知识组织不同于传统的文献整理以文献加工为本位，提示文献的知识内容。知识组织是以知识单元为加工本位，不仅提示文献的学科、主题内容，而且更注重提示文献的知识单元。这样，将信息中所包含的知识内容用语词和概念进行标引和组织，能更全面和有效地对现代信息资源进行组织和检索。

第二节　信息资源建设的基本理念

一定的思想、理念是人们进行社会实践活动的先导。信息资源建设作为一项具有很强的社会实践性的活动也应当在一定的思想、理念指导下进行。对信息资源建设的认识随着时代的发展而不断深化，从最初作为一项藏书采访的事务性工作，到逐渐视为图书馆文献资源体系的建设，再到自觉将信息资源作为一项战略资源来进行系统建设，这是一个信息资源建设理念不断深化的过程。在新的网络信息环境中，树立正确而又与时俱进的理念，对于图书馆信息资源建设有着重要作用。

一、"拥有"与"获取"并重的理念

从传统文献信息资源建设到数字信息资源建设再到数字化图书馆建设，图书馆信息资源建设呈现多元化格局，维持这一格局的基本要素就是我们常说的"拥有"与"获取"。"拥有"与"获取"的关系，即在信息资源建设中如何处理"拥有"本馆信息资源和"获取"馆外信息资源之间的关系问题，是近年来国内外图书馆界十分关注的研究热点，实际上，是一个信息资源建设的基本理念问题。

20世纪90年代以来，由于信息技术、信息网络、信息环境的极大改变，对一直以资源的实际拥有为目标的图书馆信息资源建设的基本模式产生了直接的影响，表现在：一是出版物的数量急剧增长及价格不断上涨，与图书馆有限的收藏能力之间的矛盾越来越突出，图书馆依赖"拥有"的馆藏来提供服务变得日益困难；二是由于信息技术的迅速发展尤其是网络环境的形成，使信息的传播突破时空局限，图书馆能够十分便捷地借助存取方式来获取本馆以外的信息资源，这种异地存取的资源使各个图书馆的馆藏无形中得以扩大，读者能够获取的信息资源也大大增加，事实证明，对利用率低的文献通过存取获得在经济上更合算。这两种结果必然带给人们对"拥有"与"获取"问题的思考。

从国内研究来看，在有关电子图书馆、数字图书馆以及网络环境下图书馆文献资源建设等主题的论文（著）中，涉及"拥有"与"获取"的论述非常多。较为普遍的观点也是认为"获取"比"拥有"更重要。在向电子图书馆发展的过渡阶段，使用权和存取能力将比本馆实际拥有显得更为重要，存取的质量很可能成为评价馆藏发展质量与成效的关键性标准。"拥有"与"获取"是相辅相成、长期共存的关系，既要重视"拥有"，也要重视"获取"，这应该成为新的信息环境下信息资源建设的基本理念。

（一）信息资源本身发展所决定

当今的信息资源，一方面数字化的信息资源在以惊人的速度发展，另一方面，以物理形式存在的文献信息资源仍然在大量生产。而对这两类信息资源，图书馆获取的方式是不一样的。对数字信息资源，在大多数情况下，通过购买只能获得它的使用权而不能获得其所有权，也就是说，图书馆在大多数情况下，必须以"获取"的方式来进行数字信息资源建设。而对文献信息资源，通过购买，在获得它的使用权的同时也获得了它的所有权。信息资源发展的这一特点，决定了图书馆信息资源建设既要重视拥有，也要重视存取。

（二）由信息用户的需求决定

信息资源建设的根本目的是满足读者的信息需求，提供优质信息服务。对多数读者来讲，图书馆拥有的现实馆藏是满足他们信息需求最直接、最有效的方式，但面对日益复杂、多样的信息需求，仅靠本馆拥有却无法满足。因此，图书馆必须通过对馆外信息资源的获取来弥补拥有现实馆藏的不足，从而提高其满足读者信息需求的能力。同时，由于数字信息资源具有传统文献资源难以比拟的诸多优势，成为众多读者首选的重要资源。用户信息需求的这些特点，决定了图书馆信息资源建设既要重视"拥有"，也要重视"获取"。

（三）图书馆提高经费使用效益决定

对图书馆来说，要获取等量的信息资源，通过"拥有"的方式获得成本相对较高，而通过"获取"的方式则成本相对较低。因此图书馆对一部分不常用的，或者比较昂贵的，或者适合通过网络获取的信息资源，就以"获取"的方式来提供读者利用，这样做可以合理使用经费，科学配置资源，使有限的经费最大限度地发挥其效益。

（四）图书馆发展趋势决定

数字化网络化已成为图书馆发展的必然趋势，任何图书馆如果固守传统的藏书发展模式，只"拥有"而不"获取"，就必然会走向衰亡。但同时也应该看到，尽管"获取"有许多优势，但就信息资源的现状而言，"获取"在当前还有较大的局限性，如网络中以全文获取的信息资源数量有限，读者以异地存取方式获取文献费用过高，读者使用网络文献的不习惯，以及网络信息资源的保存和积累困难等，因此，纸质信息资源与数字信息资源还将长期并存。所以在相当长一段时间内，图书馆信息资源建设模式是"拥有"与"获取"并重并存，缺一不可。

二、资源整合的理念

"整合"适用于经济、政治、社会、数学、生理等各个领域。其字面意思是整理、汇合、聚合、融合的意思，一般理解为将看似无关、实则有关的东西整理为一个有机整体的过程或结果，形成一个有效的系统。整合的实质就是各个单独事物共同遵循统一的原则、标准、规定，打破原有的界限形成有机的统一体。其内涵充分验证了部分之和大于整体的系统论观点。简言之，整合后发挥的是整体效率，体现的是整体效益。

关于"资源整合"由来已久，但较早出现是在基于信息技术革命的大背景之下的计算机科学界。随着21世纪网络信息化的发展，"资源整合"进一步发展到"信息资源整合"或演变为"信息整合"的理念。

"信息资源整合"是指信息资源优化组合的一种存在状态，是根据系统论的原则，依据一定的需要，对各个相对独立系统中的数据对象、功能结构及其互动关系进行融合、类聚合重组，重新结成为一个新的有机整体，形成一个效能更好的、效率更高的新的信息资源体系，从而全方位地为科学研究、决策提供信息保障。这里的信息资源指的是经过一定程度加工整序后的，一个个相对独立的、不同类型、不同学科的数字资源系统，不包括网上无序的和自身没有控制的数字信息资源。

"图书馆信息资源整合"是指遵循一定的原则、规范、标准，把图书馆范围内的资源无论是网上虚拟资源还是馆藏书目资源，或是自建数据库等多种载体、多种形式、多种类型、分散异构的信息资源有机地结合在一起，实现图书馆所有资源分编工作的融合，使用户能够在统一的数据存取模式下通过统一的用户界面完成对不同数据库和网络资源的检索。

就高校图书馆来说，信息资源的整合普遍涵盖为：采购（内容为传统文献信息资源、各种数据库、网络集成信息等商业化而具有学科针对性的馆外信息资源）、馆际协调合作（共建共享）、内部数据库在特定学科需求之下的合成与创新、利用馆内外能及的信息资源创制学科导航系统、教学参考资料的汇编及其数字化开发利用、地方特色文献资源的收集与利用等。

图书馆信息资源整合的目的就是通过整合实体馆藏和虚拟馆藏来提高资源的整体效率和效益，以满足读者多元化、个性化信息需求的能力。

众所周知，资源整合一直是图书馆信息资源建设的一项不可或缺的重要环节。在传统领域，整合的对象便是传统文献信息资源。随着数字化、网络化的到来，整合技术的发展则倾斜在数字信息资源的开发利用上，使数字信息资源在信息资源建设中占据主流地位，成为发展趋势，但传统文献信息资源也不可能退出历史舞台。从宏观认识的角度出发，诸多整合理念的阐释大多倾向于数字信息资源的整合，很少或忽略了关于传统文献信息资源整合的论述。实际上，大多数国内高校图书馆依然无法摈弃传统文献信息资源的建设，也无法撼动传统文献信息资源在图书馆整体馆藏建设里的重要地位。因此，对整合理念的认识应该趋向整合一体化的提升，要在全盘把握的高度之上，实现点面结合的整合一体化，从而在理论结合实践当中加以不断地规范和调整，避免偏颇，防范资源结构的失衡风险。

三、协调发展的理念

协调发展的理念直接影响信息资源建设的整体质量。没有协调发展的存在，整体效果将永远无法达到圆满的境界。图书馆的信息资源建设离不开协调发展的理念。

图书馆是一个立体的多元的学术文化服务机构，对高校而言其属于教辅单位，但其教育功能和文明传播功能是其他部门无法替代的。高校图书馆以高度的信息资源的集中性、广泛性、专业性、针对性和开放性等特点树立了自身在教育文化事业领域中的重要地位，尤其是网络化环境下的服务功能的升级，彰显了其自身的时代性，而其与时俱进的发展态势，将无法让人忽视。在这一主体地位明显的客观存在下，信息资源的建设将是图书馆整体建设发展的核心所在。而发展得如何、成效的显著与否，都与协调发展的工作做得如何密切相关。

（一）从宏观上看

协调发展就是要从整体上把握，不要顾此失彼，也不要不分轻重。图书馆的信息资源建设要全面权衡，满盘打算，做好整体规划，并突出重点。要根据本馆具体情况和具体特点采取可控、可和谐一致的发展办法。理念上，要充分认识到协调发展是全方位掌控态势，充满方向感，是管理常用的科学手段。

（二）从微观上看

1. 要与现代数字信息资源的建设并重发展，不可偏废

实际上，就是指纸质信息资源、电子信息资源、网络信息资源的协调发展，从而形成多元并举的发展局面。

2. 软件与硬件的统一

图书馆的信息资源建设要与其硬件建设相匹配，即现代设备技术条件要到位。图书馆在信息资源建设上要合理配置"虚拟馆藏"和"现实馆藏"，加强数据库建设，实现馆藏资源特色化、数字化，以适应图书馆计算机化、自动化和网络化建设发展的要求。

3. 数量与质量、规模与效益、速度与需求的统一

丰富的馆藏是以馆藏数量为基础，以馆藏质量为必要条件，两者缺一不可。既不能单纯追求数量而忽略质量，也不能只注重质量而没有数量，两者必须统一协调发展。规模大小应遵循整体规划的要求；而效益必须讲究内在的资源整合开发及其优化服务，并取得良好的经济效益和社会效益，但以社会效益为主。至于速度，发展的快慢要依靠领导决策层的重视程度以及经济投入的力度来决定；而快慢要以用户需求达到满足为条件，切不可突击跨越发展而导致需求跟不上从而浪费资源，同时也不能在服务需求方面出现断层或供不应求的情况。

4. 馆际协调和共建共享

现代文明讲究团队精神，其实也是一种协调发展的具体运用。图书馆之间的相互合作如同一路上的共同朋友，需要彼此之间的协调发展，取长补短，互通有无，并为资源共享建设做出应有的贡献。

总之，在当前多元化新形势下，协调发展的理念尤为重要，大到馆舍建设的规划、信

息资源的布局和用户需求与服务提供的匹配，小到人力资源的配置以及采购信息资源的种类变更等，很多事项都必须在一个合乎本馆特色、合乎本馆乃至本校整体发展规划的统筹战略之中。毫无疑问，协调发展可以把杂乱变成章法，可以把良莠不齐变成轻重有别，也可以把不伦不类变成专业化和有序化，并加以特色区域的大力改造，凸显本馆最为闪亮的特色风格。

四、资源共享的理念

信息资源共享是指图书馆在自愿、平等、互惠的基础上，通过建立图书馆与图书馆之间和图书馆与其他机构之间的各种合作、协作、相互协调关系，利用各种技术、方法和途径，开展共同揭示、共同建设和共同利用信息资源，以最大限度地满足用户信息资源需求的全部活动。

20 世纪 90 年代，信息资源共建共享活动从系统内图书馆的文献资源的协调建设与服务共享，逐步实现了跨系统、跨地区的服务组织的建立，各种图书馆组织共同建设的庞大的文献资源系统，极大地加强了各级各系统图书馆的读者/用户服务能力。进入 21 世纪以来，一些系统或地区的图书馆网络，开始与科技、教育、经济等网络连通，试图在更大范围内进行文献、信息资源的整合，探索图书馆与各种专业性信息服务机构建立共同的社会服务平台。信息资源共享的这些进展，是实实在在地存在于现实之中的。

从时代背景出发，结合现实意义，凸显经济背景的时代因素，解构了信息资源的共享理念，很具有代表性。在强化信息是一种能够创造财富的资源的意识之下，信息资源共建共享首先是一个经济学概念，经济因素对信息资源共建共享有着直接的影响，并从信息经济的兴起和发展、经济全球化的趋势、科技、文化和政治背景等诸多方面全面阐述了信息资源的共建共享的必然性发展。毫无疑问，这一宏观上的分析对信息资源的共建共享理念的把握更具理性化，即其发展的外部因素并不被个人意志所影响，而是时代演绎的必然趋势，无法阻挡，并且成为一种符合大多数人对信息需求的时代文明要求。

从微观角度看，资源共享有助于解决当前图书馆存在的问题及资源共享的合理所在：文献信息数量的急剧增长与图书馆有限收藏能力的矛盾加剧——共建共享则可以缓和这种矛盾；信息需求的广泛性和复杂性与图书馆满足需求的能力形成强烈反差——共知的必要性凸显、共建成为缩短提供服务与受众需求之间距离的有效途径、共享成为大家的愿望；网络环境使信息资源建设的整体协调变得更为必要与迫切——环境变化促使共建共享提上正常日程，与时俱进本身就是任何事物发展的内在精神，也是与时代环境相适应的必然进程；信息技术的发展为合作藏书与资源共享提供重要的技术支撑——信息资源的共建共享需要技术条件的支撑，而信息技术的成熟推进把这种支撑转化成现实可行的共建共享实践。

在共享理念的把握上，最朴实的理解莫过于协调分工合作、资源共享的简单论述。但有一点是肯定的，那就是任何图书馆都不可能也没必要穷尽所有的文献信息资源，而是要根据自己的特色和整体规划的要求进行整体信息资源的建设。在网络化环境下，各种信息需求的日益增多与图书馆服务能力的局限性造成了最为基本的"供需矛盾"，转而依靠网络技术的缓和与逐步改善，这成为大势所趋。于是图书馆在自身发展过程中出现的"瓶颈"也各自不同，共建共享也就各按所需的模式予以进行。但有一点是共同的，那就是自我保障模式。这就需要馆际联合、区域合作、系统或全国性的文献保障体系的建设，走"整体规划、合理布局、优化结构、相对集中、互补共享"之路。

第三节　信息资源建设的理论体系与流程

如何设计信息资源建设这一学科分支的理论体系，已成为图书馆学研究的重点；如何使图书馆适应快速变化的信息环境，以网络为依托进行馆藏资源的自我调整和集成，以求得自身的生存和发展也正在成为当前的研究热点。面对不同于以往的全新的信息技术环境，图书馆信息资源建设的内容与重点、建设模式与结构体系、建设过程与功能等都需要重新进行审视和定位，这涉及整个信息资源建设思维方式的转变、业务流程的再设计以及对目标远景的再思考。

一、信息资源建设的理论体系

从学科体系角度来讲，信息资源建设属于应用图书馆学的一个分支学科。作为一门学科，应该具备相应的理论体系。

第一部分为基础理论，是指导信息资源建设的总纲，它既是对微观信息资源建设的指导，也是对宏观信息资源建设的指导。第二部分为文献信息资源建设，研究内容是文献信息资源建设的理论和方法，侧重于微观层次。第三部分为数字信息资源建设，研究内容是不同来源、不同获取方式的数字信息资源的选择、采集、组织和开发的方法与技术，无须区分微观还是宏观。第四部分为信息资源共建共享，主要是从宏观上研究信息资源共建共享的理论与实践问题，无疑，这里的信息资源既包括文献信息资源，也包括数字信息资源。这个理念体系全面、客观、准确地反映了当今信息资源建设理论和实践的发展现状，清晰体现信息资源建设各部分内容的逻辑联系，努力整合文献信息资源建设和数字信息资源建设的内容，使之成为一个和谐的整体。

二、信息资源建设的流程

图书馆信息资源建设主要涵盖两个方面内容：一是文献信息资源建设，系指微观的图书馆藏书建设，即实体馆藏建设；二是数字化信息资源建设，包括数据库和网络信息资源建设两大部分，即虚拟馆藏建设。网络环境下图书馆的信息服务，正是通过这两方面建设得以实现。

信息资源建设实质，是信息资源数量不断增加和质量不断提高的过程，所涉及的建设要素也就是围绕"数量增加"和"质量提高"而展开的工作环节。其中，文献信息资源建设应包括馆藏文献信息资源的系统规划、文献的选择与采集、文献资源结构（包括学科结构、等级结构、文献类型结构、时间结构、文种结构）、文献资源管理水平（包括文献序化与加工、馆藏布局与排架、文献复选与剔除）、文献资源利用与评价等要素。数字化信息资源建设可细分为数据库建设、网络信息资源建设两个方面。

其中，数据库建设包括数据库的引进、数据库自建与开发；网络信息资源建设包括网络信息资源的采集与选择、网络信息资源的加工与组织、网络信息资源与非网络信息资源的比较研究、网络信息资源的类型化和体系化建设、网络信息用户的需求分析等要素。在信息资源整体建设基础上开展信息资源建设整合、利用与评价，实现信息资源的共建与共享。随着信息化条件的不断发展，数字化、网络化资源在信息服务中将会发挥越来越重要的作用，在馆藏资源建设中将逐渐占据主导地位。

三、信息资源建设的链状循环过程

信息资源建设是一个循环往复、周而复始的过程。馆藏资源一方面为文献型和数字型资源提供一体化存取利用，另一方面仍以传统文献借阅的方式提供利用。信息资源体系在被用户不断利用的过程中逐步得到完善。

信息资源建设过程与传统文献资源建设过程的不同之处在于，它不再仅是单一目标和单一图书馆学范畴的发展过程，而是一个多学科、多技术相互融合，多渠道、多媒体信息集成化程度不断提高的持续过程。同时，该模型还表明，从收集信息到使用信息，其中间过程是一个完整的工作循环，或称一个完整的生命周期。只有完成一个完整的工作循环，信息资源的自身价值以及信息资源与用户需求的匹配程度才能得到完全体现。高质量的信息资源体系既需要每个环节高质量的工作，也需要每个环节之间相互关联和相互支撑，形成环环递进的链状循环和总体螺旋式推进的过程。缺少任何一环或者任何一个环节的缺陷，都会影响信息资源建设的总体效果。在信息被利用的过程中，分析馆藏利用效果和了解用户新的信息需求方向，进行信息资源建设策略的再调整和进行新的信息采集，从而展开新一轮工作循环，信息资源建设也就开始了新的生命周期。

根据图书馆信息资源建设的链循环状态，很容易联想到价值链理论。该理论把企业的所有活动视为企业创造价值的活动，并将其比喻成一个彼此相连、环环紧扣的链条。图书馆信息资源建设链循环状态，也完全符合价值链理论。但是，链循环中的每一个活动环节产生的并不是显性价值，而是隐性价值，这主要是因为信息资源的价值在绝大多数情况下是一种需求价值，而非供给价值，是在信息与需求相互融合的基础上所产生的后生价值，也就是人们常说的"利用信息资源后所形成的社会效益和经济效益"。

随着社会信息结构体系的复杂化，链循环中的各项活动所涵盖的范围和深度都在不断扩展，各环节与多维相关要素之间的交接变得更加广泛，整个链循环与用户需求和知识型服务的结合面也会不断扩大，有时会达到暂时的相互融合，从而为社会引发出更多的后生价值。图书馆为实现馆藏资源价值最大化，就必须考虑提高链循环中的每一个工作环节的质量，更多的知识挖掘和知识型服务将被整合到价值链中，使整个信息资源建设过程更加趋向于合理和完善。

第三章　图书馆信息资源建设的方法

随着网络和信息技术的迅速发展，促使人们对知识和信息的需求也日益向多元化、综合化方向发展，利用网络开展信息交流与服务已成为当今社会的趋势。图书馆作为当前社会重要的信息机构，在其建设过程中，如何通过有效的方法满足用户不断增长的信息需求，并提供完备、快捷的服务已经成为必须要解决的问题。

第一节　图书馆信息资源的采集

一、信息资源采集的原则

信息资源采集是指根据信息用户的需求，寻找、选择相关信息并加以聚合和集中的过程。不同的用户对信息需求是有差别的，这样在信息资源采集时也会有很多不同之处。尽管如此，在信息资源采集过程中，还是需要遵守以下共同原则。

（一）目的性原则

目的性原则又可以认为是"针对性"原则。信息数据庞大，内容繁杂，但用户的需求又是一定的，因此要求信息资源采集必须具有明确的目的性。在信息资源采集过程中，针对信息服务机构本身的特征、服务对象及信息资源采集的范围，有目的、有重点、有选择地组织利用价值大、适合主要用户群的信息，有计划、有步骤地采集信息，做到有的放矢，以最小的代价最大限度地满足用户信息需求。

（二）主动性原则

信息的时效性特点决定了要采集到能够及时反映事物的最新状态的信息，就要求信息资源采集人员在充分了解用户的实际信息需求的基础上，熟悉信息资源采集渠道和途径，利用先进的信息资源采集技术和方法，建立系统完善的信息资源采集网络，依据不同的对象和条件，针对需要，积极主动地发现和获取最新信息。

（三）连续性原则

从信息资源采集的初始阶段开始，就需要不断补充新的信息，这种补充不仅要采集过去的信息，还要采集现在的信息，并尽可能采集反映未来趋势的信息，保持信息资源的连贯性。同时，信息资源尤其是网络信息资源更新快、时效性强，决定了在信息的传递、增值过程中，可能呈现新的态势，这就需要不断剔除旧的或老化的信息，甚至重新采集。因此，可以说，信息资源采集是一个连续性的工作。

（四）经济性原则

信息资源采集是一项耗费人力、物力和财力的工作，为了提供信息资源采集的效率，必然要注意经济性原则，同样的信息，如果有多种不同的载体形式，就应该注意优先选择较经济的载体。在实施经济性原则时，有以下两个问题要特别注意：

第一，避免信息资源的交叉重复采集，尤其是考虑到大量电子信息资源内容相同，只是载体、形式的差异情况，必须选择合适的信息源和信息资源采集方法与技术。

第二，充分考虑信息服务机构的实际经济水平，量力而行，避免盲目采集造成资源与资金的浪费。在谋求信息真实性的基础上，处理好社会效益与经济效益、整体效益与局部效益的关系。

（五）计划性原则

信息采集时，既要满足当前需要，也要照顾好未来的发展；既要广辟信息来源，也要做到持之以恒。要根据信息采集机构的任务、经费的情况制订比较周密、详细的采集计划和规章制度，详细列明有关信息采集的目的、范围、方式，以及人员配置、时间限定、经费数额和来源等情况。

（六）科学性原则

在信息采集过程中，需要经常采用科学方法研究信息资源的分布规律，选择和确定信息密度大、信息含量多的信息源。例如，图书馆在学术网站选择上，就可以利用布拉德福等文献计量学方法，确定一定数量的有学术价值的网站作为信息源，来进行信息资源采集工作。

（七）可靠性原则

可靠性原则是指信息资源采集人员进行信息资源采集时，要根据用户的需求，以采集真实、可靠的信息为准则。信息资源采集必须坚持调查研究，通过比较、鉴别，采集真实、可靠、准确的信息，在这个过程中，不能将个别当作普通，将局部视为全局，要实事求是，善于去粗取精、去伪存真、由表及里、深入细致地了解各种信息资源的信息含量、实用价值，以及可靠程度。

（八）系统性原则

系统性是指时间上的连续性和空间上的广泛性，应尽可能全面地采集符合本单位所需要的信息，注意重点需求信息的连续性和完整性。用户需求的系统性决定了信息资源采集的系统性。信息资源使用对象是由不同年龄结构、文化结构、知识结构组成的用户群系统，他们对资源的需求和使用，在类别和类型上、在时间和水平上、在范围和深度上，都有一定的专指性和系统性。要满足各种用户的系统需求，就要求在信息资源采集过程中多方位、全面采集信息并始终保持各类信息的合理比例，做好总体规划。

二、信息资源采集的方法

信息资源采集方法是指根据信息采集计划，广泛开辟信息来源，及时将信息采集到手的基本方法。信息采集方法有很多，通常可以按以下标准来进一步细分。

（一）按信息载体形式划分

1. 文件研究法

文件研究法是指从各种文件中寻找所需信息资源的方法。

2. 报刊摘录法

报刊摘录法是指通过对报刊进行摘录来获取所需信息资源的方法。

3. 广播收听法

广播收听法是指通过收听广播来获得所需信息资源的方法。

4. 电视收看法

电视收看法是指通过收看电视来获取所需信息资源的方法。

5. 电信接收法

电信接收法是指通过电话和电报来获取所需信息资源的方法。

6. 电脑展示法

电脑展示法是指通过电脑来获取所需信息资源的方法。

7. 直接交谈法

直接交谈法是指通过两个或者两个以上人员的面对面交谈来获取所需信息资源的方法。

8. 信件询问法

信件询问法是指通过信件来获取所需信息资源的方法。

（二）按信息采集方式划分

1. 定向采集法

在采集计划范围内，对某一学科、某一国别、某一特定信息尽可能全面、系统地进行采集的方法称为定向采集法。

2. 定题采集法

根据用户指定的范围或需求有针对性地采集信息的方法就是定题采集法。这种方法能使用户及时掌握有关信息，针对性强，但较为被动，而且由于题目具体，涉及面既深又专，难度较大，因此一般应用于科研活动中。

3. 现场采集法

参加展览会、展销会、订货会、科技成果展示会、交易会、现场会、参观访问等，都会接触到一些实际的东西，而且往往有详细的介绍或资料，这是采集信息的好方法。

4. 社交采集法

社交采集的形式多种多样，如参加各种会议、旅游、舞会、聚会、走亲访友、娱乐、网络交流等。通过社交活动获取的信息一般都是最新的，是其他途径得不到的。

5. 间谍采集法

间谍采集法是指利用间谍窃取所需信息资源的方法。目前，该方法广泛用于采集政治、经济、军事等方面的信息资源。

6. 主动采集法

主动采集法是指针对特定需求或是根据采集人员的预测，事先发挥主观能动性，赶在用户提出要求之前即着手采集工作。

7. 定点采集法

定点采集法是指聘请专门的信息采集人员定点采集相关信息资源。此法具有节省费用、采集全面等优点。

8. 委托采集法

由于时间、精力有限，或是不熟悉信息源，可以委托某一信息机构或信息人员进行采集，并且根据采集的质量来支付一定费用。这种方法花费较多。

9. 跟踪采集法

跟踪采集法是指根据需要对有关信息资源（某一课题、某一产品或某一机构的有关信息）在一段时间内进行动态监视和跟踪，及时采集出现的一切新情况、新信息。用这种方法采集的信息连续且及时，有利于掌握事件发生及发展的过程，及时了解关心的问题。这对于深入研究跟踪对象很有用处。

10. 积累采集法

平时读书看报时，应随时做卡片、剪报、藏书等信息积累，这些零星的片段信息，时间长了就会成为系统的信息财富。

（三）按信息采集的渠道划分

1. 单向采集法

单向采集法是指对特定用户需求，只通过一条渠道来采集相关信息资源，这种采集方法的针对性强。

2. 多向采集法

多向采集法是指对特殊用户的特殊要求，进行多渠道地采集相关新消息资源。这种采集方法的成功率极高，但是容易相互重复。

三、信息资源采集的程序

（一）需求分析

信息需求是信息资源采集的动力，在信息资源采集中，明确信息需求就是要清楚目标用户为了何种目的，需要什么样的信息。

1. 目标用户的确定

不同用户，不同目标，采集内容存在一定的差别，在进行采集活动之前必须明确目标用户及他们使用信息的目的。

2. 确定采集信息的内容

了解采集目标和需求后，还应该进一步明确采集信息的内容。这是通过与信息资源采集目标和需求具有一定相关性的信息的特征来确定。

3. 确定采集的范围

这里的采集范围包括采集信息的时间范围和采集信息的空间范围两方面。其中，时间范围体现了信息的时效性，指信息发生的时间与信息资源采集目标和需求所要求时间的相关性，它决定了所需采集信息的时间跨度。空间范围体现了信息的空间分布特性，指信息发生的地点与信息资源采集目标和需求所要求的空间上的相关性，它决定了所需采集的信息的空间范围。

4. 确定采集量

采集工作的人力、时间和费用等都是由采集的信息数量决定的，因此在这个阶段需要有明确的信息资源采集数量。

5. 其他因素

除了上述因素外，在需求分析阶段需要根据需要确定其他一些因素，如信息环境、信息的可获取性、信息表达的易理解性等。

（二）信息源的评价与选择

信息源指的是获取信息的来源，不同的划分标准就有不同种类的信息源。例如，图书信息源、期刊信息源、特种文献信息源和非文献信息源等是根据出版形式进行划分的；印刷型信息源、缩微型信息源、机读型信息源和视听信息源等是按照载体形式进行划分的；一次信息源、二次信息源、三次信息源是根据信息源的加工级次与加工方法进行划分的；正式信息源与非正式信息源是根据信息源的组织形式进行划分的；内部信息源和外部信息源是根据信息源的范围进行划分的；公开信息源和秘密信息源是根据信息源的保密性进行划分的。此外，还有其他一些划分标准，如根据信息源的形态、用途、信息源与时间的关系等。

1. 信息量

信息量包含两方面的内容：一是信息源所含的信息量，如信息源容量大小、信息记录的条数等；二是相对其他信息源，该信息源提供的对用户有用信息的量。

2. 可靠性

信息源可靠性标准是评价信息源的首要标准。可靠性不仅要考察信息源本身，而且还要考察所提供的信息内容，判断指标主要有信息源的公开性和合法性、信息源及其信息内容责任者的权威性、信息源的关联性（被推荐、被引用等）、信息内容的真实可靠性和信息内容是否能真实有效传递等。

3. 新颖性

信息源的新颖性是指信息源中是否包含新观点、新理论、新技术、新假设、新设计和新工艺等新的内容。此外，信息源是否能经常更新也是保证其新颖性的主要措施。没有更新的信息源，在一定时期后，对用户来说会失去其新颖性。

4. 及时性

信息必须在尽可能短的时间内被发布报道和传递，即通过从信息的产生、传播到信息被接收的时差来衡量信息是否及时。

5. 系统性

系统性是指信息源中收集的信息是否系统完整，是否连续出版，能否通过信息的累积反映一定时期内事物的变化。

6. 全面性

全面性是指信息源所含信息的广度和深度，包括信息源所收录信息的主题范围是否集中在更宽的领域，是否包括相关的主题，是否包括多语种、多版本信息，以及加工程度等。

7. 易获取性

易获取性是指信息源中提供的信息是否能够被用户获取，以何种方式和途径获取，有无技术要求，提供信息是否有阅读设备要求，是否有获取权限要求，以及能否稳定获取等。

8. 经济性

经济性主要是指从信息源中发现信息、提取信息，直至传递和使用过程中的经济耗费。衡量信息的经济性主要是以其最低消耗、最小损失，最快地获取信息，以及获得的信息是否符合用户需求，即查准率、查全率、用户满意度指标来反映。

（三）信息资源采集策略的确定

不同的信息资源采集需求和信息源需要采用不同的信息资源采集策略。具体而言就是确定信息资源采集途径、信息资源采集的方法和信息资源采集的技术，并制订采集计划。根据信息资源采集者与信息源的相互关系，可以将信息资源采集途径分为直接和间接途径。其中，直接采集是指采集者对信息源中信息的直接获取；间接采集是指借用采集工具，对信息的间接获取，如搜索引擎技术的使用。

制订信息资源采集计划，主要包括信息资源采集人员分工、采集费用、考核条例、时间安排、采集工具的选择、采集方式、采集频率等。信息资源采集计划要留有余地，保持灵活性，以便进行信息资源采集策略的调整，适应不断变化的采集结果，提高采集效率。

（四）信息资源采集的实施

信息资源采集计划制订后，就要围绕该计划，在一定的范围内，按照既定的内容，采用科学的方法，广泛地收集信息。当采集过程中遇到事先没预计到的新情况和新问题时，要分析原因，追踪收集过程，及时调整计划，以便获得新的、有价值的信息。

（五）信息资源采集效果评价与解释

完成信息资源采集实施后，还要对采集到的信息集合进行及时评价与解释。若用户对信息资源采集效果评价不满意，则依据相关反馈意见进行调整。调整力度可能触及信息资源采集过程的各个环节。

四、信息资源采集的技术

信息资源采集技术是指从一定的信息源中检索出含有所需信息的内容，供人们利用。可以是人工采集，也可以通过联机方式形成自动化数据采集系统。

（一）信息获取技术

信息不仅仅是单纯的数值、文字、符号、声音、图形和图像等，还各种形式的信息媒体。这里根据媒体种类，分别从文本生成、图形图像、动画和视频、音频角度进行说明。

1. 文本生成

文本是最简单的数据类型，由于它要求的存储空间相对其他元素来说最少，因而成为人和计算机交互作用的主要形式之一。

文本信息输入计算机一般有人工输入和自动输入两种方法。自动输入时主要采用光学字符识别技术，即采用光电转换装置将汉字或字符转换成电信号，并送入计算机，利用计算机自动辨认和阅读。

2. 图形图像

图形也称矢量图，如直线、曲线、圆或曲面等几何图形。图形文件保存的不是像素的"值"，而是一组描述点、线、面等几何图形的大小、形状、位置、级数及其他属性的指令集合。图形文件的常用格式有 PIF、SLD、DRW 等。

图像是人对视觉感知的物质再现，可以由光学设备获取，也可以人为创作。图像可以记录、保存在纸质媒介、胶片等对光信号敏感的介质上。比较流行的图像格式包括光栅图像格式 BMP、GIF、JPEG 和 PNG 等，以及矢量图像格式 WMF 和 SVG 等。多媒体计算机通过彩色扫描仪能够把各种印刷图像及彩色照片数字化后送到计算机存储器中。

3. 动画和视频

动画指由许多帧静止的画面，以一定的速度（如每秒 16 张）连续播放时，使肉眼视觉残像产生错觉，而形成画面活动的作品。

视频泛指将一系列的静态影像以电信号方式加以捕捉、记录、处理、存储、传送和重现的各种技术。数字视频的获取需要三个部分的配合：首先，提供模拟视频输出的设备；然后，对模拟视频信号进行采集、量化和编码的设备，这一般都由视频采集卡来完成；最后，由多媒体计算机接收和记录编码后的数字视频数据。

4. 音频

音频实际上是连续信号，用计算机处理这些信号时，必须对连续信号采样并量化。

语音识别技术是让机器通过识别和理解过程，把语音信号转变为相应的文本或命令的技术。一个完整的语音识别系统可大致分为如下三个部分：

第一，语音特征提取。语音特征提取的目的是从语音波形中提取出随时间变化的语音特征序列。

第二，声学模型与模式匹配（识别算法）。声学模型通常将获取的语音特征通过学习算法产生。在识别时将输入的语音特征与声学模型（模式）进行匹配和比较，得到最佳的识别结果。

第三，语言模型与语言处理。语言模型包括由识别语音命令构成的语法网络或由统计方法构成的语言模型，语言处理可以进行语法、语义分析。

（二）文本挖掘技术

随着 Internet 的发展，可获取的大部分信息都是以文本形式存储的，要想从中找到合适的信息，就涉及了文本挖掘技术。

文本挖掘技术是数据挖掘领域的一个分支，它涵盖了文本分析、模式识别、统计学、数据可视化、数据库技术、机器学习、自然语言处理和人工智能等多领域技术。由于文档本身是半结构化或非结构化的，无确定形式并且缺乏机器可理解的语义，因此，数据挖掘的对象以数据库中的结构化数据为主，并利用关系表等存储结构来发现知识。

1. 确定文本数据源

确定文本挖掘的目标、应用范围及领域背景知识等相关数据。

2. 对收集到的文本数据源进行预处理

从确定的文本集中，选取待处理和分析的文本，利用分同技术、文本结构分析技术等抽取出代表文本特征的元数据，如文本的名称、日期、大小、类型、作者、机构、标题和内容等，并存放在文本特征库中。

3. 选择适当的挖掘分析算法

常用的文本挖掘分析技术有文本结构分析、文本摘要、文本分类、文本聚类、文本关联分析、分布分析和趋势预测几种。文本结构分析主要是用于建立文本的逻辑结构；文本摘要是抽取出文本的关键信息，对文本进行概括和综合；文本分类是将要分类文本的特征项与已有类别的文本特征项进行比较，使其能映射到一个具体类别中；文本聚类是根据文本集合中特征项的相似度分成若干类，并将相似度大的文本尽可能归为一类；文本关联分析是指从文本集合中找出不同特征项之间的关系；分布分析和趋势预测是指通过对文本数据源的分析得到特定数据在某个历史时刻的情况或将来的取值趋势。

4. 将结果以可视化技术提交给用户

利用已经定义好的评估指标对获取的知识或模式进行评估，然后根据需要返回前面的步骤进行优化，直到满足要求为止。

（三）自动文摘技术

自动文摘也称自动摘要，指的是利用计算机自动地从原始文献中提取文摘。自动文摘按内容压缩程度，可以分为报道性、指示性、报道指示性、评论性和组合式五种。报道性文摘适用于那些描述实验性研究的报告和单主题的文献，能够提供原始文献中的重要信息，包括研究方法、使用设备、论据、数值数据和结论等；指示性文摘也称描述性文摘，由于所含信息量较少，因此一般不提供具体内容；报道指示性文摘又称混合性文摘，兼具报道和指示功能，其将原始文献中价值高的作为报道性文摘，将其他的作为指示性文摘；评论性文摘也称评论，其价值往往依赖于文摘员的专业水平；组合式文摘是文摘员写出一组文摘，二次服务机构可以根据需要选取。按面向用户需求的不同，可将文摘分为一般性文摘和偏重文摘。一般性文摘是指对所有用户都提供一般性的摘要；偏重文摘也称为用户聚焦文摘、主题聚焦文摘或查询聚焦文摘，可以依据特定用户的需求（如询问用户感兴趣的主题）有重点地产生专属摘要。按文摘处理的对象集合个数，可以将文摘分为单文档文摘和多文档文摘。单文档文摘处理的对象是单篇文摘。多文档文摘处理的文本对象是由多篇文档组成的文档集。按文摘处理对象的载体，可将文摘分为文本自动文摘和多媒体自动文摘。除了以上分类标准外，还可以按文摘处理语言的数量分为单语言和多语言类型；按文摘长度是否可调节分为用户可调文摘长度和固定文摘长度类型等。

按照生成文摘的句子来源，自动文摘可以分成两类，一类是完全使用原义中的句子来生成文摘，另一类是可以自动生成句子来表达文档的内容。按具体技术可以有以下四种常用方法。

1. 基于统计方法

基于统计方法也称为基于抽取的方法或自动摘录，它只是利用了文档的外部特征，如词频、词（或者句子）在文档中的位置，是否有线索词（短语、字串、字串链）及其统计数量等来进行文摘的生成，并不对文档内容做深层次理解。

基于统计方法实现容易、速度快、摘要长度可调节，但以句子（或段落）为基本抽取单元的抽取方法没有考虑句子间的关系，致使生成的文档不连贯，甚至前后矛盾，可读性差。

2. 基于理解的方法

基于理解的方法运用自然语言处理机制，分析过程中的常识、领域知识和领域本体等，对句子和篇章结构进行分析和理解，进而生成文摘。具体的实施步骤如下：

第一，借助词典中的语言学知识对原文中的句子进行语法分析，获得语法结构树。

第二，运用知识库中的语义知识将语法的结构描述转换成以逻辑和意义为基础的语义来表示。

第三，根据知识库中预先存放的领域知识在文中进行推理，并将提取出来的关键内容存入一张信息表。

第四，将信息表中的内容转换为一段完整连贯的文字输出。基于理解的方法产生的摘要质量较好，具有简洁精练、全面准确、可读性强等优点。但是，由于受到知识不足的限制，其文摘技术只能适用于某个狭窄的领域，如用于处理有关地震情况的新闻等。

3. 基于信息抽取的自动文摘

基于信息抽取的自动文摘也称为模板填写式自动文摘。这种文摘的产生先要对文本进行主题识别，再选择已编好的该领域的文摘框架，对文中有用的片段进行有限深度的分析，提取相关短语或句子填充文摘框架，再利用文摘模板将文摘框架中的内容转换为文摘输出。

4. 基于结构的自动文摘

基于结构的自动文摘将文本信息视为句子的关联网络，选择与很多句子都有联系的中心句被确认为文摘句。由于语言学对于篇章结构的研究还不够深入，可用的形式规则很少，这使得基于结构的自动文摘到目前为止还没有一套成熟的方法，不同学者用来识别篇章结构的手段也有很大差别。

第二节 图书馆信息资源的整体布局

一、信息资源整体布局的基本原则

同其他资源一样，图书馆信息资源也有一个合理配置、合理布局的问题。信息资源的布局是指在实践、空间和数量三个方面的有效配置。时间上的配置是指信息资源在过去、现在和将来三种时态上的配置。信息资源的价值对实践具有很高的灵活性，即实效性强。信息资源的空间配置是指其在不同部门和不同地区之间的分布，即在不同使用方向上的分配。信息资源数量上的配置包括存量配置和增量配置，即对已有信息资源的配置和不断产生的信息资源的分布。

（一）适应国情原则

信息资源整体布局必须与我国的国情相适应，这是一条最基本的原则。只有立足于国情，信息资源整体布局才有坚实可靠的基础，才具有科学性和可行性。

第一，作为一个发展中国家。我国信息资源整体布局要紧密与科学、教育、文化事业及国民经济发展水平保持同步发展，并且要有一定的超前性，即必须走在教育、科学、文化事业的前面，当然也不能过于超越经济发展所允许的速度和规模，不能盲目追求高速度、大规模。

第二，长期以来，我国信息基础设施处于一个比较落后的状态，并且还将在相当长的时期内成为制约信息资源整体布局的因素之一。从这一国情出发，应该强调以区域发展为核心，建立地区性的信息资源保障体系。各个专业与系统的信息资源布局应融于全国或地区的信息资源布局之中，强化地区的信息资源合作。

第三，我国各个地区间的经济、科学、教育、文化发展不平衡，这种不平衡分布状况呈现出强烈的梯度差。因此，我们不能忽视原有的基础。应该在进行信息资源整体布局时，根据地区差异，按照地区文献需求梯度理论，让一些先进的、信息吸收能力强的地区和部门首先较多地获得国外最新的信息资料，通过他们的吸收和转化，逐步将先进的科学技术向比较落后的地区转移。要从实际需要出发，才能促进整体信息资源建设的发展。

（二）协调共享原则

信息资源保障体系是一个相互联系的整体，具有一定的层次性。由于组成这个体系的信息资源保障体系的各图书馆的类型、性质和任务不同，其信息资源的收集水平与服务内容则有所不同，任何一个图书馆、信息机构的信息资源都是有限的，不可能满足社会所有的信息需求，因此必须加强联合，协调发展。

我国在信息资源整体布局中采取了地区协调和系统协调的方式。地区协调，是指在一定区域范围内，由各系统、各类型图书馆和信息机构参加的横向协调活动。一般由地区综合性协调组织领导，根据本地区发展的实际需要进行统筹规划和合理布局，建立区域信息资源保障体系。系统协调，是指在同一系统内进行图书馆和信息机构之间的信息资源协调建设。在系统内部建立起自上而下的组织协调与业务协调关系，统一部署，统一布局，根据学科和专业发展的实际需要，构建协调补充、互为利用的信息资源保障体系。地区协调和系统协调是我国信息资源整体布局的两种基本形式，在实践中应根据发展的需要将二者结合起来，以取得信息资源整体布局的良好效果。

(三) 需求导向性原则

信息资源整体布局的最终目标是要达到资源的共享，最大限度地满足任何社会成员对信息资源的需求。因此，以需求为导向是信息资源整体布局所要遵循的重要原则。

信息资源的整体布局必须抓住当前最为迫切、最有实效的领域，一切以需求为导向，有条不紊地进行。就我国当前形势而言，仍然存在一定的地区差异，地区发展不平衡，但我们不能盲目地以信息资源数量的平衡来衡量地区发展的水平。而要根据不同地区、不同系统、不同层次的发展需求，从最迫切的信息需求和最有可能取得实际效果的信息服务内容入手，统一规划，协调发展，并充分运用新技术的发展培育新的需求。此外，信息资源整体布局还要与社会的信息需求规律相符合，针对信息需求的规律，用不同的文献保障层次来满足不同的信息需求。

(四) 效益原则

效益原则要求在进行信息资源整体布局时，充分考虑到经济效益和社会效益。经济效益主要体现在文献资源收藏的完备性、信息资源的利用率，以及单元信息利用的消耗上等方面。在投入相对稳定的条件下，尽可能地提高文献资源收藏的完备程度，并最大限度地利用这些资源，最大限度地满足用户的信息需求。通过合理的规划与协调，减少重复建设，满足地理分布的合理性，方便对文献的利用。社会效益是指建立了优化的信息资源整体布局，实现信息资源的共享，并充分利用信息资源对社会的发展和进步产生的影响。社会效益难以用具体的准确的数据来衡量，但影响却不容忽视。

总之，经济效益和社会效益并重，是建立优化的信息资源整体布局的一个重要原则。

二、信息资源整体布局的作用

信息资源整体布局是信息资源共享的重要前提，也是提高信息资源保障能力的有效措施。自 20 世纪 90 年代以来，我国国家信息化建设进入快车道，金桥、金关、金卡等一系列重大信息工程取得巨大进展的前提下，信息资源作为社会资源体系的重要组成部分，其建设与分布状况直接关系到国家信息化发展的程度，此时实施信息资源整体布局是非常必要的。

信息资源整体布局的作用主要体现在以下几个方面：

第一，充分有效地利用与协调各地区的信息资源，更好地为我国现代化信息建设服务。

第二，促进信息资源的共建与共享。

第三，加强各个信息机构、图书情报系统之间的联系与合作，形成多层次、多功能的信息资源体系。

第四，减少重复建设，提高信息资源建设的经济效益。

第五，缩小地区信息贫富差距，促进边远地区、落后地区的发展。

总而言之，信息资源整体布局的理论研究与实践，对我国的信息化建设具有深远的战略意义和现实意义。

三、我国信息资源整体布局的模式

经过许多学者的探讨，人们将信息资源整体布局的模式总结为集中控制型、分散控制型和等级结构控制型三种理论模式。

（一）集中控制型模式

集中控制型模式是建立一个具有绝对权威的信息资源管理与控制机构，对各类型图书馆和信息机构进行统一指挥，集中调度。这种模式的关键在于建立集中决策机制，充分发挥整体的系统功能。

（二）分散控制型模式

分散控制型模式由若干分散的图书馆和信息服务机构共同承担信息资源建设的任务。这种模式的核心是充分调动各图书馆和信息机构的积极性，从整体的利益出发，正确处理局部利益与整体利益的关系。

（三）等级控制型模式

等级控制型模式是逐级建立信息资源保障系统，并通过系统间的协调与合作，优化信息资源结构，形成相互依存、共同发展的共享体系。这种模式的重点是建立系统间的互动与联动机制，注重图书馆和信息机构之间分工与协调，以保障信息资源的整体功能得到最充分的发挥。

等级控制模式能够建立系统间的隶属关系，既便于信息资源建设的协调和控制，又拓展了信息资源利用的范围，是我国信息资源整体布局的最佳选择。目前，我国在等级控制模式理论的基础上，又提出了信息资源整体布局的三级保障体制，即第一级是建立国家信息资源保障体系，包括全国信息资源的协调与控制，制定国家信息资源发展政策和规划等任务；第二级是建立地区信息资源保障体系，承担区域的信息资源协调与合作任务，积极调动本地区图书馆和信息机构的信息资源，满足大部分本地用户的信息需求；第三级是建立省（市）、自治区各种类型图书馆与信息机构的信息资源保障体系，通过信息资源的组织与布局，最大限度地满足用户的信息需求。

第三节　图书馆信息资源的整合

一、信息资源整合概述

信息资源整合属于宏观意义上的信息组织。"整合"作为术语最先在数学和物理学中，表达部分与整体的关系。20世纪80年代后，在文学、社会学、心理学、生物学、哲学等学科也出现了"整合"。在"信息资源整合"中的"整合"包括了综合、融合、集成、整体化、一体化等。信息资源整合是由于社会步入信息化、网络化、数字化时代，数字信息资源大量出现，各种数据库大量产生，各种类型的网络资源检索工具层出不穷，数字图书馆日益增多的缘故。

（一）信息资源整合的含义

信息资源整合是信息资源优化组合的一种存在状态，是在符合一定条件的前提下，根据一定的需要，对各个相对独立的已经实现了一定程度有序化的信息系统进行融合、类聚、重组，重新构成一个新的效能更好、效率更高的信息资源体系的发展过程和结果。

经过信息资源整合后形成的信息资源体系，既可以是逻辑的，也可以是物理的。物理的信息资源体系是指除各成员信息系统拥有自己的数据库系统以外，整个信息资源体系还拥有一个中央数据库，为各个信息系统所共享；逻辑的信息资源体系中不存在中央数据库，只是各个信息系统整合以后的逻辑意义上的统一表达。

信息资源整合活动一般是在信息资源组织发展到一定程度后才能够进行的。信息资源整合是宏观意义上的、横向的信息资源组织，所强调的是单个信息系统之间的横向联系，信息资源之间的融合重组，以及整体之间的资源共享。

（二）信息资源整合的必要性

由于信息资源的开发和利用长期以来往往都有独立的信息资源组织方法、检索系统和发布系统，且彼此独立，各自为政，缺乏交流，造成信息资源环境整体分散无序的状态，但用户的信息需求又呈现多样性、复杂性的特点，这就给用户检索和利用信息资源带来不便，具体表现在：

1. 缺乏交流

各信息系统收录的信息系统资源存在交叉重复，影响用户对信息资源的选择与获取。

2. 标准不同

导致了检索途径和方法的差异，再加上不同的检索软件、风格迥异的检索界面，用户面临不轻的学习负担，造成精力与时间的浪费。

上述两方面表明，如果不对信息资源进行合理有效的整合，必然使用户陷入不得门径而入的困惑境地，这与以用户为中心的信息服务原则背道而驰，也严重影响了信息资源的有效利用。因此，深入研究与解决信息资源整合问题是十分必要的。

此外，可以从信息资源整合带来的作用进一步说明信息资源整合的必要性，信息资源整合实现了不同信息系统之间的沟通，揭示了相关信息资源之间的关联，为用户获得高质量的信息资源提供方便；整合后的信息资源体系囊括了各个独立信息系统的信息资源，并且拥有风格一致的用户检索界面，用户无须在不同的信息系统之间来回切换，节约了时间，减轻了学习负担，也一定程度上提高了信息资源的利用率和检索效率；信息资源整合促进了信息资源组织过程中整合意识的形成，推动信息资源组织标准化的进程。

（三）信息资源整合的目的

对于信息资源组织的目的，我们可以总结为：为了实现信息环境自局部有序化到整体有序化转换。具体包括以下内容。

1. 减少信息资源的混乱程度

各个独立的信息系统之间存在着内容交叉重复，或拖沓冗长、关联程度低等问题，这就在某种程度上造成了信息资源的混乱。通过信息资源整合，就可以在原有的各个信息系统的基础上进行信息资源的融合、重组，形成一个新的、有序化的信息资源体系，减少了信息资源的混乱程度。

2. 加强信息系统与用户的联系，提高信息资源利用率

原有的各个独立的信息系统之间所存在的差异造成了用户信息检索的不便，使用户面临沉重的学习负担和时间浪费，因此，要求在原有信息组织的基础上，根据用户的需要，以及信息系统之间的差异，疏通信息渠道，提高各个独立信息系统与用户的接触率，进而提高信息资源的利用率。

3. 节约社会信息活动的总成本

信息资源整合节省了广大用户穿梭于不同的信息系统之间所造成的时间和精力耗费，从而提高整个社会信息活动的效率。

当然，信息资源整合后，可能会限制各个独立信息系统强大的个性化检索功能的发挥。但这绝对不是信息资源整合的目的，随着信息资源整合理论与实践的不断深入发展，这些局限性会逐渐被克服。

（四）图书馆信息资源整合的背景

随着数字图书馆的出现，人们猜测未来的图书馆发展方向将是复合图书馆，即"实物馆藏+虚拟馆藏"形式，且两者构成相互联系的有机整体，不能割裂开来。

实物馆藏是长期以来图书馆的主要形式，其组织、技术与方法都趋于成熟。在计算机技术与自动化技术的促进下，图书馆对信息资源的组织由手工阶段向自动化、现代化阶段转变。但是，由于受到图书馆性质、任务和经费等条件的限制，馆藏信息资源还需要以馆际合作、资源共享的模式来扩大信息资源的来源，以更好地满足用户的信息需求。而实际上，各个图书馆在信息资源的组织过程中，各自为政，彼此之间的编目条例、著录格式存在一定的差异，产生的书目数据只能局限在本系统使用。在这种情况下，对不同图书馆之间的书目信息资源进行整合就提上了日程。

除了实物馆藏外，虚拟馆藏也是图书馆资源的重要组成部分，这些虚拟资源数量大且相当丰富。它们以数字化的形式记录，存贮在网络，计算机，磁、光介质以及各类通信介质上，用户必须通过计算机网络通信方式进行访问。目前，图书馆的这类数字资源主要包括数据库、电子期刊、电子图书三种。其中，数据库是图书馆数字资源的主体部分，既有联机数据库，也有网络数据库，从数据库的内容来看，全文数据库是数据库发展的方向，目前这类数据库已逐步在概念上脱离源数据库，日益成为一种独立的电子资源类型。电子期刊有两种类型：一种是印刷型期刊的电子版，以印刷型期刊为底版，内容大致相同；另

一种是严格意义上的电子期刊，即期刊从投稿、编辑、出版发行到订购、阅览都是通过网络实现的。在图书馆的书目数据库中，每种印刷型期刊的书目信息构成一条记录，只能实现到刊名信息的检索；而在电子期刊中，每篇期刊论文就是一条记录，可以实现篇名信息的检索。电子图书大多都是对已出版图书进行电子化，电子图书没有统一的格式，阅览不同格式的电子图书，需要下载安装相应的专门阅读浏览器，且这些电子图书馆的阅读浏览器是互相不兼容的。关于电子图书的检索，目前市场上普遍实现的是到书名的查询。同电子期刊一样，图书馆对电子图书的收藏也主要是通过购买一定期限的使用权实现的。

二、信息资源整合的基本原则

信息资源整合的原则应是对全局和整个整合过程都起指导作用的准则。信息资源整合应遵循的原则主要有五个方面。

（一）前瞻性原则

信息资源整合的前瞻性原则就是要求立足现在，放眼未来，即在进行信息资源整合的过程中，不仅要从信息资源机构未来的发展需要出发，用前瞻性的眼光，采取各种方式方法调整现有的信息资源结构，使其更加科学合理，同时还需要最大限度地开发现有的信息资源，使其得到充分的利用。

需要注意的是，坚持前瞻性原则也需要根据国家、地区、系统，以及本单位信息资源的实际情况，对信息资源整合重组，以达到提高信息资源的利用率，促进信息资源的开发，满足社会复杂的多样化需求。

（二）特色化原则

受到地缘、业缘等关系的影响，信息资源机构所收集到的信息资源大都是经过长期积累，并具有其特色的资源。因此，在进行信息资源整合过程中，一定要注意优先开发本单位有特色的信息资源，如地方特色、专业特色、类型特色、文种特色等，充分重视这些资源优势和特色；在信息资源整合项目的选择上要分清主次，突出自己的重点和特色，在信息资源整合的方式、方法、技术手段上要鼓励创新，形成自己独特的方法、技术。

（三）效益性原则

信息资源整合必须讲求经济效益和社会效益，要求对信息资源整合追求以最少的投入得到最多的产出。信息资源的整合过程，也是信息资源的再次增值过程，因此能带来一定的经济效益。此外，信息资源整合还需要创造良好的社会效益，促进整合意识的形成，提高人们的信息意识和信息素养。

（四）需求导向原则

信息资源整合并不是盲目的，而是有针对性、有目的的，它从用户对信息资源需求的角度出发，以适应新形势对信息资源机构的新要求。信息资源整合应该遵循用户导向和需求导向原则，开展用户信息需求调查和分析，并把它作为开展一切工作的出发点。如果整合后的信息资源体系给用户有效利用信息资源带来障碍，那么信息资源整合就失去了意义。当然，需求导向并不意味着被动迎合用户的需求，还应积极主动地去培育用户的新需求，使信息资源得到更充分的利用。

（五）安全性原则

信息资源机构在进行信息资源整合过程中，所需要遵循的安全性原则如下：第一，注意对信息资源载体的保护。第二，树立产权意识，在开发信息资源时不损害所有者的知识产权。第三，有保密意识，在信息资源整合中不泄露国家或单位的有关机密。第四，要注意对用户乃至公众精神的保护，开发健康、有益的信息产品与信息服务，避免给用户和公众带来信息污染和消极影响。

三、信息资源整合的层次与方式

在具体的信息资源整合实践中，并非所有的信息资源整合都在同一水平上进行，而是呈现多层次性。根据不同的划分标准，信息资源整合具有不同的层次结构。这里所涉及的信息资源整合层次划分标准是按照信息资源整合对象的加工深度进行的。

（一）表现层的信息资源整合

信息资源在表现层的整合主要是针对信息源进行的。在一定标准的前提下，为分布式存在的信息系统的信息源提供了逻辑组织和导引。由于信息源即信息的来源通常是以链接的形式表现的，因此表现层的信息资源整合就表现为按照一定的逻辑主线，对各种不同的信息系统的链接进行排列组合，从而构成"信息地图"。这里的逻辑主线也就是信息系统地址排列组合的标准，可采用的逻辑导引的标准有资源类型、学科主题、字母顺序等。用户在一定的标准指引下，能够方便地从汇聚了多样化的信息资源体系中快速定位到目标信息系统，从而发挥信息资源体系的指南或导航作用。

这种整合方式多用在具有指南或导航性质的网站或网页中，其类型比较丰富，有综合性质的信息系统指南或导航，也有专业性质的、地区性质的。实现信息资源表现层的整合，其技术和方法相对比较简单，只要在同一个网站或网页中创建所有信息系统的地址链接，并根据一定的标准将这些链接进行有序化排列，便可勾勒出一幅信息资源地图来。当然，为了方便用户的使用，创建人性化的用户界面、加入信息系统的内容介绍和引导用户的详细说明也是非常必要的。为了确保信息资源的时效性，链接地址还需要及时更新和维护。

元搜索引擎被称为搜索引擎之上的搜索引擎，其所采用的也是信息资源表现层的整合方式，它将多个搜索引擎集成在一起，提供统一的检索界面。此外，指引数据库也属于信息资源在表现层的整合，它首先对数据库等信息系统进行集中、分类、整理，然后再以主题树的形式指引用户利用。

从上面几种信息资源表现层的整合方式来看，信息资源表现层的整合还只是信息资源整合的初级形态，它整合的对象还只是停留在信息源的层面，确切地说是各独立的信息系统的地址等信息，而没有触及信息系统的内容和检索层面。然而，存在即为合理，表现层的信息资源整合之所以深受特定用户群的欢迎，与它汇聚了经过人工选择的多种信息系统，不仅数量齐全，而且形成逻辑体系，起到良好的导引作用，极大地方便了用户在大量相关的信息系统中发现和选择符合自己信息需求的目标信息系统是分不开的。当然，这种表现层的信息资源整合对信息资源的加工深度是有限的，因而提供给用户的导引作用也是有限的。

（二）元数据层的信息资源整合

元数据层的信息资源整合是从信息资源组织的源头对信息资源进行比较彻底的整合，是整合程度最高的一种整合方式。其基本的整合过程，就是使各个信息系统采用的元数据格式在事实上趋于一致或者相互之间通过元数据互操作能够相互转换，进而实现各个信息系统之间事实上趋于一致。这样，再将它们整合到同一个信息资源体系中就变得相对容易了。

这里，各个信息系统之间事实上的同构指的是整个信息资源体系采用统一的元数据格式。一般是事先基于共同遵循的标准，构建各个信息系统及其内部资源，并采用统一的元数据格式描述信息资源。而各个信息系统之间形式上的同构则主要指各个信息系统之间实现互操作，并允许存在异构性的各个信息系统之间能够通过某种转换机制取得形式上的一致性。

实现各个信息系统之间事实上或者形式上的同构是目前元数据层的信息资源整合的两种表现方式。这种方式大大减小了各个信息系统间异构性所带来的负面影响，基本实现了统一化、无缝化的高度整合。然而，就目前而言，元数据层的信息资源整合也存在一定的问题。第一种整合方式在为各个成员提供全面的互操作性时，要求每个成员也必须为此付出代价，而且由于成员之间趋同程度较高，也就相应地减弱它们的个性化发挥余地。因此，其对商业化经营运作吸引力不大。第二种整合方式，进行无数据互操作实现不同元数据格式之间的相互转换的过程中，也会对整个信息资源体系的数据存储造成一定的压力，同时大大增加了其维护的成本。

第四节　中文图书与期刊的信息资源建设

一、中文图书信息资源建设

（一）中文图书信息资源保障体系建立

中文图书信息资源是我国读者、用户使用量最大的一种信息资源，同时中文图书资源也是占全球出版量比重最大的信息资源之一。为满足读者、用户对中文图书信息资源的需求，图书馆必须建立起一个相对完备的中文图书信息资源保障体系。在数字信息环境下，电子图书资源越来越多，因而在中文图书信息资源保障体系里，电子图书资源的份额也应越来越大，从而建立起一个数字资源与传统资源相互补充、资源相对丰富的中文图书信息资源保障体系，以充分满足读者、用户最基本的信息需求。

（二）中文图书信息资源建设原则

1. 纸质与电子图书资源协调发展的原则

数字信息环境下，电子图书出版数量越来越多，而且当年版的图书份额也在加大，同时随书光盘数量也在加大。中文电子图书在电子资源里也是利用率最高的资源之一。因此，图书馆中文图书配置要坚持纸质与电子图书资源协调发展的原则，以满足读者、用户各种载体信息的需求。

2. 发展重点与兼顾一般的原则

图书馆信息资源建设强调重点学科和特色学科的资源入藏，但鉴于中文图书数量庞大，同时中文图书较之于外文图书、外文期刊价格相对便宜。因此图书馆在中文图书配置时应坚持发展重点与兼顾一般的原则，尽可能地满足各方面读者的需求。

（三）中文图书信息资源配置策略

1. 根据图书馆实际情况配置

通过对图书的流通情况进行调查发现，各种图书的利用率相差甚多，相当一部分书的流通率很低，这样势必造成财力、物力的浪费，有些图书的利用率则很高，很多读者借阅，因而图书馆须运用"二八规则"的原理，来确定这"20%"的图书主要是哪些学科的、哪些出版社出版的，这样抓住主要矛盾进行处理，就会达到事半功倍的效果；同时，确定核心出版社，将核心出版社的图书作为重点采访对象，这对于提高图书采准率，提升馆藏水平有很大帮助，同时还能优化购置经费的利用。因此，图书馆要根据本馆的实际情况来配置图书资源，特别是中小型图书馆经费紧缺，中文图书配置也只能在"精"上下工夫，以提高图书馆利用率。

2. 严格控制图书入藏质量

每年纸质图书出版数量都有大幅度增长，但图书出版整体水平偏低，主要表现在好作品、高品位的书偏少——由于受经济效益至上的思想支配，出版社"市场意识"浓厚，多卷书、丛书、古典书、重版书充斥市场，动辄就是上下集、大全、全书之类的大作，图书供应商要求图书馆只能整套购买，而不能配置其中的某种图书，这样无形之中图书馆就支付了不该支付的经费。此外，有些出版社热衷于"焦点问题""热门话题"图书的出版，争先恐后地抢点出版。这类书的品种一下子就出版了不少，造成选题雷同、内容重复现象。而一些使用范围较窄的基础科学、工程技术及理论学术性较强的专业性、学术性图书因无利润而受出版社冷落，造成许多专业图书难以出版或出版很少的后果，不但影响了国家科学研究和教育事业的发展，也影响了图书馆的藏书质量与专业图书信息资源收藏的系统性和完整性。因此，图书馆对于那些"热门图书"应精挑细选，不要认为这些图书一概适合图书馆藏书，从而导致经费大量浪费，却不能给读者带来更多新的信息。而对于专业性、学术性强的图书，则要多关注相关出版社，尤其是中央级出版社和大学出版社的出版动态。

3. 建立读者信息资源决策采购机制

长期以来，图书馆信息资源采访都是依靠图书馆员自身的学科背景对书商提供的目录进行圈选、订购，但是近年来这一传统模式，尤其是在国外，受到了挑战。读者决策采购作为一种新型的信息资源建设模式风靡美国大学图书馆界，并逐渐在西方国家的图书馆界受到推广。读者决策采购也可以称为"需求驱动采购"，是赋予读者决策权的信息资源建设模式，即根据读者的实际信息需求来确定信息资源的配置。这样能有效补充馆藏资源并提高了馆藏资源的利用率，从而保证资金投入的效益。因此，图书馆要建立读者信息资源决策采购机制。实际上，近年来我国读者参与图书馆信息资源采访活动也是常有之事，如邀请学院教师到书市参加图书现采活动，图书馆平时也会定期或不定期给学院的专家提供书目，让其为图书馆圈选图书，或是在图书馆网站上设置读者书刊推荐栏目，让读者在网上向图书馆采访部推荐图书等，读者也可以直接在图书馆集成系统里向图书馆推荐图书。总之，读者参与图书馆信息资源采访是越来越多了，但务必使其落到实处，尤其是学术性图书、电子图书的 PDA 采购。

4. 广泛地收集图书出版信息

我国出版社改制后，新的运行机制更有利于出版社的发展，学术性图书也会有更多的出版社出版。"长尾理论"的一条重要原则就是应有尽有，长尾就是必须有足够长的"尾巴"，让用户尽可能获得所有需要的资源，而前提则是要有足够供应产品的数量聚合。因此，图书馆要注重新书出版信息的收集，只有尾巴足够长，才能充分利用"长尾"资源。图书馆图书采访工具除了"科技新书目""社科新书目"外，最主要的还是图书供应商提供的自编采访书目，因此要激励图书供应商为图书馆提供尽可能多的新书出版信息，使其成为信息聚合器，源源不断地向图书馆输送最新书目信息，图书馆就能因此获取更多的"长尾"资源。此外，图书馆还应同出版社建立广泛的联系，通过网络让其不断地为图书馆传输新书出版信息，其提供的书目还应包含有图书的封面、封底、书名页、版权页、目次、前言、后记、索引等信息。因此，图书馆应积极主动地与更多的出版社取得联系，尤其是一些偏远出版社，让其将最新出版信息传送给图书馆。只有在丰富的书目资源基础上才能配置出更为优质的馆藏。

5. 严加把关图书供应商提供的书目

20 世纪 80 年代末，我国的出版发行业开始变革，逐渐开始市场化运作。民营书商如雨后春笋遍地丛生，图书发行由新华书店独家发行的局面转变为多渠道发行的市场化运作，图书馆也由新华书店单一合作的模式转为与多种图书供应商合作的模式，这一转变一改图书馆图书资源配置总是处于被动的局面，从而图书馆图书资源配置的路子就活了，不得不说出版发行业的变革给图书馆信息资源建设带来了生机。但在与各种图书供应商合作中难免会出现许多新的问题，特别是其提供的图书采访书目数据，存在着如数据不规范、著录不完整等诸多情况。另外，有的供应商提供的书目学科不全面，社科类书目偏多，科技类图书偏少，这便造成图书馆图书信息资源收藏不够系统、不够全面，致使一些学科图书信息资源不足，从而不能满足读者的需求，甚至影响到学校教学、科研工作的开展。为此，图书馆应重视对供应商所提供图书采访书目的质量控制；图书馆在新的图书供应环境下，应牢牢掌握图书采访的主动权，及时与图书供应商沟通，使其提供的采访书目完全符合图书馆的需求。

二、中文期刊信息资源建设

（一）中文期刊信息资源保障体系建立

鉴于读者、用户对中文期刊信息资源的高利用率，大中型图书馆必须在建立一个资源相对丰富的中文期刊信息的同时又突出本馆特色和重点学科特点的信息资源保障体系，以充实本馆特色和重点学科馆藏。

（二）中文期刊信息资源建设原则

1. 纸质与电子期刊资源相结合的原则

读者、用户利用中文期刊资源有着不同的目的，做学问、搞科研的读者，其信息需求量大，需求面广，利用信息意在便捷，信息检索要求查全率、查准率高，电子期刊特别能满足这种用户的需求。而对于只是为了消遣、娱乐或者扩大知识面的读者而言，纸质期刊则是更好的选择，因纸质期刊具有欣赏性、方便性、随意性，尤其是年长的读者更喜欢纸质期刊。因此，图书馆中文期刊配置应本着纸质期刊资源与电子期刊资源相结合的原则，正确处理好电子期刊与纸质期刊的入藏比例，学术期刊尽可能配置电子版，消遣、娱乐、知识性的期刊尽量配置印刷版。另外，从出版物的性质看，中文学术性电子期刊出版发行时间一般都要比纸质期刊晚，时滞大约在 3 个月至 6 个月。而教学、科研人员需要及时了解学科发展前沿的最新学术动态和最新科研成果，因此常用的学术期刊也要相应地配置纸质期刊，这样才能全面满足读者用户的实际需求。

2. 与中文图书资源互补发展的原则

我国近几年中文图书出版量逐年增长，但也存在着这样的现象：有些类别的图书出版数量很大，甚至达到泛滥成灾的地步，而有些类别或冷僻学科的图书出版得较少，有的甚至极少。如农业类的图书出版得相对较少，而在农业类中园艺类图书出版最多，而农作物类别的图书又出版得极少；由此可见，各类文献出版资源总是不平衡的。因此，中文期刊配置要本着与中文图书信息资源互补发展的原则，中文图书出版量较少的类别、学科，应尽可能多配置这些类别、学科的中文期刊，使得图书馆这些类别、学科的文献资源不至过于短缺，从而影响读者、用户教学、科研工作的正常开展。

（三）中文期刊配置策略

1. 综合考虑期刊的各种属性

对学术期刊应多考虑其编辑方针和编辑部的性质。一般而言，科研院所、学术性出版社、大学出版社编辑出版的期刊学术价值较高。如科学出版社出版的期刊不但数量多而且质量高，现已出版 300 余种期刊，被 SCI 收录的刊物有 29 种，被 EI 收录的有 34 种。我国大学学报有 2000 多种，且核心期刊占据较大份额。因此，在采购经费的分配上，要多分配一些经费配置这些期刊，以增强馆藏期刊的学术价值。而消遣性、娱乐性应多考虑其外观及装帧等因素，从而使配置的期刊充分满足读者的需求。

2. 参照相关的期刊评价工具

中文期刊评价工具是一种对期刊科学、公正的评价方式，因此图书馆中文期刊资源配置时应认真参考相关的期刊评价工具。为此，图书馆在配置期刊资源时应参照期刊评价工具，补齐新增的核心期刊，只有这样才能提高馆藏质量。

3. 从读者、用户实际需求出发

要达到有效地配置中文期刊，必须从读者、用户实际需求出发。因此，要根据学科建设的需要来配置。需求量大的学科多配置，反之，少配置。学术性的期刊用户更多是利用电子期刊，而科普性、娱乐性的期刊读者则更喜欢纸质期刊；因此，科普性、娱乐性期刊应多配置纸质期刊，而学术性期刊应多配置电子期刊，对重点学科的期刊最好是二者都要配置，因为电子期刊虽然便捷，但存在时滞问题。

第四章 图书馆信息资源建设的影响因素

信息资源建设是人类选择、采集、组织、开发、利用信息资源的社会性活动，因此其发展必然要受到社会政治、经济、文化、科学技术等方面因素的影响和制约。特别是近几十年来，信息技术和网络技术的快速发展，引起了社会政治、经济、文化领域的深刻变革，也引起图书馆事业的深刻变革，这无疑也给高校图书馆的信息资源建设带来直接而深刻的影响。

第一节 图书馆信息资源建设的宏观影响因素

一、高度的信息化社会和网络化时代

（一）高度信息化社会

21 世纪的社会是信息化进程中的社会。进入 21 世纪，广泛应用、高度渗透的信息技术正孕育着新的重大突破。信息资源日益成为重要生产要素、无形资产和社会财富。信息网络更加普及并日趋融合，互联网加剧了各种思想文化的相互激荡，成为信息传播和知识扩散的新载体。信息化与经济全球化相互交织，推动着全球产业分工深化和经济结构调整，重塑全球经济竞争格局。电子政务在提高行政效率、改善政府职能、扩大民主参与等方面的作用日益显著。信息化极大地推动了社会生产关系和上层建筑领域的深化改革，极大地提高了社会物质文明和精神文明建设水平，极大地改善了人们的生活质量，丰富了生活内容。

高度信息化社会的特点之一，主要是文献信息量和数字化信息量迅速增长，并以信息技术为主导，以信息产业为核心，以信息经济为基础。文献信息量迅速增长，数字化信息量也迅速增长。所谓以信息技术为主导，主要指信息技术是一种高新技术，代表世界上最先进的生产力。信息技术的基础是微电子技术、计算机技术和通信技术等一大类高新技

术群。

　　高度信息化的社会是以知识信息为基础。而大力发展教育、发展科学技术、普及文化科学知识、提高全民族文化科学水平是推动信息化社会发展的动力。图书馆是信息系统的组成部分，是信息中心和信息源。信息技术将是推动 21 世纪图书馆发展的主导技术，将从根本上改变图书馆的面貌、工作流程、循环方式，将推动 21 世纪图书馆步入一个崭新的发展阶段。其具体影响体现在以下三个方面：一是电子出版物、全文数据库的出现和发展将使图书馆信息载体走向数字化；二是多媒体技术的出现和发展将使多元信息集成化、交互化；三是信息高速公路、互联网络的出现和发展将使图书馆信息传递高速化、高效化。由于 21 世纪图书馆处于一个高度信息化的社会，因此它的发展方向和图书馆的信息资源建设工作必然受到重大影响。

（二）高度网络化时代

　　处于"互联网+"时代，网络化既给图书馆带来极大的发展机遇，又给图书馆带来巨大挑战。

　　现代网络不同于传统网络。传统网络是指纵横交错而形成的组织或系统，现代网络不仅是一个纵横交错的系统，而且是一个信息系统。网络与信息不可分离，现代网络主要是以传递信息为目的，如果不传递信息就是一条空车道。因此现代网络就是信息高速公路。

　　现代图书馆已进入网络化时代，是一个由信息高速公路、互联网络（因特网）、数字化图书馆组成的三位一体系统。信息高速公路、互联网络是传递信息的通道，数字图书馆是网络的信息源。

　　信息高速公路、互联网络、数字化图书馆是一个相互联系的有机整体，是一项系统工程，每个方面在系统中处于不同层次，发挥各自不同的作用。其目的都是为了实现信息传递的高速化、高效化、网络化，实现信息资源的共享。

　　信息高速公路在系统中处于最高层。它是一个大系统，是国家的信息基础设施，由国家和社会出资兴建，服务于社会。以光纤为"路"，集电话、电脑、电视、电传功能为一体，并以传送语言、文字、数据、图像的多媒体为"车"。互联网络是信息高速公路的雏形或初级阶段，是由诸多子网络或联机网络组成。由于它发展很快，目前还存在一些问题，需要修整。但多数人认为，它的服务正在改善，正在向更快更稳定的阶段过渡。数字化图书馆是信息高速公路、互联网络的组成部分，是它们的子网络或联机网络。数字化图书馆运用数字电子技术，通过计算机网络，使人数众多而又处在不同地理位置的用户能够方便地利用大量和分散在不同贮存处所的电子物品的全部内容。这些电子物品包括网络化的文本、地图、图表、声频、视频、商品目录，以及政府、企业、科研的数据集，还包括文本、超媒体和多媒体等。

信息高速公路、互联网络是传递信息的通道，也就是信息公路。数字化图书馆是信息源。它以语言、文字、图像、数据的多媒体为车，为信息高速公路、互联网络提供信息。如果信息通道上没有载运信息的车，就等于公路上没有汽车行驶，是一条空道，失去信息高速公路存在的价值。如果信息通道不补充和更新信息，那么信息通道上行驶的车辆及其内容就会陈旧、老化、过时、稀少。因此数字化图书馆不仅要派出大批车队参与信息高速公路、互联网络的运行，而且要不断补充和更新车辆及其内容。

所以，信息高速公路、互联网络、数字化图书馆是相互依存、不可分割，必须与21世纪同步发展。然而，信息高速公路、互联网络是国家或全球的信息通道，它要传递国家或全球各种各样的信息，图书馆信息只是其中之一，因此21世纪图书馆的任务仍是参与、连接，但要主动争取和抢占自己的位置。因此21世纪的图书馆肩负重任，不仅要努力发展数字化图书馆，还要为信息高速公路、互联网络不断派出、更换满载信息的车辆。

高度网络化的时代将产生大量的网络文献（虚拟文献）和网上书店，为图书馆信息资源建设中的信息采访、资源结构、组织管理、资源评价与信息服务等开辟了一个崭新的局面。

（三）高度数字化图书馆

网络需要图书馆提供信息，图书馆需要利用网络发展自己，通过网络快速传递信息，为更广更多更远的读者提供服务。然而图书馆要利用网络为读者服务，就必须使文献数字化，将印刷型文献转化为数字型，建立数据库，发展数字图书馆。数字图书馆是21世纪图书馆的发展方向，但它离不开传统图书馆，仍以传统图书馆为基础，除新的电子文献外，数字图书馆的任务是将传统文献转化为数字化文献。

21世纪既不是单一的数字化图书馆时代，也不是单一的传统图书馆时代，而是传统图书馆、自动化图书馆、数字图书馆（电子图书馆、虚拟图书馆、无围墙图书馆）共存互补、融为一体的时代，是一个多样化的图书馆时代。只有这样，才能充分满足读者的不同需求，使数字图书馆得到充分发展。高度数字化图书馆，只说明21世纪图书馆发展的主攻方向，并不是不要其他图书馆。没有其他图书馆的共存互补、融为一体，数字图书馆也难以发展。

传统图书馆主要指20世纪50年代以前为代表的图书馆。它的特征是：以纸质印刷型图书资料为主，通过卡片目录和检索刊物来反映馆藏信息，通过读者到馆借阅图书和送书上门传递信息和知识，图书收集、整理、流通、阅览、参考咨询是以手工操作为主。

自动化图书馆开始于20世纪50年代，主要发展是70年代至80年代，其特征是：采用计算机与图书馆自动化管理系统辅助采购、编目、流通、检索、内部管理等，建立机读目录数据库和二次文献数据库，用户通过图书馆联机公共目录和联机情报检索系统查询书目与二次文献信息，通过读者到馆借阅与送书上门传递信息。自动化图书馆从其性质、职能、内容来看，仍属于传统图书馆范畴，只是工作手段有所改变。

数字化图书馆，也就是电子图书馆、虚拟图书馆，一切工作全部采用计算机，信息全部数字化，建立起采集、处理、存贮和提供电子信息的体系结构。数字化图书馆形成后的服务方式、信息载体将发生重大变化。用户不受时间和所处地理位置的限制，可利用计算机网络查询一个或数个数据库，这些数据库中既有电子目录的信息，又有图像、声音、计算机文件、电子书刊等媒体。数字化图书馆的出现，将把我们带入"虚拟图书馆"的境地。因为数字化图书馆的信息，包括文本、视频、声频等信息均以数字化形式在网络上高速传递，使我们只需获取信息，而不必关注信息在哪里存储。这一变化使现在物理存储信息的图书馆静止概念向"虚拟图书馆"或"没有围墙图书馆"演变。

以上三种类型图书馆，在 21 世纪同时存在，相互补充，并根据各自的特点，充分发挥自身的优势，在不同层次、不同区域，从不同角度，为不同的读者服务。这三类图书馆在 21 世纪都会得到相应发展，数字化图书馆是发展的主要方向，在图书馆总体中所占比例将越来越大；而传统图书馆不是消失，而会继续发展，将向自动化和数字化图书馆发展。

由于 21 世纪将同时存在传统图书馆、自动化图书馆、数字化图书馆，因而 21 世纪图书馆对图书馆信息资源建设的要求也是多样的，有差别的，不是同一个模式的。

二、国家政策因素

图书馆与社会的经济、科技、教育、文化事业具有密不可分的联系，图书馆信息资源建设作为选择、收集、组织、布局、开发和利用信息资源的社会性活动，必然直接或间接地受到国家政策的影响。同时，国家制定的政策，也对图书馆等信息机构的信息资源建设起着重要的推动作用、直接的指导作用和有效的调节作用。对图书馆信息资源建设来说，具有重要指导意义的政策有：

（一）科学发展观

科学发展观是党和政府从我国的实际出发，适应全面建设小康社会的需要，着眼于把握发展规律、丰富发展内涵、创新发展观念、开拓发展思路、破解发展难题而提出来的重大战略决策。科学发展观的核心之一，就是转变经济增长方式，把经济建设从主要依赖自然物质资源的消耗转移到主要依靠科技进步和提高劳动者素质的轨道上来，从而实现国家的可持续发展。

落实科学发展观要求我们必须把国民经济信息化作为战略重点，把开发利用信息资源作为突破口。这是因为在现代社会中，信息资源是开发利用物质资源、能量资源的基础。只有充分掌握有关信息，才有可能了解和认识物质、能源等自然资源存在和变化的特点，进而开发利用这些自然资源。因此，开发利用信息资源，是落实科学发展观的重要内容，党和政府十分重视信息资源的开发利用。充分认识信息资源开发利用工作的重要性和紧迫性，加强信息资源开发利用工作的指导思想、主要原则和总体任务，加强政务信息资源的开发利用、加强信息资源的公益性开发利用和服务、促进信息资源市场繁荣和产业发展。充分发挥信息资源开发利用对节约资源、能源和提高效益的作用，发挥信息流对人员流、物质流和资金流的引导作用，促进经济增长方式的转变和资源节约型社会的建设。由此可见，信息资源开发利用已经作为科学发展观的有机组成部分，成为党和国家信息政策的重要内容。

图书馆信息资源是社会信息资源的重要组成部分。图书馆信息资源的丰富程度，是一个国家信息能力的重要标志之一。对信息资源的开发利用的重要内容之一就是对图书馆信息资源的开发利用。通过开发利用，激活图书馆信息资源体系中蕴藏的知识信息，使其作用于物质生产，可以大大提高劳动生产率，提高产品的知识含量，增加产品附加值，取得明显的经济效益；作用于人，可以大大提高劳动者的素质和智力水平，创造出更多的物质财富和精神财富。这些，正是落实科学发展观所要求的。因此，党和国家提出落实科学发展观的决策，为图书馆信息资源建设的快速发展提供了良好的政策环境。

（二）国家创新体系

面对全球涌动的知识经济浪潮，世界各国正在积极研究知识经济的规律和特点，制定面向知识经济时代的发展战略。国家创新体系是一个从国外引入的概念。各国对国家创新体系的基本构架也有不同的理解。创新执行机构指企业、大学、科研结构、中介机构；创新基础设施包括国家技术标准、数据库、信息网络、大型科研设施和图书馆等基本条件；创新资源指人才、知识、专利、信息资源和资金；创新环境是国家政策与法规、管理体制、市场和服务的统称；国际互动包括国际科技交流与合作以及国际贸易。美国国家创新体系结构清楚地表明，图书馆以及图书馆的信息资源是国家创新体系的有机组成部分。

我国国家创新体系通常包括知识创新、技术创新、知识应用和知识传播四个系统。从四个系统的主要功能可以看出国家创新体系的每一组成部分都与图书馆信息资源的利用有直接的关系。首先，图书馆作为人类知识的宝库，是为知识创新和技术创新提供知识信息的重要基地。图书馆不仅提供已有的信息和知识，还通过对文献的深层次加工，为知识创新与技术创新提供专职增值的信息和知识。其次，图书馆通过对知识信息载体的选择、收集、组织加工，使无序的信息变为有序，使固化的知识得以活化，并且借助计算机和现代通信技术，实现知识信息跨时空传播，这不仅为高等学校培养人才提供了有力的信息保障，而且为职业培训、继续教育和提高广大民众的科学文化素养创造了条件。最后，图书馆针对用户需求，运用先进的信息处理技术，对各类信息进行收集、鉴别、加工和组织，开发出市场需要的信息产品，通过科技咨询、科技转让、技术中介等活动，推动科技成果走向市场，转化为直接生产力，促进社会经济的发展。

由此可见，图书馆及其信息资源系统是国家创新体系的有机组成部分。而国家为促进自主创新体系建设制定的各项政策，也必将为信息资源建设创造有利的条件。

（三）面向21世纪教育振兴行动计划

图书馆作为社会文化教育机构，其重要的社会功能之一就是教育功能。在面向21世纪教育振兴行动中，图书馆应该而且能够发挥其作用。比如说，从应试教育向素质教育转变的重要内容之一就是要改革学校教育中以课堂为中心、以教师为中心、以教材为中心的教学模式，培养学生的自学能力，鼓励学生多读课外书籍。这就要求图书馆提供丰富的、健康的、能满足不同文化层次读者需要的课外读物。从近年来实施素质教育的实践来看，许多学校的学生们利用图书馆的热情空前高涨，说明图书馆在素质教育中发挥了重要作用。又比如说，终身教育是知识经济时代一种新的教育理念，并已发展成为一种国际教育思潮。它鼓励人们在工作的同时，不断学习新知识，接受新的知识。而图书馆作为在职学习的理想场所，是实现知识更新的重要课堂。图书馆丰富的藏书，为终身学习提供了永不枯竭的资源。

（四）推进社会主义文化大发展大繁荣的方针

文化是民族的血脉，是人民的精神家园，是国家强盛的重要支撑。坚持"两手抓、两手都要硬"，推动物质文明和精神文明协调发展，繁荣发展社会主义先进文化，是党和国家的战略方针。

当今世界，文化与经济、政治相互交融，与科技的结合日益紧密，互联网的发展加剧了各种思想文化的相互激荡，文化在综合国力竞争中的地位和作用日益突出，越来越成为衡量一个国家综合实力的重要尺度之一。在复杂的国际环境中，要赢得国际竞争，不仅需要强大的经济实力、科技实力和国防实力，同样需要强大的文化实力。因此，改革开放以来，党和政府高度重视繁荣和发展社会主义文化，制定了一系列的促进我国文化事业和文化产业发展的方针政策。明确提出，要坚持社会主义先进文化的前进方向，兴起社会主义文化建设新高潮，激发全民族文化创造活力，提高国家文化软实力，使人民基本文化权益得到更好保障，使社会文化生活更加丰富多彩，使人民精神风貌更加昂扬向上。这是指导我国今后一段时期文化事业发展的大政方针。

现代社会是一个高度关联的整体，任何一项事业的发展必须与其他事业的发展相协调，与国家发展战略相一致。图书馆信息资源的发展与经济建设及科技、教育、文化事业的发展，存在相互依存又相互矛盾的关系，这种关系必须用政策来协调。因此，国家关于经济建设及科技、教育、文化事业的发展所制定的政策是图书馆事业发展和信息资源建设的基本依据，也是重要的环境因素。

（五）国家信息资源建设政策

信息资源建设政策是一个多层次的政策体系。第一个层次包括文献信息资源建设政策、数字信息资源建设政策、信息资源共建共享政策、信息技术与标准化政策。第二个层次，文献信息资源建设政策又包括文献信息资源选择与采集政策、文献信息资源管理政策等；数字信息资源建设政策包括数据库建设政策、网络信息资源开发利用政策、数字信息资源整合政策、数字资源长期保存与信息安全政策等；信息资源共建共享政策包括信息资源宏观布局政策、信息资源协调采购政策、书目信息资源共建共享政策、文献传递政策、信息资源公共获取政策等；信息技术与标准化政策包括信息技术支持政策，信息描述、加工、传输的标准化政策等。我国和国外主要发达国家就信息资源建设制定了诸多相关政策。

三、国家法律因素

信息资源建设不仅需要国家政策的指导和调控，而且需要国家法律的调节与规范。与信息资源建设关系最为直接、密切的是知识产权制度。

（一）知识产权制度

为适应社会主义市场经济发展的需要，实现我国知识产权制度与国际规范的全面接轨，我国陆续颁布了《中华人民共和国科学技术进步法》《中华人民共和国专利法》《中华人民共和国合同法》《中华人民共和国商标法》《中华人民共和国著作权法》《中华人民共和国反不正当竞争法》《计算机软件保护条例》《商业秘密保护法》等法律法规，不断完善知识产权法律体系。近年来国家在制订一系列发展规划等纲领性文件中也一直重视知识产权保护制度。具体为："全面实施国家知识产权战略，以版权保护促进文化创新。完善版权相关法律法规、行政执法体制和社会服务体系，推进国家版权监管平台建设，依法打击侵权盗版行为，保护版权权利人利益。建立健全信息网络传播权长效保护机制，推进软件正版化工作。推进原创文化作品的版权保护，规范网络使用。完善版权运用的市场机制，推动版权贸易规范化。发展版权产业，形成全产业链的版权开发经营模式。"

1. 知识产权制度对信息资源建设具有积极作用

知识产权制度的根本目的，是要保护知识所有者的知识产权，同时又促进构成这种产权的知识的充分公开和利用。而图书馆是以最大限度地满足读者对信息资源的充分利用为宗旨。因此，图书馆工作与知识产权制度是密切联系的。图书馆信息资源建设通过对各种类型的信息载体的收集、加工和整理来为社会积累和建设信息资源，其工作对象与知识产权法律尤其是著作权法的保护客体息息相关。知识产权制度对信息资源建设具有积极的规范作用。

第一，知识产权制度有利于刺激知识生产者的积极性，促使人们创造日益增多的精神财富和智力成果，从而为信息资源建设提供丰富的信息源，这是图书馆赖以生存的基础，是图书馆信息资源建设的源头所在。

第二，知识产权制度有利于促进知识成果的传播和利用，促进科技、文化的国际交流与合作，促进国际信息资源共享，从而使图书馆馆藏的来源更加广泛、更加丰富。

第三，知识产权制度保证了知识成果的新颖性、创造性，从而有利于提高图书馆信息资源建设的质量。

2. 开展信息资源建设必须遵守知识产权制度

在网络信息环境下，图书馆信息资源建设中涉及的知识产权问题主要有以下两大方面：

（1）传统信息资源建设中涉及的知识产权问题

①文献复制中涉及的知识产权问题

这里的文献复制，是指作为图书馆藏书补充方式的复制。当馆藏缺乏，通过预订、选购、邮购都无法获得重要资料（包括绝版书、孤本书、善本书、外文原版书、缺漏的报刊、其他连续出版物及重要的内部资料等），图书馆往往委托其他单位代办复制，或通过馆际互借方式由本馆自行复制。复制是图书馆获得珍贵书刊和稀缺资料的一种重要形式。知识产权制度实施后，使用文献复制手段收集文献资料的方式受到影响。

②采购非法出版物涉及的知识产权问题

图书馆的信息资源必须是通过正规出版社或供应商来购买。著作权法规定：未经著作权人许可，以营利为目的，复制发行其作品的；出版他人享有专有出版的图书的；未经录音录像制作者许可，复制发行其制作的录音录像的，均属于侵权行为。因此，图书馆如果不通过正当途径购买，且明知是非法出版物（如盗版图书、盗版光盘等）而采购入藏，应视为一种间接的侵犯知识产权的行为。

（2）数字化信息资源建设中涉及的知识产权问题

①馆藏文献数字化建设的知识产权问题

馆藏文献的数字化是图书馆网络信息资源建设和数字图书馆建设的基础，其目的是为了将本馆收藏的文献提供给更多的用户，使之更加方便、快捷地利用，以促进文献信息资源的广泛利用和共享。由于图书馆在文献数字化过程中通常采用纸质文本扫描、电子出版、汉字文本键盘录入、手写识别技术、语音识别等技术将图书、期刊、报纸等纸质文献转换成 PDF、JPG、GIF 或其他格式存储于计算机系统中，从著作权法意义来说是对原作品内容所进行的复制活动。因而，馆藏文献数字化的实质就是著作权中的"复制权"。根据著作权法的规定，如果未得到著作权人同意，而将其作品复制（包括数字化），并将数字化产品用于商业性或大众性的经销、传播，则侵犯了该作品的著作权。因此，馆藏文献数字化的知识产权问题已成为我国数字信息资源建设必须慎重处理的问题。图书馆应高度重视和遵守知识产权的有关规定，馆藏文献资源数字化的目的只能是为了保存版本和教学科研使用的需要。

②数据库建设涉及的知识产权问题

数据库是作为一种作品、数据或其他资料的汇集、整理并通过电子形式表达出来的信息实体。数据库是指经系统或有序安排，并通过电子或其他手段单独加以访问的独立作品、数据或其他材料的集合。对原始数据整序、加工重新包装之后帮助读者、用户在网上查询信息的各种形式的数据库，可以分为指南性数据库和源数据库两种类型。指南性数据库，如馆藏书目数据库自建的文摘、题录数据库或购置的报刊篇名数据库等；源数据库，如数值数据库、全文数据库、图像数据库等。

对于数字图书馆来说，虽然数据库的内容是原已存在的作品、数据或其他材料的复制品，但将这些已有的作品、数据或其他的材料汇编入数据库，并不是一个简单的复制过程。数字图书馆不仅要将原有的馆藏图书数字化，还要从全球范围内收集有关信息，并且要将这些大量的、分散的原始信息进行判断和选择，将经过选择之后的对象按照新的组织结构和体系进行分类、摘要及深加工，赋予原本零散而无序的作品、数据或其他材料以新的组织结构和表现形式，由此形成数据库。数字图书馆不仅为自己的数据库投入了大量的人力、物力，而且还投入了大量创造性的智力劳动，因此，数字图书馆的数据库是具有"独创性"的汇编作品，应该受到知识产权法的保护。当他人利用数字图书馆的数据库时，数字图书馆可以采取相应的技术与法律手段来保护自己的权益。

③数字信息导航中涉及的知识产权问题

第一，信息来源中涉及的知识产权问题。数字图书馆做"知识导航"时，要将网上内容相关的信息集中于一个网页上，以便读者查阅，通常有两种方法。一是下载粘贴，即搜索有关信息并下载然后分类整理提供使用。但应注意信息来源，一般认为，在电子布告栏上发表的作品，应当视为作者愿意通过网络散布流通其作品，在下载、转贴等使用方面，不能认为是侵权行为；但是转载、摘编他人网站上的作品应当取得版权人的许可，并按规定支付报酬。二是网站之间的链接，如"首页链接""友情链接"等。目前较一致的看法是："对于将其他网站的主页进行链接的行为，只要被链接网站没有在主页上明示不准，并以开新窗口的方式进行链接，就应当认为不侵权。"因此说，数字图书馆在组织和管理网上资源时，如果图书馆设置的链接仅仅是链接内部信息的图书馆 Web 站点，一般情况下揭示的是信息的有效路径，不存在对知识产权人作品的使用。因此，正常的链接行为不存在知识产权问题。但如果将别人的网站以代码方式链接（即给人感觉是链接者自己网站的内容）或者是将别人网站中的某一页或具体内容链接进自己网站的有关条目之内，则有侵权的可能。

第二，超文本链接中涉及的知识产权问题。超文本链接，是互联网的一项重要技术，它可以使互联网上的信息紧密地结为一体，让用户跳跃地访问储存在不同服务器中的信息，真正地实现了信息网络化和信息资源共享。超文本链接可以分为"内链"和"外链"。"内链"是利用加框技术和埋藏链接技术，用户在设链者网页上点击被链信息时，用户直接访问被链者的具体内容，并且不改变用户地址栏设链者的网址，用户将误以为是设链者本身提供的内容。该链接方式作为系统内部的链接，在同一个知识产权人的情况下，应该是毫无疑义的。"外链"是设链者链接被链者网址，用户通过点击该网址进入被链者下面所属的信息资源。即设链者仅仅提供有关信息的路径，用户访问的是该信息所在的网站，属于正常的链接，并不属侵犯知识产权问题。但是，有一点应该指出的是，如果被链接的内容本身存在侵权行为，链接者在确知或接到原链权人的警告的情况下，必须将所链接的内容及时移除掉以消除侵权后果，否则将连带承担侵权责任。因此，图书馆设置的链接是有选择地链接图书馆之外的 Web 站点，侵权与否的判断就复杂得多，一般从链接的具体方式来考虑，图书馆要慎用链接技术，必须使用时应对链接方式进行认真选择，要事先评估链接的知识产权风险，并通过有效的方式加强与可能被链材料权利人的沟通，取得许可。

④下载网络资源涉及的知识产权问题

利用网络资源充实馆藏，是网络信息环境中图书馆信息资源建设的重要内容。而下载则是利用网络资源的重要形式。图书馆可将数据（可以是整个文件、文档，甚至数据库）从主源上转移到一个外围设备上，或将文件从网络文件服务器复制到网络中的任一台计算机上。在网络上传输的作品大致有两类，一是社会公有信息，二是受版权法保护的作品。

一般说来，这些都是已经发表过的作品，他人是可以使用的，但下载时应考虑其知识产权问题：版权人明确宣布不允许下载的作品及其片段，他人不可下载；下载的目的、数量与对版权作品销售市场的影响。根据版权原则，下载他人作品一般只能供本人学习、研究之用，不可有商业上的目的，也不可对版权作品的潜在销售市场产生很大影响。如果是商业上的使用必须向版权人支付许可使用费。总之，不管是作品的片段或全部，或分数次将同一作品全部下载，都应受到著作权法的制约。

上述情况表明，知识产权制度对图书馆信息资源建设具有制约作用。要求信息资源建设必须符合法律规范，在法律允许的范围内进行。

（二）运用政策和法律力量保障信息资源建设

1. 加快制定图书馆法，为信息资源建设提供法制保障

信息资源是国家和社会重要的战略资源。对信息资源的拥有、开发和利用的水平，已成为衡量一个国家的综合国力和国际竞争力的重要标志。因此，世界各国应对信息资源建设给予高度重视，通过制定国家层次的信息政策与法律，为信息资源建设提供良好的政策与法律环境。但是由于与图书馆信息资源建设直接相关的图书馆法一直缺位，影响了信息资源建设尤其是信息资源共建共享的健康发展。由于缺乏法律的宏观调控，信息资源的共享性与知识产权的独占性之间、个体利益与社会公共利益之间、精神权利与经济权利之间的矛盾难以得到有效的协调和解决。因此，信息资源建设要求加快制定我国的图书馆法，从法律上规定图书馆信息资源建设的方针、任务、标准、经费渠道与保证；规定图书馆实行信息资源共建共享，包括文献采购分工协调、联合编目、联机检索、馆际互借等；规定国家信息资源整体化建设的目标、总体要求、原则、组织方式、协调工作领导机构的性质、职能、组织形式、经费等。除了制定法律外，还应该制定相关政策，通过政策来调节信息资源共建共享中各图书馆的利益关系，使参与合作的图书馆能够依据其在共建共享中的投入和贡献，获得相应的利益，以调动各方面的积极性。

2. 完善我国信息法律体系，进一步协调信息资源建设与知识产权保护

信息资源建设是图书馆一项最基本的业务活动。随着信息环境的变化，信息资源建设面临包括知识产权保护问题在内的许多新问题。国家通过制定有关信息法律对信息资源建设中的行为进行规范是十分必要的。信息法律应当形成一个体系，这个体系能够体现信息工作的内在规律，能够有效调节信息活动中形成的各种社会、经济关系和行为。具体到图书馆，就是要通过信息法律体系的建立，为图书馆的信息资源建设提供法律支持。要在相关法律中明确图书馆的性质、地位、社会职能、图书馆与社会的关系等，明确规定图书馆及其藏书资源的公益性，从而为知识产权法中有关图书馆信息资源建设中合理的复制、数

字化、下载等活动的规定提供法理依据。要通过制定著作权法的实施细则使一些敏感问题，如电子复制等的规定尽可能明确，以提高其操作性，使图书馆的信息资源建设活动有法可依。

四、出版发行因素

（一）我国出版发行业的发展状况

1. 传统出版增长缓慢

传统图书市场总体增长缓慢，但还有持续增长空间，竞争和洗牌会趋向剧烈。

困扰传统出版发展的销售市场组织形式还在深刻调整中，实体书店在经历巨大挤压后正在寻找新的定位。实体书店零售规模结束了前几年的下滑情况有所回升，异军突起的网络书店则从前几年两位数的高速增长状态进入平台期，也在改变单一依靠价格战的竞争策略，开始联合优势出版单位深耕图书市场。

随着国内受教育人群的增长和民众对于文化知识消费需求的提高，传统图书市场仍然会有持续的增长；另外，在图书零售市场上，图书购买需求也依靠内容供给拉动，一些热点话题带动的超级畅销书会极大刺激图书消费量的扩容。由此带来的是出版单位竞争不断加剧，具有强大内容提供能力的出版单位将会占据优势。

2. 出版业数字化掀起新高潮

新媒体和新传媒商业模式正在发育成熟，传统出版与新型出版融合初见成效。

随着移动互联网和移动数字终端技术发展取得突破，出版业数字化掀起了新一轮高潮。传统出版单位利用微博、微信等新兴媒体进行选题策划、联系作者、图书营销进一步受到重视，在京东商城、当当网、亚马逊销售电子书呈增长态势，通过中国移动阅读基地、苹果商城、移动客户端销售电子出版物成为重要发展方向，在线教育等成为投资热点。

出版集团纷纷投资建立新媒体平台，并购新媒体公司，与新媒体公司进行战略合作，实现协同发展。可以预见的是，移动互联网将是未来数字出版发展主战场，传统出版机构要抓住机遇，主动转型升级，抢占新阵地和平台。

3. 版权经济特征明显

有价值的专业内容成为出版单位生存发展的基础，出版业版权经济特征进一步凸显。

在信息技术、网络技术高速发展的时代，有人说平台为王，有人说技术为王，有人说便利为王，但只有内容为王了，其他的"王"才能发挥正面作用，出版社并不只因其经营管理而出名，更是因其出的书而出名。这些内容为本的观念正在得到出版工作者的广泛认同。打造精品力作,通过创新产品满足读者的阅读需求正在成为出版人的内在追求。随着国民文化水平的提高,阅读市场具有巨大的需求空间,但形态变化明显。

技术的发展和业态的变化无不依赖出版内容的专业化和品牌化,出版业在内容提供方面的独特价值正在成为其生存发展的生命线。而专业性出版内容的独占性,只有通过版权运作的渠道体现其价值。出版行业要跳出传统介质和形态,努力从面向图书市场向面向阅读市场转变,通过占据优质版权资源并开展版权经营活动,提供延伸服务。

4. 跨界合作正在兴起

出版产业链不断延伸,出版业跨界合作拓展新领域。

大批出版物的出版传播对装备制造业、消费品工业、建筑业、信息业、旅游业、农业和体育产业等各行各业都产生一定的促进作用,出版业与经济的融合更加紧密。出版企业由内容提供商向内容服务提供商转型成为潮流,大众出版商正在进入大众服务产业,专业出版商正在进入专业服务产业,教育出版商正在进入教育服务产业。

出版业与其他行业的跨界合作逐渐兴起,使文化内涵与实体产业实现了有机嫁接,如地产引进书店及书店衍生服务,将读书生活融入商业文化和社区文化,时尚期刊与电商巨头合作在电商领域进行了一次时尚革命,出版单位与电视台、影视制作企业成立全国校园电影院线、影视创作公司等。跨界合作使出版业与其他行业实现了联动发展,开辟出出版业发展的新领域。

5. 机制改革更为深入

出版体制和出版经营机制改革进一步深入,出版业市场化程度不断提高。

国有大中型企业的混合所有制改革受到了资本市场的高度关注,出版业发展混合经济面临良好的机遇。新闻出版上市公司以及非出版环节的股份制出版企业正在酝酿实行股权激励试点。特殊管理股制度试点将有序试行,以有资质的国有出版单位拥有特殊管理股为前提,允许符合条件的非公有制企业参与网络原创出版业务,给予非公有制文化企业对外专项出版权。

出版企业正在通过各种方式加强与金融机构的战略合作,服务出版业的金融体系正在形成,出版企业利用金融工具拓展文化金融新业态取得了一定成效。出版传媒企业上市融资的步伐在进一步加快,规模进一步扩大,出版企业正在借力金融谋求新发展。

6. 国际接轨步伐加快

中国出版业走出去融入全球出版业的步伐正在加快,国内出版市场与国际出版市场进一步接轨。出版行业以提升中华文化软实力为自己的崇高使命,努力提升国际化运营能力,促进了国内市场与国际市场的融合。

国内出版商参与国际书展的积极性进一步提高,在各大国际书展的中国主宾国活动上都取得了丰硕的成果，在全球刮起了"中国风"。通过国际书展及其他版权输出方式，一大批反映中国梦和承载社会主义核心价值观的主题出版物，反映中国道路、中国模式、中国制度的优秀主题出版物，以及优秀的文学、少儿类图书的版权输往世界各地。

中国出版传媒企业并购重组走出去更注重提升国际市场竞争力。出版企业与国际出版商合作更加务实，更好地学习国际出版的先进经验，快速提升我国出版企业的综合实力，使中国出版企业在国际业界的地位和实力排名不断提高。

（二）出版发行状况对信息资源建设的影响

1. 来源广泛而丰富，文献选择难度加大

国内外出版事业的迅速发展，出版物品种繁多，数量急剧增长，为图书馆信息资源的建设与发展提供了丰富的来源，使采访工作有了相当大的选择余地。然而，文献数量的庞大繁杂，质量良莠不齐、甚至真伪难辨，也给图书馆文献选择带来较大的困难。我国每年出版的图书中有相当大部分的图书是重（印）版图书。大量重版、重印图书的出版是图书馆文献信息资源的补充条件，但同时也增加了文献采选的难度，而且有些出版社受经济利益驱动，竞相出版热门书，重复出版浪费现象严重，缺乏精品，有些书不仅主要内容、篇章结构大同小异，甚至连书名都相同，并且假书、伪书盛行。面对如此众多而内容泛滥的出版物，图书馆采访人员要想选择出符合需要的高质量的文献，难度无疑是很大的。

2. 出版发行渠道多而无序，文献采集盲目性增加

出版发行业的繁荣和图书市场的开放，使图书发行渠道发生了巨变，出现了专门向图书馆提供图书的供应商，打破了过去新华书店一统天下的局面。各种类型的书店相互竞争，共同发展，为图书馆的文献采访提供了众多的渠道，给图书馆的文献采访工作带来了极大的灵活性，改变了图书馆采访人员的被动局面，为采访人员充分发挥主观能动性，为采集高质量的图书提供了便利条件。但同时也必须看到，由于图书发行渠道多而又缺乏有效的控制与协调，在一定程度上也造成了图书市场的混乱和无序，给文献信息资源的采访工作出了不少难题。如：高额折扣的促销手段，造成图书市场的混乱，图书馆采访人员稍有不慎，就会出现失误。又如图书市场的书目信息报道不全，书目内容含混不清，夸大其词或虚假误导，或者供应商由于利益所在提供的书目不全等，都给图书馆采访工作带来了极大的盲目性。

3. 出版类型多种多样，信息内容应避免重复

信息技术的广泛应用不仅为图书馆信息资源建设提供了丰富的内容，同时数字化的出版技术也扩大了图书馆信息资源选择的对象。许多文献在出版纸质载体的同时，也出版了其他载体形式。另有大量的全文数据库以内容集合的形式进行出版和利用。面对如此众多

内容相同而载体不同的文献，控制文献内容和载体的合理采集比例以及正确处理文献品种与复本之间的关系，提高采集质量则成为当前图书馆信息资源建设的重要问题。尤其是在许多图书馆都面临经费困难的情况下，合理配置信息资源，避免重复建设就成为图书馆信息资源建设的重中之重了。它直接关系到图书馆信息资源体系的保障程度，也关系到用户信息需求的满足程度。

（三）网络出版对信息资源建设的影响

网络出版，又称互联网出版，网络出版是指具有合法出版资格的出版机构，以互联网为载体和流通渠道，出版并销售数字出版物的行为。突破了传统的出版物制作与发行，极大地拓宽了出版的概念。其作品主要包括：已正式出版的图书、报纸、期刊、音像制品、电子出版物等出版物内容或者在其他媒体上公开发表的作品；经过编辑加工的文学、艺术和自然科学、社会科学、工程技术等方面的作品。随着网络出版的日趋成熟，网络文献日益突显出它的优势。许多大型网络数据库已经成为图书馆的重要馆藏，如中国学术期刊网、维普中文科技期刊全文数据库、万方数据资源系统、超星数字图书馆和书生之家数字图书馆等。网络出版对信息资源建设产生了深远影响，表现在：

1. 网络出版改变了信息资源建设的藏书理念

传统图书馆基本上采取一次性购入方式，文献入藏后，图书馆将永久拥有该文献的所有权与使用权。而网络出版的是数字化文献，减少了传统出版的一些中间环节，更强调由作者—（出版社）—互联网平台（网络书店）—用户这一供应链的有效连接。因此，图书馆在"存取"与"拥有"的选择上更注重"存取"。图书馆向用户提供的不仅是本馆的文献资源，而且能够提供所有网络上的文献信息。图书馆的藏书建设的对象不再是传统的印刷型资源，而是包括印刷型文献、电子文献和网络文献。因此，图书馆正从储备文献长期备用的模式向集信息资源的储藏、信息的中转及传播为一体的按需及时储存文献的模式转变。成员馆的资格和定级标准确定为根据其对联机和计算机网络资源的检索质量来决定，而不是图书的采访质量来决定。

2. 网络出版改变了信息资源建设的评价标准

由于网络环境下的图书馆馆藏集印刷型文献、电子文献和网络文献于一体，所以对馆藏的评价也就比传统馆藏的评价要复杂得多。对现实馆藏的评价不但包括印刷型文献，而且包括声像文献、缩微文献、电子文献和拥有自主权的数据库文献。对印刷型等传统馆藏，传统评价标准中的藏书保障率、读者满足率、文献覆盖率等，基本上是适用的。而对网络文献的评价，则要从信息类型、信息含量、存取方式、系统易用性、使用情况、价格和成本核算等方面，采用定性评估、定量评估和经验评估相结合的方法，对不同类型的网络文献的保障能力和对印刷型文献的替代程度进行评价。另外对馆藏利用率的评价已不再局限于入馆人数统计、图书馆出借率统计等。随着现代图书馆外部环境向网络环境的转变和图书馆功能的拓展，这些统计数据已难以真实反映读者利用图书馆信息资源的真实情况，不能正确反映信息资源的利用率，因此网络环境下的图书馆在统计馆藏信息资源利用率时应该把上网读者、点击率、浏览/下载量等统计在内。

3. 网络出版改变了信息资源建设的组织形式

由于纸质文献与网络文献有着不同的特点，因此对网络信息的组织方法和维护也发生了重大的变化。

（1）改变了数据组织形式

网络文献与印刷型文献是承载相同信息的不同载体，而且在相当长的时间内，两者会并存。为了更好地为读者提供服务，有必要全面、准确地揭示数字化馆藏的内容与变化，并与印刷型文献的报道体系相结合。具体的做法：在网页上的新书通报予以反映，使读者了解这些新增加的书目信息；在 OPAC 中予以反映，通过 MARC 中的 856 字段，著录相应的 URL 地址，建立数字馆藏的链接，这样读者既可以了解文献的概况，又能迅速地检索到文献的内容，方便读者的使用。

（2）改变了数据维护方式

由于网络文献的生成、复制、流通的特殊性，比印刷型文献难以管理和维护。网络文献对阅读设备、软件环境有很大的依赖性，其保存也存在脆弱性，数据安全受到多种因素的制约。因此，应建立相应的制度，专人负责对数据进行维护与管理，保证数据库的正常使用。

（四）网络书店的兴起对信息资源建设的影响

网络书店，又称网上书店，是指利用信息技术、数字技术和网络技术在互联网上进行图书贸易的一种新型书店。是图书出版发行的另一个新兴的市场渠道，也是出版发行业发展的方向。网络书店发展迅速，并凭借着电子商务的技术平台，以方便快速的交易方式，赢得顾客的信任，在世界图书市场中牢牢占据一席之地。国外最大的网络书店亚马逊从诞生以来，就把全球发展作为根本目标，并先后在加拿大、法国、英国、意大利、日本、韩国和中国进行扩张，呈现出蓬勃发展的势头。网络书店的兴起对图书馆信息资源采集工作产生了深刻的影响，其主要表现为：

1. 网络书店改变了文献信息资源采集的工作流程

长期以来，图书馆传统的文献采访工作内容比较简单，主要是利用印刷型的书目信息进行文献的选择与预订。文献采访的途径主要是通过新华书店、中国图书进出口公司等书商进行购入或以呈缴、调拨、交换、捐赠的方式进行收集。整个工作流程需要大量的选书工具作为技术支撑。但由于选书工具收集内容的完备性和书目信息的局限性，导致文献采访工作常有错购和漏购，造成图书馆藏书体系不完整的现象。因而，采访工作任务繁重，工作量大。而网络书店的兴起以及电子商务的发展，使图书馆文献采访人员可以在线了解文献的相关信息，并能通过电子邮件和电子论坛掌握最新的出版动态，同时还可以扩大文献的采访范围，在计算机前轻轻按动鼠标就可以遍访世界各地的网络书店。网上结算系统和物流配送服务也为文献采访工作提供了极为方便的手段和渠道，缩短了文献采购与文献流通的时间，从而引起了图书馆传统的文献采集操作方式革命性的飞跃，形成了不同于传统文献采集活动的网上采集工作流程。

2. 网络书店改变了文献信息资源采集的工作模式与规则

由于图书馆文献信息资源体系是一个由印刷型文献、电子文献和网络文献构成的多元复合体系，各种文献载体相互依存、长期共存。因此，图书馆在文献选择过程中就应广辟米源，选择符合图书馆需要的文献信息资源。在很长的时期内，图书馆文献信息资源的选择与采集渠道都将采取网络书店和传统的实体书店并存互补、相互竞争、相互融合的模式。由于网络书店规范化的书目数据和信息内容的多维展示能够为图书馆文献查重、登录催缺、加工、预订目录和新书报道以及馆藏目录的编制提供可靠的数据基础，因此这种传统的手工操作方式所不能比拟的文献获取方式不仅改变了图书馆文献采集的流程，而且提出了文献采集新的规则。它要求文献采访人员不但要充分掌握文献出版书目信息，而且还要利用网络书店的虚拟展示功能对文献的内容进行有效的筛选，不受时间和地域限制进行文献信息资源的采集。

3. 网络书店改变了文献信息资源采集的经费结算方式

网络书店快捷、迅速的图书交易特点，是对图书馆传统的文献采集方式的有益补充。通过人与电子通信方式的结合，依靠计算机网络，以通信技术为基础来实现图书销售的网上交易。因此图书馆采访人员可以不受时间和空间的限制，进行网上选书。同时，网络书店依托电子商务平台提供大量图书信息和书店存货书目信息，供文献采访人员查找和利用。将文献信息资源建设中的人流、物流、资金流分离，通过对安全认证、数字签名、网上支付和结算、物流配送等系统的设立，取消或减少了文献信息资源采集的中间环节，改变了图书馆文献信息资源采集的资金结算方式，节约了成本，增加了文献信息资源采集的透明度，降低了某些弊端和腐败现象产生的可能性。

当然，应该看到网络书店在我国的发展还存在着一些问题和不足。如网络信息量大、文献查找困难；内容繁杂、缺乏规范化组织等。对此，图书馆应加强文献采访人员的培训，增强文献内容的选择与识别能力，同时还应加强图书馆信息资源采集的现代化建设，提高工作人员的信息素养，拓宽文献信息资源采集的范围，适应未来信息资源建设的发展需要。

第二节　图书馆信息资源建设的微观影响因素

一、高校整体规划与学科建设因素

（一）遵循与高校整体规划与学科建设保持一致

信息资源建设的内容意味着所在高校要给师生提供信息资源服务的内容，而这些内容所涵盖的都必须符合学校的性质与专业特征，并满足其教书育人所要求的信息资源保障能力。于是，制定所在图书馆的信息资源建设的政策必须紧密围绕学校的整体发展规划，方可使之吻合诸如招生方向、人才培养目标、学科建设等方面的具体措施，并追求同步协调发展。例如，大学图书馆的文献资源建设原则就包括根据大学设置的所有学科及专业采集、收藏、加工和提供所需文献，本馆根据教学和科研的现实和发展的需要采集文献。必须依据学校的性质和任务，全面考虑重点学科文献资源建设、院（系）专业设置、教学计划、科研项目以及学生人数等因素，以保证特色文献资源建设为重点，强调基础理论，兼顾一般所需为原则。

（二）与国家战略性政策导向保持一致

我国高等教育的改革发展需要高校图书馆信息资源建设与之保持一致。教育部印发通知要求，加快世界一流大学和一流学科建设，制定"双一流"实施办法。教育部、财政部、国家发展改革委印发《关于公布世界一流大学和一流学科建设高校及建设学科名单的通知》，公布世界一流大学和一流学科建设高校及建设学科名单。进入世界一流大学和一流学科建设高校及学科建设名单的，其所属图书馆的信息资源建设必然要根据"双一流"建设而重新进行调整。

国家制定的战略性政策为高校图书馆信息资源建设政策奠定了上层建筑的基础。高校图书馆藏书量作为一项基本的重要的硬性指标之一，规定生均藏书量合格标准为 70~100 册，生均年进书量的合格标准为 3~4 册，以确保信息资源建设与高校扩招发展等战略性措施不脱节。

（三）高校政策导向的重点都在自身优先发展的专业学科

随着时代发展的影响，各高校都不断地与时俱进，自觉进行自身发展的调整与改革，而根据时代发展加以整合所在专业学科，突出优势领域，予以重点扶持发展。而不适应时代发展的相关专业学科则加以重组或进行科学淘汰。因此，高校图书馆的信息资源建设不可避免地也跟着高校政策的指挥棒向前推进，向学校优先发展的目标与整体同步迈进。

二、信息技术在高校图书馆中应用因素

信息技术，泛指对各种形式的信息进行收集、加工、整理、存储、传播和利用的技术。随着信息技术的发展，网络和通信技术成为推动社会发展的重要力量。先进的信息技术和工具提供了新颖的技术操作、互动交流手段和服务方式，有助于高校图书馆提高工作效率和开展个性化、深层次的知识服务。计算机技术、通信技术、网络技术和数字技术正从根本上改变高校图书馆工作的观念、思维、方法和技术，不仅进一步完善了信息的物质载体、形式载体，更使信息的收集、加工、整理、存储、传播和利用的手段跃上一个新的阶段，为泛在知识环境的产生和快速发展提供了坚实的物质技术条件，并为高校图书馆的未来发展创造了前所未有的机遇。

（一）开源软件的应用

随着开源软件被数字图书馆所接受和依赖，许多大型的数字图书馆项目都将开源软件应用在数字图书馆建设的关键部分，如美国国家科学数字图书馆（NSDL）针对 STEM（科学、技术、工程和数字）研究和教育领域建立基于开源软件 Fedora 框架的 NSDL 数据仓储方案，加利福尼亚大学数字保存仓储（DPR）是加利福尼亚大学图书馆（CDL）数字保存计划的基础，CDL 用开源软件构建数字保存仓储。再如国际 Internet 保存联盟（IIPC）提出了一个包括摄入、存储、存档、内容管理、存取访问、检索查询在内的 Web 存档架构，通过支持开发和利用通用的工具软件、技术和标准，来实现基于开源软件的 Web 存档的相关功能，构建全球的 Internet 存档。

（二）RFID 的应用

随着 RFID 技术在交通运输、物流管理工作等商业领域的应用，RFID 技术引起了众多图书馆管理者的高度关注，推动着图书馆自动化事业的发展，并由此引发了图书馆的管理革命。RFID 的应用不仅简化了借还书流程，提高效率，降低盘点和查找图书的工作量，提高防盗系统的安全性，改变借阅管理和安全防盗脱节的情况，提高图书馆工作人员的满

意度，提高用户的借还书满意度；更重要的是 RFID 是 21 世纪最具发展前景和变革力的高新技术，将推动图书馆管理工作理念的变革，改变图书馆的组织结构、运行机制和服务模式，是图书馆管理层面的一场革命。

（三）云计算的应用

云计算依托互联网，将所有的计算资源集中起来，通过使计算分布在大量的分布式计算机上，而非本地计算机或远程服务器中。用户所处理的数据也并非存储在本地，而是保存在互联网的数据中心里面。用户通过互联网络以按需、易扩展的方式获得所需的资源（硬件、系统平台、程序软件等）。提供资源的网络被称为"云"，用户可以将资源切换到需要的应用上，根据需求访问计算机和存储系统，真正实现按需计算，从而有效地提高对软硬件资源的利用效率。用户也不需要了解服务器在哪里，不用关心内部如何运作，而只通过高速互联网就可以透明地使用各种资源。

云计算具有安全、便捷、易于数据整合与共享、海量的信息资源储存和计算能力等特征。

1. 应用云计算提高信息资源的整合与共享

云计算的核心内容之一就是对其"存储内容"的整合与应用。云计算技术屏蔽了信息资源的多样性格式，它将网上所有资源连通，并保存在"云"中，用户只需使用简单的电子设备连接互联网，就可以同时访问和使用同一份数据，这样消除了信息孤岛，轻松实现不同设备间的资源与应用共享。

2. 应用云计算提高海量的信息资源的存储和计算能力

云计算给图书馆提供了最可靠、最安全的数据存储中心，应用云计算技术，图书馆可将全部信息资源储存在"云"里的上百万台计算机中，并可以随时对数字信息资源进行增加和更新。云计算服务提供商对这些信息资源进行统一管理，不用再担心数据丢失、病毒入侵等问题。云计算超强的计算能力，也使得云中的资源可以被更高速、更高效地存取，以提高图书馆信息资源存储能力。

3. 应用云计算提高服务器运行的可靠性

云计算为用户提供百万台服务器，即使其中的某台服务器出现故障，"云"中的其他服务器可以利用克隆技术，迅速将这台服务器中的数据完全复制到别的服务器上，并启用新的服务器来提供服务，使图书馆真正实现无间断的、安全的服务。

4. 应用云计算提高图书馆信息资源的利用率

应用云计算，图书馆用户可以随时使用已有的"云"中的资源与计算：这样简化压缩了图书馆信息服务、信息组织、信息获取的过程。同时，用户只需要一个能上网的终端设备，就可轻松获取所需的信息及服务，延伸了服务方式，降低了用户获取信息的难度与成本，吸引更多的用户利用图书馆信息资源，提高了图书馆信息资源的利用率与社会价值。

（四）移动图书馆

移动图书馆是依托目前比较成熟的无线移动网络、国际互联网以及多媒体技术，使用户不受时间、地点和空间的限制，通过使用各种移动设备（如手机、掌上电脑、E-BOOK、笔记本电脑等）来随时随地为用户提供更实时、更方便的信息服务。移动通信技术的高速发展为图书馆事业的创新发展提供了新的契机，拓展传统的图书馆服务内容，提升图书馆的管理和服务品质。推出的移动图书馆服务主要有两种：一种是功能性服务，即在各种移动设备上实现自动化系统的相关功能，通过各种移动设备来实现用户与系统之间的交互。如，用户开通手机短信服务后，可以免费接收图书馆推送的各种短信，如催还、预约到达通知、用户卡过期提醒和公共信息；可以利用手机按指定格式发送"卡号+密码+服务指令"进行图书预约、续借、挂失、意见和建议等。另一种是信息服务，专门利用移动设备为用户提供图书馆的各种信息资讯服务，即"移动数字图书馆服务"。如：图书馆动态、会议备忘、新书刊推荐、资源欣赏、文化讲座等。用户只要主动通过移动设备客户端上网去浏览订阅相关频道即可享受上述服务。目前，国内有30余家图书馆已经实现移动图书馆服务。

三、高校图书馆自身建设特点因素

各高校图书馆信息资源建设除必须与国家宏观政策保持一致外，还应顾及自身的发展特点，主要表现在以下几方面。

（一）基于自身特点的馆藏资源的结构调整与优化

不同类型高校都各有自身特点，彼此之间差异性或大或小，但绝对存在不同之处。同一类型的高校则大同小异，但也有各自的生存发展模式，诸如历史渊源、区域文化差异等因素决定了其图书馆馆藏资源建设的个性化。基于共性，一般都紧扣自身特点，并通过体系的需求特点予以馆藏资源相应的结构调整与优化。结构调整为了适应所在学校整体发展规划及其潜在的和明显的学科建设需求；而优化则是馆藏资源建设本身的发展要求，为了更好地符合所在服务对象的选取与利用。这一表现下的信息资源建设的政策制定与影响显然更加宏观而自主，更大的政策倾斜在于信息资源建设本身的切实要求。

（二）基于地方社会经济发展需求的信息资源建设

这一点取决于学校所在当地的社会经济发展需求，一般地方院校都比较倾向这样的信息资源建设。即在满足本校师生的教学科研需求的同时兼顾地方社会经济发展的信息资源保障。一般情况下，这类高校信息资源建设大多与当地有关政府机构保持互动与合作，有层级色彩，即省级重点院校向省一级社会层面提供信息资源的保障能力，地市级院校则为相应层级的社会层面提供信息资源服务。基于地方社会经济发展需求的信息资源建设往往由于所在高校培养人才的地方化，对地方社会经济发展承担较大程度的人才培养输出、相关科研项目的共同研发功能与应尽的社会责任。毫无疑问，这一表现下的政策指向联结所在高校建设与当地社会经济发展需求，更富于区域化的特色。

（三）基于服务功能的学科专业化服务需求

这一表现大多为专业性高校，科技知识类的信息资源建设占据重要地位，专业化浓郁，且有几方面在同类院校里出类拔萃，具有一定的知名度与社会影响力。这样的高校在信息资源建设的政策导引下专业技术类的信息资源建设的要求指数多为高位，更多地向提供专业技术领域的信息资源保障及其服务倾斜，以所在高校教书育人和科研攻关的信息资源需求为主线，而不拘泥于区域性需求。

四、高校图书馆信息资源建设经费因素

经费问题是影响高校图书馆信息资源建设最重要的因素之一。科学分配经费和高效使用经费，是高校图书馆信息资源建设的重要原则，也是保证馆藏资源结构体系科学化、系统化，充分满足教学、科研需要的关键之一。

（一）信息资源建设经费的来源

没有一定的经费做保证，信息资源建设工作就难于开展。因此，经费问题是信息资源建设工作者最关注的问题。高校图书馆作为学校的下属机构，信息资源建设经费来源主要有以下三种途径。

1. 学校财政部门的拨款

对于高校图书馆而言，这是获取信息资源建设经费的主要来源。主要分为以下几种形式：

（1）按核准的预算拨款

图书馆在每个财政年度将结束之前，在本年度批准预算的基础上，参照本年度实际获

得的拨款，对于下一年度该馆在各方面资金的需求向上级主管部门提出预算申请，经批准后，学校财政部门按批准额度进行拨款。

（2）专项拨款

这一类拨款是指在当年正常经费预算之外，由于某些事先无法预料的情况出现，图书馆又无法回避的问题，为解决这些问题所申请的专项经费。如影印版《四库全书》发行时，所需经费是正常预算的几倍，一些图书馆就只有申请专项经费了。还有一些预算外数据库的购买也是要申请专项经费来解决。

（3）资助性拨款

这一类拨款并不多，主要是图书馆的主管部门在某些特定时间内因某些特殊原因为图书馆拨款。

2. 捐赠资金

这一类经费是没有固定时间和数额的，有一定的偶然性，得到与否、数额的多少很大程度上与图书馆的知名度有关，与捐赠人的能力等因素有关。如知名人士、本校校友的捐款。

3. 图书馆自筹经费

这一类经费主要来源于有偿服务及所谓"劳务费"。这是一种辅助手段，由于各馆的情况不同、能力不同，自筹经费多少不一，最终只能起到补充经费的作用。

（二）争取图书馆信息资源建设经费的依据

1. 图书馆信息资源建设经费的历史依据

这个依据主要是指图书馆历年来的信息资源建设经费情况。在向上级机关、领导提出依据时，一定要注意各类资源单价的上涨幅度、读者需求的变化及本馆基础馆藏等情况。

2. 读者群新增、变化的依据

这个依据主要是指学校在某些情况下新增了某些专业或申请、取得新的学位授予权，从而图书馆新增一部分新的读者群，导致对一部分图书的特定需求（原来没有或很少，不能满足需要）。在利用这一依据时要注意的是对新增专业需要回溯性地建设，在拿出具体计划时，要对近5年来该专业方向所出版的有关图书的情况做较具体的了解，根据本馆的建设规划，做出有根据的数字说明。

（三）信息资源建设经费的使用原则

1. 专款专用原则

基于以往的经验教训，高校图书馆对信息资源建设经费极力提倡实行单列，并把它列入图书馆评估项目中。实行信息资源建设经费单列，有效地防止了学校财政部门随意挪用或削减信息资源建设经费的现象。有些高校由于其他方面财政支出紧张，占用图书馆信息资源建设经费的现象时有发生。其后果则是信息资源建设经费成了"垫底费"，最后是有多少算多少，给信息资源建设工作带来极大的困难，造成严重后果。要改变这种现状，就必须实行信息资源建设经费单列并坚持专款专用的原则。

2. 合理分配的原则

对于图书馆来说，各种内容、各类学科、各类载体、各种形式的信息资源都在收藏之列，但对于不同的图书馆来说，收藏重点则有所不同，特别是对图书、报刊、电子文献、视听文献、缩微文献以及古旧文献、工具书等的采购上如何分配使用经费，都应当认真研究，做到既保证重点，也兼顾全面，科学、合理地按比例、按计划调配资金。

3. 均衡消费的原则

信息资源的采集应当是长流水，不断线，不能今朝有酒今朝醉，搞突击花钱。当然适当集中到一些书市采购是必要的，但应避免平时不积极采购，年终打突击。日常财务管理上要实行计划开支，在时间空间上进行合理的规划。这样做的好处是能使读者经常、及时看到新书，减少新书滞后入藏问题，特别是从整体业务来看，突击大量购置信息资源也会给分编环节带来困难，拖长分编入库周期等。

4. 收支平衡的原则

量入为出，有多少钱办多少事，力求收支平衡是经费使用的一个原则。在没有足够保证的条件下，超前赊销，必将为今后带来不必要的麻烦；而该花的钱没有及时花出去，又会造成经费盈余，将会给下期的预算拨款制造人为的障碍。所以，在信息资源经费的使用上应当坚持收支平衡的原则。

（四）高校图书馆信息资源建设经费的管理

1. 优化高校图书馆信息资源经费分配结构

（1）优化不同信息资源的购置经费比例

首先，优化印刷型文献和电子文献购置经费的比例。现在的情况是，光盘价格不断下降，有些甚至免费赠送，但是印刷文献价格却不断攀升，除了工具书、教学参考书以购买纸质文献为主外，高校图书馆在经费紧张的情况下，优先考虑购买光盘版，分批采购，以缓解经费紧张局面。

其次，优化网络文献和印刷型文献经费投入的比例。选择数据库等网络资源时应考虑与馆内印刷型文献形成互补关系，在图书馆信息资源建设中，对网络电子资源的建设应根据本馆的实际需要，循序渐进地合理配置印刷型文献和电子文献。

再次，力争在资源共享下实现联合采购。以团体方式购买图书、数据库和设备，集体商谈，由加盟图书馆共同出资，以合作形式统一购买，降低成本。

此外，高校图书馆应由采购、咨询、流通等多个部门联手，根据高校教学、科研的需求，不断优化购置经费，以提高馆藏质量，充分满足读者的各种需求。

（2）落实图书馆有效的培训费用

高校不同专业的学生和教师有不同的知识结构和技能结构，以及掌握新知识和新技能的学习能力也有差异，这就要求图书馆必须重视读者的培训工作。图书馆应根据读者需要确定培训任务和培训内容，采取灵活多样的培训方式，随时收集反馈信息以不断改进培训工作。图书馆购买数据库时，可要求供应商直接对最终用户提供培训服务，或培养一批自己的培训专家队伍，或参与图书馆电子资源相关的主题培训、宣传活动等。培训信息可以发布在图书馆主页上，张贴在校宣传栏、图书馆宣传栏，或以宣传单的形式置于各个借阅窗口，或通过微信、微博的形式发布，供读者查阅。

（3）确保图书馆必要的宣传费用

许多高校图书馆对宣传不够重视，导致读者对图书馆的资源内容和服务项目不了解，对与教学、科研有关的数据库缺乏应有的认识，未能正确利用数据库。图书馆应努力向读者宣传、推广各项服务，从而树立图书馆的品牌形象，使图书馆资源得以充分利用。具体措施有：通过发放读者指南和数字资源活页、开展新生入馆教育、与数据公司联合举办培训班和专题讲座等。为了保证图书馆宣传工作的长期性、连贯性，必须确保必要的宣传费用。

（4）健全图书馆信息资源经费分配体系

图书馆的购置经费、宣传工作、培训与咨询服务应相辅相成。购置经费增加可以扩大馆藏量，宣传工作可以迅速将图书馆最新资源和信息传递给读者，培训和咨询服务可以促进读者如何获取和利用资源。由于图书馆资源的投资总额有限，必须正确解决电子资源总量不断增加而利用率相对较低的矛盾。一般来说，用于宣传和培训的经费越多，购买资源的经费就减少，进而导致图书馆资源匮乏，不利于读者使用，不利于图书馆投入产出最大化；反之，宣传和培训的经费越少，资源利用率自然也不高。因此，必须合理分配三者的投入比例，以不断提高文献资源的利用率。图书馆可以根据实际情况，在总经费中拿出一定数额的资金作为预留资金；除去预留资金，按照图书馆确定的经费原则，将经费合理分配于各种载体类型文献。此外，根据本校专业特点和办学特色，使用图书馆预留资金进行综合平衡。

（5）建立长效捐赠机制，弥补经费不足

图书馆捐赠包括资金捐赠和实物捐赠。无论是捐赠文献还是捐赠资金，应在图书馆资源建设中占有一席之地。如何建立长效捐赠机制，扩大图书馆捐书、捐资的影响和渠道，成为加强图书馆信息资源建设的要点之一。

首先，加强社会捐赠。通过引导社会资本的公益性投入，以捐赠的形式补充和丰富文献，将是图书馆馆藏建设的有益补充。建立完善的建库规则和捐赠档案，使之科学化、制度化、规范化。通过捐赠文献，可以获得大量有价值的、缺藏的中外文新旧文献，在一定程度上解决经费短缺、藏书匮乏等问题。比如沈阳农业大学图书馆随时接收社会各界人士捐赠图书资料。

其次，引入网络捐赠。网络捐赠文献，一般由图书馆在相关网站上公布捐赠活动的宗旨、要求、办法、网址或邮箱、联系电话、联系人等，捐赠人通过网络提供捐赠文献目录，再由组织者通知接收办法。组织者转赠后，由组织者告知捐赠文献的去向，也可由接收者直接告知捐赠者，或由捐赠者直接寄送接收的图书馆。实践表明，网络捐赠是图书馆扩大馆藏文献量的有益补充。

最后，开展校友捐赠活动。由学校校友工作办公室与图书馆联手开展校友捐赠活动，集中收藏校友的著作及其他藏书。

2. 引入市场机制，实现信息资源建设经费的高效分配

通过引入市场机制，有效地调节信息资源在生产、传输、分配和开发利用过程中的经济利益和经济关系，以利益驱动构建信息资源配置效率的大厦。信息资源建设必须面向市场走集成和联合的道路。必须改变自我封闭、各自为政的小生产模式，提倡横向联合、资源共享和互利互惠。充分发挥联合的群体优势，引入市场机制，通过政府推进、市场牵引，使信息资源建设向生产规模化、分工专业化、产品商业化、服务社会化的方向发展。可见，肩负信息资源建设重任的高校图书馆必须引入市场机制，高效分配信息资源建设经费，可以结合高校图书馆的实际，采取以下措施：

（1）采取措施吸引社会和企业资金发展信息资源

通过实行"电子政务信息+资源建设主体多元化"的策略，制定优惠政策，吸引社会和企业资金参与图书馆信息资源建设。这是印刷型信息资源和数字信息资源建设得以顺利进行的有力保障，也是高校图书馆在自动化、网络化进程中加强信息资源建设的有力措施。

（2）通过引入竞争机制高效配置高校图书馆信息资源

最佳效益的信息资源配置是在价格、市场的作用下实现的。在信息开发中，公司在投资决策时往往较为谨慎，对实际操作过程和预期收益将进行认真权衡，保证投资项目发挥较佳效益。同时引进竞争机制，培育高效的信息市场，加快数字信息资源的收集、开发、整理，激活信息资源生产者的潜力，通过竞争实现对数字信息资源的有效配置和优化配

置，使数字信息资源获得最大限度的利用，发挥最佳社会效益和经济效益。

3. 加强图书馆信息资源建设专项经费监督管理

加强图书馆信息资源建设专项经费监督管理，是提高图书馆信息资源建设专项经费分配和使用的透明性，确保该专项经费配置和使用的经济性、效率性的重要举措。具体方法和措施如下：

（1）建立健全专门监督机构

成立专门的图书馆委员会等机构，使图书馆的宏观管理与图书馆内部行政管理相分离，以利于专项经费监督工作的开展。明确该机构的监督职责，理顺与相关部门的关系，要创造适于机构开展相对独立的监督工作的环境。

（2）建立监督检查的规章制度及其配套文件

制定并发布统一的经费监督检查制度和相关配套制度，规范监督行为，加大监督检查的力度。

（3）强化对图书馆信息资源建设经费的监督

监督经费分配的机构执行有关规定，包括实行对专项经费的来源、分配、使用情况公开和监督结果的公开等制度。

六、高校信息用户的信息需求因素

（一）高校信息用户的信息需求的分析

信息用户是信息需求的主体。依据用户不同的年龄、素质、行业和职业等特征可划分不同的用户类型；不同用户因个人知识结构、学习特点、学历特征、科研范围、职业需求、利用信息能力和心理因素等差异，对各种信息资源类型的需求是不同的。

信息需求是指信息用户对信息本身（即信息客体）的需求以及为了满足这一需求而产生的对信息检索工具系统和信息服务方面的需求。信息需求是信息资源建设的主要推动力，最大限度地满足用户的信息需求是信息资源建设的直接目的。高校图书馆信息资源建设就是为了更好地满足高校师生的教学、科研和学习等方面的信息需求。

高校信息用户主要分为教师、科研人员、研究生、本科生以及其他工作人员，他们对信息的基本需求分析如下：

1. 教师

教师是高校教学、科研的主体，也是高校信息资源的主要需求者，其信息需求体现在教学、科研、社会事务活动和日常生活等方面。为了搞好教学，需要学习专业知识、教育学、心理学等相关知识，会经常利用图书馆提供的各项服务。青年教师在科研方面由于受知识结构、专业技能、科研能力的因素制约，希望图书馆提供较好的信息资源服务。教授、副教授等是教学的中坚力量，已具有较为丰富的教学经验和扎实的专业知识，要求图书馆能提供新颖及时的学科资料信息、外文专业信息和历史文献信息等，以进一步提高教学效果；在科研方面，是高校科研的主力军，要著书立说、培养研究生和青年教师等，要求图书馆能提供新颖性、专题性、文摘性的前沿信息和深层次服务。在教学过程中，教师还需要不断攫取相关学科知识，其所需信息资源内容比较稳定，而且表现出一定的周期性。其中，电子期刊、纸质期刊和图书是主要的信息源。对信息的准确性和可靠性要求高，注重获取信息的时效性，信息需求以一次文献与深层次资源相结合为主。

2. 科研人员

在"互联网+"环境下，全球范围的通信空间、信息查询空间和信息发布空间的开放，使科研人员能及时跟踪国内外最新研究及研究成果，并将其应用于自己相关课题的研究中。据有关数据统计表明，科研人员从事一项科研项目，花在查阅资料上的时间是其完成整个项目所用时间的40%。科研人员信息需求的专业范围较单一，信息资源类型也较专一。他们为了完成某一研究课题，在资料查找、收集上，希望获得更高的查全率，信息需求的阶段性也更强。他们需要掌握前沿信息，把握课题最新动态，筛选相应的信息、数据、事例和方法，因此更注重信息的权威性和及时性，以深层次的信息需求为主。

3. 研究生

研究生是高校图书馆比较特殊的读者群体，主要是指硕士、博士研究生，随着国家研究生的扩招，这类群体的数量在不断增加。研究生读者既肩负着繁重的学习任务，又承担着一定专业的科研课题。

研究生更注重专业文献的收集，为了拓展知识面，他们需要全面、系统、新颖的文献资源；为挖掘学科内涵，他们需要经典著作和权威性学术期刊，他们对各种资料有求多、求全、求新、求专的特点，表现出学习型与研究型读者的特点；此外，研究生读者有着较强的情报意识和文献检索能力，随着网络技术的发展，他们越来越注重中外文网络版的全文学术期刊，特别是外文网络期刊，能更好地了解本专业的最新动态和学科前沿。

总之，研究生是高校图书馆的主要服务对象，对文献的需求表现出专业性、广博性、前沿性和应用性的特点。所以，研究生的信息需求也是以深层次资源为主，这样才能为学校的科研事业添砖加瓦。

4. 本科生

本科生是高校图书馆需求最多、最为活跃的读者群体，他们在高校学习期间，接受某一专业的系统教育，本科生读者的需求类型一般属于专业型和业余型。

大学阶段各个年级的学生的情况并不是完全一样的，不同学习阶段的学生呈现出不同的信息需求：对于大一新生，一般新生在一年级接受的是思想政治类、英语、基础科学的课程，对于图书馆的需求主要集中在基础课的教学用书、习题集和课外读物上。对于大二大三的学生，主要课程进入了专业学习阶段，对于图书馆的需求主要集中在专业文献上。对于大四的学生，主要是毕业论文设计、撰写，对专业期刊、数据库的需求量增大。同时，随着年龄的增长，他们逐步进入了世界观、人生观形成的重要时期。因此，他们对知识养料的需求量非常大，在完成教学大纲安排的必修课、选修课所需文献的阅读外，还会涉猎与其专业有关的其他学科。此外，还对课外读物非常感兴趣。

总的来说，本科生是高校图书馆服务面最宽的读者群，对文献的需求表现出阶段性、集中性和广泛性。信息需求以一次信息为主，特别是以中文信息资源为主。图书馆的采访人员应多与读者沟通，了解他们的所需所想，才能有针对性地提高采访质量。

5. 其他工作人员

高校图书馆的读者不只是教师、科研人员、学生，还有相当数量的其他工作人员，如教辅人员、后勤工作人员等，他们也是值得重视的群体。这类群体的成分复杂、文化水平参差不齐，他们没有固定的阅读内容，他们多喜欢阅读一些趣味性、知识性的图书期刊，其需求多为娱乐型、应用型等。

这就要求高校图书馆在保证教学用书、科研用书的基础上，尽可能全面广泛地选择那些有教育意义、知识性强、思想水平高的文献。这类书包括思想道德修养、法律法规、科学普及、文学艺术、生活娱乐等方面内容，从而保证为提高学校师生员工政治思想素质、扩大知识面、丰富业余文化生活，使德智体美全面发展所需的各种文献。

（二）高校信息用户的信息需求特点

高校信息用户的信息需求具有多元化、专业性、个性化、系统集成化、共享性及自助化等特点。

1. 信息需求多元化

随着科学技术的发展、知识量的激增、学科交叉渗透、学科综合化趋势越来越强，使高校信息用户的知识结构发生了巨大变化，对信息的需求更多元化、更全面，表现在：第一，需求内容多元化。高校教学科研人员为了某一研究，往往需要了解多个学科领域的方法与成果，其信息需求已转向多元化信息需求。第二，需求信息类型多元化。载体上从印刷型到缩微型；形式上从图书和期刊转向科技报告、技术标准、专利文献及"灰色信息"；在形态上从文字型转向声像型、机读型的多媒体信息，特别是网上极其丰富的信息资源，成为信息用户利用的最佳选择之一。第三，需求来源多元化。信息来源不再限于本单位馆藏、本地区资源，而是扩大到全国、世界各地的信息资源。第四，需求信息时间跨度多元化。一方面需要当前的动态信息；另一方面更扩大了对近一时期或过去较长一段时间的回溯性、历史性信息资源的需求。第五，需求信息语种的多元化。各种信息资源不但有中文、英文、德文、法文、俄文等，还有少数民族等语种信息。

2. 信息需求专业化

由于高校信息用户的知识结构及专业背景，他们的信息需求也具有一定的专业趋向和深度。出于教学、科研的需要，大学信息用户对本学科、本专业的发展历史、前沿动态以及国内外研究现状和发展趋势、最新发展方向等相关信息需求更加迫切，希望图书馆能够有针对性地提供全方位的知识信息，拥有更加专业化的纸质资源和数字资源，为教学与科研做知识信息准备。因此他们的信息需求更具专门性和学术性。

3. 信息需求个性化

随着信息资源的数字化、网络化，信息用户被笼罩在巨大的信息网络中。由于信息用户年龄、性别、文化程度、专业、研究任务等的不同，在选择、使用信息资源时更具针对性和个性化，更趋向独特和专业。不满足于图书馆所提供的一般性文献信息，往往更加关注研究领域的最新发展方向与动态，希望通过信息资源共享将分散在本学科或相关领域的专门知识加以集中，从中获取与教学、科研课题相关的系统性、全面性、专指性强的信息资源。显然，他们的信息需求更趋于个性化。图书馆信息资源建设部门应充分认识到这一点，利用网络实现推荐及个性化信息采访服务。

4. 信息需求系统集成化

信息资源日趋数字化，使用户的信息需求由原来通过不同的途径获取，转向多位一体的"一站式"信息服务需求。尤其是从事教学科研的高校教师，既要了解学科本身的发展变化动态，又要了解和掌握所承担研究课题的国内外研究现状和发展趋势等相关信息，迫切希望图书馆能够有针对性地提供全程性、全方位的知识信息保障，满足系统性集成化的信息需求。

5. 信息需求的共享性

除了追求检索的时效性外，用户对信息检索结果的查准率与查全率也有较高要求。随着各种学科的发展及互相渗透，文献中的知识内容也互相交叉，增加了用户查找有用信息的难度；用户为了适应知识经济的发展，已不满足对某一文献的需求，而是从文献需求转向知识单元需求。不再满足获得片面的或粗略的线索，也不满意搜索引擎提供的大量冗余信息，更想通过一次检索行为即可获得所需要的、完整的、精准的、有效可用的信息，他们更需要全文检索和资源共享。

6. 信息需求的自助化

高校图书馆服务的对象主要是本校的教职员工、学生，其中教师用户和学生用户是两大用户群。教师用户又分为教学人员、科研人员；学生用户又分为博士、硕士研究生、本科生和专科生，读者文化程度普遍较高，信息意识强，自助化能力强。网络上无所不包的庞大信息资源，多样化的搜索引擎及高效、快捷的新型电子服务交互性功能，使得用户直接进入信息查询系统，充分利用电子论坛、电子公告、电子邮件及下载等功能，方便地获取多种文献信息成为现实。同时，用户的参与性和自我服务使得依赖图书馆提供信息服务的方式逐步向用户自助化转移。

（三）基于用户需求的信息资源建设

1. 加强馆藏信息资源建设

图书馆馆藏信息资源包括传统印刷型文献资源及数字信息资源，后者主要包括电子资源、网络资源等，各类型信息资源在图书馆馆藏资源体系建设中均占据重要地位。

印刷型文献资源保存寿命长，历史悠久，具有可靠性、永久性、使用直接、阅读方便、可读性强的特点。据多家高校读者利用文献调查结果显示，阅读、浏览印刷型文献一直是高校图书馆大多数用户获取信息、积累知识的主要方式，其需求量大、利用率高。因此，高校图书馆在信息资源建设中，印刷型文献仍然是不可忽视的部分，须不断丰富印刷型馆藏信息资源。在文献补充过程中，要充分考虑学校的专业设置和教师以及学生的需求，根据本馆采购方针对所购入的文献，从需求调查、文献出版、发行、采购过程及文献利用评价等诸环节进行跟踪，确保采集到优秀的与本校学科建设及其承担的教学、科研任务相匹配的，内容广泛、学科覆盖面宽、种类丰富、适合用户需求的文献资源，注重文献信息资源收藏的系统性、连续性和特色性。

随着计算机技术、网络技术的迅猛发展，数字化信息资源成为馆藏资源激增的主体，是图书馆馆藏及信息资源的重要组成部分。图书馆的数字信息资源主要有购买或试用的电子资源（如中外文网络数据库、光盘数据库、电子期刊、电子图书、电子报纸）、馆藏数字化书刊、自建馆藏特色数据库及免费网络信息资源等。高校图书馆应尽可能购买具有工具性、检索性、全面性、系统性以及连续性特点的数据库，比如网络版文摘、索引、书目数据库，以满足用户多样化和广泛性的信息需求。对于一般学术期刊，应逐步加大电子化的比重，更多地转向电子期刊的采购和收藏。在重视印本图书的同时，对于价格适中、质量可靠的一般性电子图书，也可以考虑购买以补充印本图书的不足。另外，实现馆藏特色文献的数字化，就是要将自己馆内文献资源进行深层次加工、制作，形成馆藏书目数据库、特种文献（如学位论文等）数据库、专题数据库等。高校图书馆是为教学科研服务的机构，因此它所收藏的数字信息资源在学科特点、学术价值和专业范围方面都有特定的要求。在数字信息资源的建设中，应及时了解各学科专业的发展动向，做到资源建设与学校的学科发展、课程设置相一致，涉及重点学科、主干学科、重大科研项目的专业电子资源必须加强建设。既要保证传统特色学科的资源建设，又要注意对弱势学科和新兴学科的资源建设予以适当倾斜。

2. 有效整合信息资源

对海量信息进行收集、整合、重组，使之成为一个有序开放系统，实现跨系统、跨地域的资源共享和互操作，满足信息用户信息需求的多元化与实现网络信息检索的多途径和高效率，是"互联网+"时代高校图书馆为用户科学利用信息资源服务的必要条件。在我国已有许多高校图书馆在资源整合方面率先做出有益的尝试，资源整合方式比较多的是采用提供用户统一的数据库检索入口，如清华大学图书馆的"清华同方电子资源统一检索平台"和南京大学图书馆的"一站式检索"系统，让用户可以在统一的检索界面下完成对各类馆藏资源的检索，免除了重复登录的麻烦，这样既节省了用户的检索时间，又提高了文献信息的查全率和查准率。信息资源的整合使数字信息资源与印刷型文献资源有机地融于一体，形成一个科学合理的资源保障体系，使图书馆的整体功能与作用扩大，最大限度地满足了各层次用户需求，提高了用户的知识创新能力。

3. 信息资源建设保证全方位满足用户信息需求

在新的信息环境中，信息数量激增与图书馆有限收藏能力的矛盾日益加剧，信息需求的广泛性和复杂性与图书馆满足需求的能力形成强烈的反差，"互联网+"时代的信息技术为信息资源共建共享提供了重要的技术支持。联合保障、利益互补的观念已被国内高校图书馆界普遍接受，高校图书馆应制订整体规划和分工协作，进行信息资源的协调采购、共建共享、联合保障。比如分工收藏建立各具特色的馆藏体系；协调外文书刊文献的采购，实现外文文献多品种、少复本；开展联合编目，共建共享书目数据；分工合作建设特色专题数据库；加强馆际互借、文献传递业务等。CALIS 就是由 200 余所高校图书馆共同组成的联盟，各高校图书馆合作建设馆藏联合目录数据库、特色数据库、重点学科网上资源导航库等多种数据库，集团采购了 100 余种国外数据库，并构建了我国第一套遵循国际标准的馆际互借和文献传递系统，成功地实现了资源的共建共享。采用现代化手段，加快图书馆之间信息资源共建共享的步伐，是新形势下高校图书馆建设发展的重要任务。

高校图书馆服务性信息资源体系建设应基于用户的信息需求，采用先进的资源整合技术和个性化服务系统，提供有针对性的资源与服务，满足教师和学生对信息资源的多元需求，以促进高校教学科研的发展。

第五章　图书馆信息资源的检索研究

人类社会在经历了千百年的发展历史后，积累下来了一笔巨大的知识财富。资源信息具有数量大、种类多、动态性强、分布广泛的特点，要从海量的信息资源中找到需要的文献信息，就需要花费大量的人力、物力。怎样才能从海量的信息中快速、准确地查找出需要的信息正是信息资源检索研究的主要内容。

第一节　信息检索概述

一、信息检索的概念与原理

（一）信息检索的概念

信息检索（IR）在我国早期被译为"情报检索"。信息检索作为一个比较规范的学术术语，伴随社会信息化的发展及信息资源日益暴涨和信息高速公路的实现得到了进一步发展，表明了信息资源在人类社会生活中日益主要的地位，以及对人类生活所带来的全方面影响。

信息检索是对信息项进行表示、存储、组织和存取的全过程，首先假设包含相关信息的文献或记录已经按照某种有助于检索的顺序组织起来。对信息项的表示和组织应该能够为用户提供其感兴趣的信息的方便存取。

早在 20 世纪 90 年代前，对于"信息检索"这个术语知之甚少。随着因特网的形成、发展和普及，信息检索才被越来越多的人所知、所用。信息检索有广义和狭义之分，不同的使用者对它有着不同的理解和解释。

1. 广义信息检索

广义的信息检索包含信息的存储和检索两个过程。信息存储是指将大量无序的信息集中起来，根据其外部特征和内容特征进行整理、分类、标引、著录和组织，使之系统化、有序化，并按一定的技术要求建成一个具有检索功能的工具或检索系统的过程；信息检索是指当用户需要这些信息时，再把它们从存放的地方查找和提取出来。对于广义的信息检索来说，存储和检索缺一不可。

2. 狭义信息检索

狭义信息检索是指根据用户的信息需求查找特定信息的过程。在大多数情况下，"信息检索"可以用英文 Information Searching 来表达，即"信息查询"或"信息搜索"。狭义的信息检索仅指检索这一个过程，而不关心信息是如何存储的。

（二）信息检索的原理

社会信息化进程的不断深入发展，促使人类对信息的需求和依赖程度也越来越强烈。同时，随着以计算机技术、通信技术和网络技术为主的现代信息技术的发展及其在信息检索方面的应用，信息检索理论研究与技术发展也进入了一个历史发展的新时期。但是无论检索技术如何发展，应用于社会活动各个领域的手工信息检索与计算机信息检索的基本原理：查询语言（检索提问）和系统标识语言所进行的"相符性比较"与"匹配运算"都是相同的。

由专门负责信息检索系统和数据库建立的人从各种各样的信息资源中收集有用信息，并对这些有用的信息进行主题内容的分析，从中找出能够全面、准确表达该信息主题内容的概念，然后借助于检索语言（通常是检索词表）把分析出来的概念转换成检索系统所采用的词语（在自然语言检索系统中，直接使用自然语言而不需要转换），按照一定的规则和方式将这些有用信息组织成可供检索用的数据库，并存储在一定的介质上。

检索过程类似于存储，当用户产生信息需求后，为了检索并获取所需要的信息，就必须对需求进行主题内容的分析，从中找出能够全面、准确表达该需求主题内容的概念。在这个过程中，用户同样需要借助于检索语言（通常是检索词表）把分析出来的概念转换成检索系统所采用的词语（在自然语言检索系统中，直接使用自然语言而不需要转换），再按照一定的检索规则和方式，制定检索策略，构造检索式，从数据库中查找并获取所需要的信息，最后输出检索结果。

除此之外，检索的全过程还包括对检索结果进行评价、反馈，或许还要重新制定检索策略，重新构造检索式，反复进行检索，直至检索出满意的结果为止。

当然，在实际的检索活动中，由于检索提问和信息表示存在着不可避免的不完整性、不精确性、不一致性的情况，加之对相关性的判断又完全取决于检索者的主观行为，因此，信息检索系统通过匹配来决定信息资源与检索需求的相关性，且其相关性存在着很多不确定的因素。

二、信息检索的发展历史

人类信息组织和检索的活动可追溯到公元前，当时苏美尔人分配特定区域用于存储刻有楔形文字铭文的黏土片。随着造纸和印刷术的发明，纸张成为信息存储和传播的主要介质，因而信息检索活动也主要围绕着纸质文献的获取、控制和利用展开，此时信息检索往往被称为文献检索。随着近代科学团体的涌现、集体研究效率的提高，文献量逐渐增多，导致了一种社会分工的出现，即对所有发表的文献及时地进行收集、加工和整理，并提供一定的手段，方便人们查找文献——信息检索工作便由此产生了。在社会科学化的进程中，信息检索经历了从手工检索到机械检索再到计算机检索的发展过程。

（一）手工检索系统

手工检索是一种传统而又基础的检索方式，也是人类通过手工方式利用文摘、索引、目录等检索工具来处理和查找文献的过程，其最早出现在图书馆的参考咨询工作和文摘索引工作中。

19 世纪下半叶，正规的参考咨询工作开始由美国的公共图书馆和大专院校图书馆逐渐发展起来。

进入 20 世纪初期，大多数图书馆也都成立了参考咨询部门，利用馆藏书目工具来帮助读者查找图书、期刊或事实信息。随着文献的激增和读者需求的增长，图书馆的检索服务也逐渐从简单的提供文献线索发展到了从多种文献源中查找、分析、评价和重新组织情报资料。

到 20 世纪 40 年代，图书馆的检索服务又进一步包括回答事实性咨询、编制书目与文摘、进行专题文献检索、提供文献代译等。"检索"从此成为一项独立的用户服务工作，并逐渐从单纯的经验工作向科学化方向发展。

手工检索的主要优点有：几乎不需要特殊设备，检索方法简单、灵活。可以根据检索进展状况随时修改检索策略。检索经费或费用较低。

当然，手工检索也存在一些缺点，主要有：检索效率低，检索速度慢，所需时间较长，特别是进行专题检索的回溯检索时需要查阅大量工具书，费时费力。在进行复杂问题的多途径检索时，需要反复查找若干检索工具。查全率一般较低。

（二）脱机批处理检索

随着世界上第一台电子计算机的问世，人们开始意识到它可以被用来存储和检索海量信息。被称为"电脑之父"的 Vannevar Bush 预测了未来计算机、数据库、数码相机、语音识别和 Internet 等的功能，提出了利用计算机查找并获取海量信息的想法。

20 世纪 50 年代，这一想法被进一步细化，并在实践中取得了一些进展，其中最有影响的是美国 IBM 公司提出的利用词作为文档的索引单元和以词频为特征的统计标引方法，开创了以自动标引为特征的现代标引先河。信息检索开始作为一个专业术语出现（一般认为是由美国计算机学家摩尔提出的），由此促使信息检索作为一个相对独立的研究领域得到了快速的发展。

脱机批处理检索的发展期间，计算机还没有连接通信网，也没有远程终端装置，不能提供实时检索，只能进行现刊文献的定题检索和回溯性检索，同时利用计算机编辑出版检索性刊物。

与手工检索相比，脱机批处理检索有许多优点：可以同时进行多项检索。可以处理检索关系相当复杂的检索词汇。一次输入作业生产多种输出的多种服务能力。可用于生产普通印刷索引、专题书目、回溯检索和定题检索。

但脱机批处理检索也有缺点，如下：用户不能在检索过程中与主机进行"对话"和浏览文献。用户不能随时修改检索策略，必须事先把所有的途径都考虑周全。不能及时获得检索结果。脱机批处理是委托检索，信息需求和查询结果之间有一定的误差。

（三）联机检索与光盘检索

联机检索是指用户使用终端设备通过通信线路与中央计算机连接，直接与计算机对话进行检索，结果由终端输出。

20 世纪 60 年代美国系统发展公司（SDC）研制成功了 ORBIT 联机检索软件，开始了联机检索系统阶段。同一时期，美国洛克希德公司研制成功了 DIALOG 检索系统，该系统仍是世界上最著名的信息检索系统。

20 世纪 70 年代卫星通信技术、微型计算机以及数据库生产的同步发展，使用户得以冲破时间和空间的障碍，实现了国际联机检索。计算机检索技术从脱机阶段进入联机信息检索时期。联机检索是计算机技术、信息处理技术和现代通信技术三者的有机结合，可以实现远程实时多种数据库的检索。

20 世纪 80 年代以来，随着计算机性能的提高，全文检索技术得到了快速发展，信息检索技术也逐渐出现在大型商用文档数据库中，如 Lexis Nexis、MEDLINE 和 EURONET 等。由于这一时期信息检索处理的对象主要是文本，因而也有人将这一时期称为文本信息检索阶段。

在这期间，信息检索的三大经典模型：布尔模型、向量空间模型和概率模型先后产生。此外，还出现一些信息检索系统和实验测试集，其中最著名的是 SMART 检索系统和

Cranfield 测试集。

随着 CD-ROM 光盘存储技术的成熟，其所具有的信息存储密度高、容量大，读取速度快，存储的信息类型多等优点，使 CD-ROM 光盘成为 20 世纪 80 年代备受信息检索用户青睐的新型产品。

联机检索有以下三个优点：用户通过检索终端和通信网络直接与远程中央计算机相连，检索远程数据库内文献信息。检索过程是"人—机对话"方式，可及时修改检索策略并及时显示、浏览文献信息。可根据用户的不同需求进行各种输出，及时取得检索结果。

联机检索和光盘检索的缺点如下：联机检索的检索费用相对比较昂贵。联机检索的检索指令复杂。光盘检索得到的信息不及时。

（四）网络化联机检索

基于上述检索方式的不足，网络化联机检索应运而生。进入 20 世纪 90 年代，Internet 的应用逐渐从单纯的科学计算与数据传输向社会信息资源开发与管理应用的各个方面扩展，各类信息服务机构和科研机构及一些大的数据库生产商纷纷加入互联网上，为信息需求者提供各种各样的信息服务。

随着各方面技术的不断进步和发展，人们逐渐认识到，在信息社会里，单个计算机所存储的信息极为有限，因此，很有必要把单机连起来，形成计算机网络以实现在局部或更大范围内实现通信和信息共享，使全世界各种信息组织、信息机构、各大检索系统通过网络连接而成为网络上的信息节点，每个节点连接多个检索终端，各节点之间以通信线路彼此相连。

在通信和网络技术支持下，WWW 浏览器、Windows 平台配备的电子邮件工具、思维机器公司推出的允许用户检索整个因特网上文本信息资源的 WAIS、明尼苏达大学推出的使用户能十分容易地存取因特网上信息资源的 Gopher、针对 FTP 资源的 Archie、Web 搜索引擎等各种信息利用工具如雨后春笋般不断涌现出来。信息检索不再是一种专业性的工具，而逐渐演变成为普通大众获取信息的重要渠道和手段，信息检索真正进入到网络化信息检索阶段。各种搜索引擎逐渐成为人们日常生活不可或缺的一部分，潜移默化地改变着人们的生活。

此外，随着网络信息的大量增长、多媒体信息的与日俱增，分布式信息检索、多媒体信息检索、跨语言信息检索等技术也是这一时期的典型技术进展。

三、信息检索的方法、途径与步骤

（一）信息检索的方法

信息检索的效率与信息检索方法的选择有很大的关系，使用高效的信息检索方法能够减少用户获取检索结果的时间，提高用户的满意度。常用的检索方法有以下几种。

1. 直接查找法

检索者在不依靠任何检索工具或检索系统的情况下，从本专业最新核心的期刊或其他文献中直接阅读原文或浏览最新目次而获取文献的方法就称为直接查找法。直接查找法是一种最常见的信息资源的获取方式，可以及时获得最新资源。但是，使用这种方法只能查找本单位或公共信息服务机构收藏的文献，不全面、不系统，且局限性较大。

2. 顺查法

顺查法是一种以检索课题的起始年代为起点，按照时间的顺序，由远及近地利用检索系统进行文献信息检索的方法。由于这种方法能收集到某一课题的系统文献，因此比较适用于较大课题的文献检索。例如，已知某课题的起始年代，现在需要了解其发展的全过程，就可以用顺查法从最初的年代开始，逐渐向近期查找。顺查法具有漏检、误检率低的优点，但是相对劳动量较大。

3. 倒查法

倒查法是一种由近及远，从新到旧，逆着时间的顺序利用检索工具进行文献信息检索的方法。此法的重点是放在近期文献，只需查到基本满足需要时为止。倒查法可以最快地获得新资料，而且近期的资料总是概括了前期的成果，又反映了最新水平和动向。倒查法具有节省时间，且劳动量较小的优点，但是容易造成漏检。

4. 抽查法

抽查法是根据检索提问的特定需求，针对研究课题所处的发展兴旺时期进行信息检索，以便用较少的时间获得较多文献资料的检索方法。抽查法有较高的检索效率，但必须熟悉检索课题的历史背景，否则难以达到理想的效果。

5. 回溯法

回溯法又称追溯法，是一种传统的检索方法，即利用参考文献为线索，进行深入追溯查找相关文献的方法。

追溯法通常不利用一般的检索工具，而是利用已经掌握的文献末尾所列的参考文献，进行逐一地追溯查找"引文"的一种最简单的扩大情报来源的方法。还可以从查到的"引文"中再追溯查找"引文"，像滚雪球一样，依据文献间的引用关系，获得越来越多的内容相关的文献。这些内容相关的文献反映着某一课题的理论依据和背景，也在某种程度上反映着某课题或其中的某一观点、某种发现的发展过程。此方法查找简单，不需要利用检索工具（系统）就能追溯到一定数量的学科文献，但检索效率不高，费时费力，漏检率大。

6. 循环法

循环法又称交替法，是指分期分段交替使用"常规法"和"回溯法"进行检索的综合检索方法。循环法具体的实现步骤如下：利用检索工具（系统）查到一批相关文献资料。利用这些文献所附的参考文献进行追溯查找，扩大线索，由此获得更多的信息。在获取大量信息的基础上，分期分段地交替进行，直到检索需求得到满足为止。

循环法又可以看作是一种文体型的检索方式，在检索工具（系统）缺期或缺卷时，也能够连续获得所需年限以内的文献资料。

（二）信息检索的途径

信息检索途径也叫信息检索入口或检索点，是指信息用户在检索时，把所需信息的某种特征标识转换为检索标识，以此为入口进行检索。

用户在检索信息资源时要选择正确的信息检索途径，以便能够快捷、准确、全面并花费较低成本查找到文献。一般来说，检索信息资源时，可采取以下几种检索途径。

1. 分类途径

分类途径是一种按照文献资料所属学科（专业）类别进行检索的途径，以文献所属学科专业的分类号为特征标识的检索方法。

分类检索途径的一般过程如下：分析提问的主题概念，选择能够表达这些概念的分类类目（包括类名和类号）。按照分类类目的字顺，从分类目录或索引中进行查找，从而得到所需的文献信息。

分类途径检索文献关键在于正确理解检索工具中的分类表，将待查课题划分到相应的类目中去。通过分类途径来查找文献是一个传统的、非常重要的途径。从学科角度查找文献，可以获取许多性质相近的资料。分类途径有利于从学科或专业角度广泛地获得较系统的文献，达到较高的查全率。查准率的高低与类目的粗细程度有关，即类目越细，专指度越高，查准率也越高，但分类表的篇幅是有限的，类目不可能设计得很细。分类途径是一种族性检索，所谓族性检索的意思是指找到一种内容的文献时，也就找到了同一家族内容的文献。当用户所需信息范围较宽或比较复杂时，主要应采用分类途径检索。

2. 主题途径

主题途径是一种通过文献的内容主题进行检索的途径。一般来说，在知道所检文献的主题概念或是解决一个具体的技术问题的情况下，选择主题途径就是最好的方法。

主题途径依据的是各种主题索引或关键词索引，主题索引或关键词索引按检索词的字顺排列，检索者只要根据课题确定了检索词（主题词或关键词），便可以像查字典那样，逐一查找，从检索词下的索引款目，找到所需文献的线索。此外，主题途径检索文献关键还在于分析课题，提炼主题概念，运用词语来表达主题概念。因此，对于主题索引，还需要把自拟的语词同相应的词表核对。

（1）注意词表的利用

主题词是检索系统使用的专门的规范化语言，使用这种语言来表达的概念，只有一种解释，这是规范化的检索语言的单义性所规定的。主题词表中的词是文献内容的标识和查找的依据。通常情况下，一般用户的提问采用的是自然语言。检索者要先了解查阅的检索工具是采用哪种词表组织款目的，然后在该词表中选用恰当的检索词来代替原先拟使用的不规范词语。

由于主题词接近自然语言词汇，其人工创造的成分远比符号标记语言少，因而使用者在检索实践中大多自选名词进行查找，一词不符合，再选一词，直至找到符合的为止。主题法的这种优点很容易使使用者忽视利用词表。事实上，自然语言表达同一概念的数量远胜于被选中的主题词，因而自选检索词不仅查获文献的概率很小，而且要经过多次瞎碰瞎撞的反复检索过程，影响检索效率。

（2）增加检索线索

属种关系又称上下位关系，是一个概念的外延被另一个概念的外延所包括。其中，包括概念是属概念，被包括的概念是种概念。利用属概念可以扩大检索途径，提高查全率；利用种概念可以缩小查找范围，提高获得文献的准确性。

相关关系指属种关系以外的具有交叉、并列、对立关系的概念，以及形式与内容、本质与现象、原因与结果等关系。在词表中，用"参见""参见自"或其他标识符号来表示这些关系。善于利用概念之间的属种关系与相关关系增加检索线索，以提高查全率。

3．关键词途径

关键词途径是指首先把表达信息主题内容起关键作用的词组或单词抽取出来，编制成"关键词"索引，然后利用它查找所需信息。

关键词是一种很灵活的词组或单词，作为文献内容的标识和查找目录索引的依据，不需规范化词表，使用比较方便，目前在计算机检索系统中得到了广泛的应用。

4．题名途径

题名途径是指根据已知的书名、刊名、篇名查找信息的途径，主要有书名目录、刊名目录、篇名目录、会议资料索引等，一般按图书、期刊、资料的名称字顺编排。通过这种方法，可以查找图书、期刊、单篇文献等资料。例如，在计算机计算检索系统中，可以通过关键词"电子商务"找到一系列相关的书籍和资料，包括电子支付、电子政务等。

5. 著者途径

著者途径是根据已知著者名称来查找文献的方法。依据的是著者索引，包括个人著者索引和机关团体索引。这种途径查找的内容包含个人责任者、团体责任者、专利发明人、专利权人、合同户、学术会议主办单位等。利用责任者检索文献，主要利用的是作者索引、作者目录、个人作者索引、团体作者索引、专利权人索引等。著者途径对于检索知名的学者具有较强的实用性。

6. 机构途径

机构途径是指通过机构名称获取相关信息、了解该机构情况的途径。经常使用的机构名称包括著者所在单位、图书或期刊的出版社或发行单位名称、数据库的开发建设单位名称、特定网络系统的维护和信息服务单位的名称（如域名）等。

以机构途径检索文献，一般以计算机检索工具为主，手工检索较少用。

7. 代码/序号途径

代码途径是通过信息的某种代码来检索信息的途径。例如，图书的 ISBN 号、期刊的 ISSN 号、专利号、报告号、合同号、索书号等。

利用代码/序号途径，需对序号的编码规则和排检方法有一定的了解。

8. 信息源类型途径

信息源类型途径是一种将具体信息所属的选定信息集合的类型作为检索入口的方法，例如，图书、期刊、专利、科技报告、技术标准、会议录等不同的信息源。

9. 其他途径

除上述检索途径外，有些检索工具还附有一些特殊索引，可以通过特殊途径查找所需文献。例如，已知某一事物的化学分子式，可通过分子式索引进行检索。在不同的检索系统中编制有专门的特殊标识索引，专门技术人员对此利用较多，而一般信息用户却很少利用。

（三）信息检索的步骤

实施信息检索主要是为了达到检索目的而设置的。

1. 分析检索课题

检索课题分析是检索过程中的首要环节，其目的在于认清课题要解决的实质问题，即课题所包含的概念和具体的要求及之间的联系。

课题分析可以从以下几个方面进行：

（1）分析主题内容

主题内容是课题研究的中心问题。分析主题内容首先需要根据课题内容，深入分析主题的目的，明确课题的要求和内容特征，确定课题的学科属性、专业范围、时间范围和语种等。然后，找出课题研究的关键问题，选择恰当的主题词或关键词。

（2）分析时间范围

分析时间范围能够确定检索的时间范围，避免浪费时间和精力。通过分析时间范围，根据课题的历史背景和检索要求，可估算出所查找信息的合适时间段，如想要了解某个领域的最新研究进展，只需查找近一两年的文献即可。

（3）分析课题类型

不同的检索工具对不同类型的信息收集是不同的，通过对课题类型的分析能够确定检索工具，提高检索针对性，以使检索效果达到最佳。

2. 制定检索策略

为完成检索目的，在检索前还必须为其制订具体的检索方案、对策和计划。

制定检索策略一般包括选择检索数据库、确定检索词或编写检索表达式。

（1）选择检索数据库

完成检索课题分析后，就需要在此基础上选择合适的检索数据库。根据课题要求，选择与所查课题相适应、学科专业对口、覆盖信息面广、报道及时、信息内容准确、检索功能完善的高质量数据库。

数据库的类型和学科范围的不同，决定了它适用于不同的检索对象和满足于不同的检索需求。对检索数据库的正确选择，通常都是要建立在对可利用数据库的全面了解基础之上的，同时还需要对各种数据库的各种性能参数有一个充分的认识。

（2）确定检索词

检索词也称检索点。检索词是表达信息需求的基本单元，也是与系统中有关数据库进行匹配运算的基本单元。确定检索词就是要将检索课题中包含的各个要素及检索要求转换成数据库中允许使用的检索标识。

对整个检索的结果而言，选择一个恰当的检索词是至关重要的。经常使用的检索词主要有主题、分类、作者、团体作者、名称、号码等。

（3）编写检索表达式

编写检索表达式是指在进行检索前需要制订一种可执行的检索方案，检索表达式是检索策略的具体表述。检索表达式通常使用逻辑算符、位置算符和其他符号等将检索词连接起来，正确表达之间的关系，构成机器可识别和执行的命令形式。

检索表达式可以一步编写，一次完成检索；也可以分步编写，最后将多步检索的结果进行组合。数据库的普通检索大多是分步检索的方式，高级检索则采用单步方式实现。对同一个检索课题，检索表达式未必是唯一的，可能具有各种组配、描述方式。

3. 确定检索途径及方法

检索途径和方法的确定需要根据检索的条件、课题的要求及学科的发展特点来决定。

（1）检索的条件

在检索系统不完备的条件下，可以采用回溯法。在检索系统完善的情况下，常采用常规法。

（2）课题的要求

检索一般要求具备快、全、准。例如，若要求以全、准为主，则可以采用顺查法，若要求以快、准为主，则可以采用倒查法。

（3）学科的发展特点

若检索课题属于新兴学科，则可以采用顺查法；若检索课题属于古老课题，则可采用倒查法；若检索课题处于兴旺发展阶段，则可以采用抽查法。

4. 实施检索策略

有效实施检索策略，必须遵循以下几点：

第一，在课题检索需求分析和了解检索系统的基础上，应用检索技术具体去检索。

第二，注意逻辑组配、限定以高效实施检索过程。

第三，进行检索结果的选择和判断，特别注意排序和输出结果的设定。

第四，下载相关全文阅读器进行阅读。

5. 调整检索策略

完成有效检索结果的实施后，就需要对检索的结果进行初步浏览。浏览初步结果时，需要注意以下几点：

第一，看检索结果记录的标题和摘要是否为课题检索需要。

第二，注意根据信息来源判断信息的价值。

第三，看结果数量（太多或太少都不合适），人力很难应付太多的检索结果，而检索结果太少的则不能保证检索的全面性。

第四，适当利用关联检索和类别检索功能扩展检索领域和范围。

第五，根据以上对检索结果内容的判断，调整检索策略。

检索过程是一个多次反复、不断完善的过程，在某些情况下，得到的检索结果可能与检索目标相差甚远。为了得到比较满意的最终结果，检索表达式往往需要经过多次判断和修改。在最终确定成功检索表达式之前，检索可能要经过多次反复的尝试过程。用户对每次检索结果做出评估，并对不完善的检索表达式做出相应的修改和调整，直至得到比较满意的检索结果为止。

6. 输出检索结果

如果检索出的信息经过用户评价并满足了用户需求，则检索完成。接着需要将所得的信息检索结果按来源、类型、语种进行归类整理，并按相关度进行排序，明确相关度最高、最有价值的原始信息，最后使用全文链接、下载电子期刊、到图书馆借阅或复制文献、馆际互借、原文传递或向作者索取原文等方法获取原始信息。

四、信息检索的类型与工具

（一）信息检索的类型

用户信息需求的多样化及信息检索技术的不断发展，使多种类型的信息检索产生了。

1. 按检索对象划分

按检索对象划分，信息检索分为文献信息检索、数据信息检索、图像检索、事实信息检索及多媒体检索。

（1）文献信息检索

文献信息检索，是利用目录、文摘或索引等二次文献查找某一课题、某一著者、某一地域、某一机构、某一事物的有关文献的出处和收藏单位等，以及文献信息的全文检索。

文献信息检索的结果只是获得文献信息的线索，要获得相关文献信息还需要进一步进行信息检索；文献信息全文检索是以搜索文献全文为目的的检索，其结果是获得全文信息。完成文献信息检索主要借助于检索工具书和文献型数据库，如检索"我国关于教育产业化研究的论文""国有企业的体制改革的论文"等。

（2）数据信息检索

数据信息检索又称"数值检索"，是以客观事实为对象的检索活动，利用参考工具书、数据库等检索工具从存储事实的信息系统中查找特定事实的过程，包括检索事物的性质、定义、原理以及发生时间、地点、过程和因果关系等。数据信息检索是一种确定性检索，必须经过分析、推理、归纳多篇相关的文献和统计数据后才能得出最终结果。

数据信息检索的结果包括各种参数、调查数据、统计数据、特性数据等数字数据，也包括各种图表、图谱、市场行情、化学分子式、物质的各种特性等非数字数据，并提供一定的运算推导能力。例如，查找某一企业的年销售额、某一国家的人口数、某一物质的属性数据等。

（3）图像检索

图像检索是一种以图形、图像或图文信息为检索内容的信息检索。早期的图像检索主要基于文本式，即首先由人工根据图像进行关键词标引，从而将图像检索变成对于图像关键词的文本检索。目前，图像检索主要是基于内容的图像检索，即在目标图像集合中依据图像指定的特征或包含的内容特征进行图像的检索。

图像主要包括颜色、形状、纹理等视觉内容和主题、人物、场景等信息内容。进行图像检索时，首先要建立图像索引描述图像的内容。在数据源是未知的因特网上和存储海量数据的数据库中，如何实现高效、可靠的图像检索十分重要。

（4）事实信息检索

事实信息检索又称为"事项检索"，是一种以事实作为检索对象，针对特定的事件或事实的检索。

事实信息检索包括检索事物的性质、定义、原理、发生的时间及地点和因果关系等信息，例如，查找某一人物的生平事迹，查找某一企业的名称、地址、业务经营范围等信息。

（5）多媒体检索

多媒体检索是指查找含有特定信息的多媒体的检索，其结果是以多媒体形式反映特定信息的文献，如图像、声音、动画、影片等。

多媒体检索分为给予文本方式的多媒体检索和给予内容特征的多媒体检索两种，是在网络环境下发展起来的一种全新的检索技术。

2. 按检索方式划分

按照检索的操作方式，信息检索分为手工检索和机器检索。

（1）手工检索

手工检索是以人工方式为手段，通过对工具书的检索进行信息检索。手工检索作为信息检索的一种传统方式，已经历了一个多世纪的发展历程。

由于手工检索主要是依靠检索者的手翻、眼看和大脑判断进行的，因此在检索过程中便于控制检索的准确性。但是，检索速度慢，漏检现象比较严重，工作量较大。

（2）机器检索

机器检索是一种以机械、机电或电子化的方式，利用检索系统进行信息检索的方式。在 20 世纪 40 年代以后，随着电子计算机诞生，计算机检索以其强大的储存能力、不断提高的处理性能以及同步降低的价格，很快便成为机器信息检索的主流和代表。

计算机检索已经具备了全文信息检索、自动信息文摘、自动信息分类等功能。它的检索速度快、能够多元化检索、检索的全面性较高。但是，需要借助相应的设备进行检索。随着计算机技术和通信技术的不断创新，计算机检索正在向网络化、简单化、智能化、多语种化等方向发展。

3. 按检索性质划分

按照检索的性质，信息检索分为全文检索、超文本检索和超媒体检索。

（1）全文检索

全文检索是一种能够将存储于数据库中的整本书、整篇文章中的任意内容信息查找出来的检索方式。通过全文检索，用户可以根据需要获得全文中有关章、节、段、句、词等的信息，也可进行各种统计和分析。

（2）超文本检索

超文本检索是对每个节点中所存信息及信息链构成的网络中信息的检索方式。强调的是中心节点之间的语义连接结构，靠系统提供的复杂工具做图示穿行和节点展示，提供浏览式查询，可以进行跨库检索。

（3）超媒体检索

超媒体检索是对存储的义本、图像、声音等多种媒体信息的检索。与超文本检索一样，可以提供浏览式查询和跨库检索。

4. 按检索系统的工作方式划分

按检索系统的工作方式，信息检索分为脱机检索、联机检索、光盘检索和因特网检索。

（1）脱机检索

脱机检索可看作是一种批示处理的脱机检索。由于早期的计算机没有终端设备，其存储介质以磁带为主，输入数据或命令均用穿孔卡片或纸带。

实施脱机检索时，计算机信息检索用户只需将检索提问单交给专职检索人员，由检索人员将一定数量用户提问单按要求一次输入计算机进行检索，并把检索结果整理出来分发给用户。脱机检索处理时间一般较长，且人机之间无法对话。

（2）联机检索

联机检索指信息检索用户在计算机终端设备上输入需要检索的信息，通过国际通信网络与世界上的信息检索系统即可实现人机之间直接对话，从而从检索系统的数据库中找出人们所需信息，并将结果通过终端直接输出。

联机信息检索允许用户以联机会话的方式直接访问系统及其数据库，检索是实时、在线进行的，并在检索过程中可随时调整检索策略。

（3）光盘检索

光盘检索又称光盘数据库检索，指使用带有光盘驱动器的计算机检索光盘上所记录和存储的信息资源的过程。光盘检索是应用较为广泛的一种计算机信息检索。

（4）因特网检索

因特网检索是一种通过计算机、网络设备等检索设备对 Internet 上的信息资源进行检索的过程。通过因特网检索，用户可以在很短的时间内查遍全球的信息资源，从而实现全球信息资源共享。

网络信息资源极为丰富，检索方便，检索成本低廉，既实现了超文本检索，又可检索文字、图片等信息，还可以检索声音、动画、影视等形式的信息资源。

5. 按检索的策略划分

按检索策略划分，信息检索分为布尔逻辑检索、位置逻辑检索、截词检索、限定检索及加权检索。

（1）布尔逻辑检索

布尔逻辑检索是一种采用布尔代数中的逻辑"与"、逻辑"或"、逻辑"非"等算符将检索词、短语或代码进行逻辑组配，指定文献的命中条件和组配次序，将检索提问式转换成逻辑表达式，限定检索词在记录中必须存在的条件或不能出现的条件。

在布尔逻辑检索中，只要是符合布尔逻辑所规定条件的就可以看作是命中信息，不符合的就是非命中信息。

（2）位置逻辑检索

位置逻辑检索是一种在检索词之间使用位置算符规定算符两边的词出现在信息中的位置，从而获得不仅包含有指定检索词而且这些词在记录中的位置也符合特定要求记录的索引方式。

位置逻辑检索能够提高检索的准确性，当检索的概念要用词组表达，或者要求两个同在记录中位置相邻、相连时，可使用位置算符。位置逻辑算符主要有 W、N、F、S、L、C 和 X。

（3）截词检索

截词检索是一种利用检索词的词干或不完整的词形进行检索的检索方式。使用这种检索方式时，用户可以不必输入完整的检索词，仅按需要输入所选用的检索词词干，再加上截断符号，系统在进行比较时可以考虑词首、词中或词尾变化的各有关索引词。

使用该方法所命中的信息记录量远远大于使用完整词形所命中的信息数量，从而提高了检全率，减少检索词的输入量，节省检索时间。

截词检索一般用于所遇到名词的单复数形式，词的不同拼写法，词的前缀或后缀变化的情况下。常用的截词检索主要分为：后方截词检索、前方截词检索、中间截词检索、前后方截词检索、有限截词检索和无限截词检索。截词算符主要有"？"和"＊"。

（4）限定检索

限定检索主要是通过限制检索范围来达到优化检索结果的目的。在一些存取系统中，也可以根据用户对检全率和检准率要求的不同，将输入的检索词与索引文档中的索引词的类比与匹配限定在一定的字段中进行。

在 Dialog 系统中有基本索引字段限定检索和辅助索引字段限定检索两种类型。限定算符主要有"/"。

（5）加权检索

加权检索中的加权主要是对信息实行定量检索的措施，具体的实施为采用数字来区别信息资源涉及的不同主题词的重要程度。

进行加权检索时，首先根据检索词对检索课题的重要程度事先指定不同的权值。检索过程中，系统先查找这些检索词在数据库记录中是否存在，然后对存在的检索词计算它们的权值总和，可在定性检索的基础上，再按其加权数值的大小，决定取舍，以控制检索率，提高检准率。

6. 按检索工具类型划分

按检索工具类型的不同，信息检索分为目录检索、题录检索、文摘检索、索引检索、参考工具检索及交互式检索。

（1）目录检索

目录检索是指对图书、期刊或其他单独出版物特征的揭示和报道。目录以单位出版物为著录对象，按照一定的次序编排而成，是反映馆藏、指导阅读、检索图书的工具。

一般情况下，目录检索只记录文献的外部特征，主要的著录项目有题名、著者、出版年月、出版地、载体形态等。

（2）题录检索

题录检索中所涉及的题录主要是指对单篇文献外表特征的揭示和报道，著录项目一般有篇名、著者、著者单位、文献来源、语种等。

题录在揭示文献信息的内容上比目录的收录范围广、报道速度更快。使用题录时，一般不会做过多的加工，也不需要做内容摘要，仅列出篇名、著者、出处等即可。

（3）文摘检索

文摘检索作为一种检索工具。其中所涉及的文摘主要是以精练的语言把文献信息的主要内容、学术观点、数据及结构准确地摘录下来，并按一定的著录规则与排列方式编排起来，供用户使用。

一般不需要对文摘做过多的评论、补充或解释。同时，文摘的长度在 200～800 字之间即可。根据文摘的目的与用途，文摘可以划分为指示性文摘、报道性文摘和评论性文摘。

（4）索引检索

索引检索主要是通过将信息中所包含的主题词、分类号、著者、题名、引用文献、刊名、篇名等内容摘录处理，并注明它们所在图书、期刊或检索工具中的位置，然后按照一定的规则编排组织起来所形成的检索工具。

（5）参考工具检索

参考工具在我国具有悠久的历史，分为语言性和知识性参考工具两大类，如字典、词典、百科全书、各类名录、手册等。其特点是将某领域有关词语、名称的信息单元进行汇集、浓缩使之条理化，并按条目字顺（如音序、形序、号码等）组织系统。

参考工具检索借助参考工具的特点，不提供文献线索，而是为解决有关名词术语、事实和数据方面的疑难问题，提供确定性查询。

（6）交互式检索

所谓交互式，即"人机对话式"。交互式检索允许用户输入一条检索指令（或检索式），获得检索结果之后再选择新的命令或检索式，如此通过与系统双向"对话"，一边检索一边修改检索策略，直到获得满意的检索结果为止。

（二）信息检索的工具

进行信息检索操作必须借助于一定的检索工具。这里所提到的检索工具是指用以报道、存储和查找文献信息线索的工具。检索工具是伴随世界信息的增加和科学技术的发展，于 19 世纪逐步兴起的，以期刊式文摘和索引为主，包括各种工具书和计算机检索系统。

1. 检索工具

检索工具有广义和狭义之分。广义的检索工具是指用来报道、存储和查询文献信息的一切工具与设备，包括手工检索工具、机械检索工具和计算机检索工具。狭义的检索工具则主要指手工检索工具，也称印刷型检索工具或书本式检索工具。这里主要以广义的检索工具为主进行介绍。

一般说来，检索工具应具备以下五个条件：

第一，有明确的收录范围，能够详细描述文献的内容特征、外表特征。

第二，每条文献记录必须有完整明了的文献特征标识。

第三，每条文献条目中必须包含多个有检索意义的文献特征标识，并标明供检索用的标识。

第四，全部条目必须科学地、按照一定规则组织成为一个有机整体。

第五，提供多种必要的检索途径。

2. 信息检索工具的分类

根据不同的性质和标准，可以将检索工具分为以下几类：

（1）按所收集信息的学科内容划分

①综合性检索工具

综合性检索工具的收录范围和涉及学科比较广，信息类型和语种较多，且都具有较长的历史，能够提供多种检索途径，是科研工作比较常用的检索工具。

世界著名的综合性检索工具主要有美国的《工程索引》《科学引文索引》；英国的《科学文摘》等。

②专题性检索工具

专题性检索工具一般仅限于收录某一特定类型的信息，收录的学科范围可窄可宽。专题性检索工具主要包括专利索引、科技报告文摘、学位论文索引、会议文摘、标准目录等。

③专科性检索工具

专科性检索工具的收录范围仅限于某一学科领域，适用于检索特定的专业信息，如《中国石油文摘》《中国化学化工文摘》《美国石油文摘》等。

（2）按著录信息的特征划分

①目录型检索工具

目录又称书目，是对图书、期刊或其他出版物外表特征的解释和报道，一般是依据信息资料的题名进行编制的。目录有两大类：一类是以整体资料、整卷档案为编目单元；另一类是以单篇资料为编目单元。根据目录所反映信息资料的具体情况，目录可以划分为国家目录、馆藏目录、专题目录、联合目录等。

国家目录主要用于揭示某一时期国家出版的各类图书的总目，如《全国总书目》《中国国家书目》《全国新书目》《国际在版书目》《英国国家书目》等。

馆藏目录主要揭示一个图书馆或文献情报机构收藏图书报刊情况的目录。有卡片目录和书本式目录两种。卡片目录配有三套，分别为分类目录、书名目录和作者目录，供用户从不同的途径去检索。书本式目录是馆藏目录的印刷型，可方便到馆的用户查阅，或为不到馆的用户提供函借或复印。

专题目录具有很强的针对性，用于为一定范围的用户全面系统地揭示与报道关于某一特定学科、某一专门研究方向或研究课题的文献而编制的图书报刊文献目录，如《大学生导读书目》《20世纪外国经济学名著概览》等。

联合目录主要揭示和报道某个地区、系统，乃至全国的图书馆或文献信息情报机构文献收藏情况的目录。常见的如《西文参考工具书联合目录》《西文科技学术会议联合目录》《天津地方史资料联合目录》《美国全国联合目录》《英国期刊联合目录》《美、加图书馆连续出版物联合目录》等。

②题录型检索工具

以单篇文献为基本著录单位来描述文献外表特征，如文献题名、著者姓名、文献出处等。题录没有内容摘要，是快速报道文献信息的一类检索工具。与目录的主要区别在于：著录的对象不同。目录著录的对象是单位出版物，题录著录的对象是单篇文献。与目录相比，题录的检索功能和及时性都比较强。

③索引型检索工具

索引型检索工具是把文献中的有关目录或知识单元，如书名、刊名、人名、地名、语词等，按照一定的方法进行编排，并指明出处，为用户提供文献线索。

索引型检索工具中的索引一般分为两种：一种是篇目索引，用来指明资料的出处；另一种是内容索引，即将资料中的事件、人名、地名等信息分别按顺序排列，并指明出处。常用的索引类型有分类索引、主题索引、关键词索引和著者索引等。

④文摘型检索工具

文摘是指不加解释和评论而对信息资料进行准确简化的再现，将大量分散的文献，选择重要的部分，以简练形式做成摘要，并按一定的方法组织排列起来。文摘主要用来判别或代替阅读原文，是科学研究的重要辅助工具，在全文数据库出现以前，文摘具有重要的地位，被科学研究者广泛使用。文摘可分为指示性文摘、报道性文摘和评论性文摘。

指示性文摘是一种篇幅简短的摘要，以最简短的语言写明文献题目、内容范围、研究目的和出处，一般在100字左右，又称简介。报道性文摘是较详细说明原文要点的摘要，以揭示原文论述的主题实质为宗旨，反映原文内容、讨论的范围和目的、采取的研究手段和方法、所得的结果或结论，同时也包括有关数据和公式。报道性文摘一般500字左右，重要文章可多达千字。如美国的《化学文摘》《工程索引》等。评论性文摘除浓缩原文内容外，还包括文摘员的分析和见解，如美国的《数学评论》等。

⑤信息资料指南

信息资料指南是一种新的检索工具。例如，"手表行业指南"等类型的小册子，其中既有历史资料，又有近期信息。人们只要翻阅就可以对相关信息的历史与现状有所了解。

由于信息资料指南大都是经过高度加工的信息资料检索工具，因此其实用价值较大。

第二节　信息检索语言

一、信息检索语言概述

（一）信息检索语言的定义

信息检索语言又称为标引语言、索引语言、文献储存与检索语言，是根据检索的需要而创造的，是信息检索系统存储和检索信息时共同使用的一种约定性的人工语言。使用这种语言能够达到信息存储和检索的一致性，提高检索效率。

语言是人类最重要的交流工具。人与人之间的沟通必须借助于语言来实现。在储存信息与检索信息的过程中，涉及的人不是很多，信息检索采用共同的语言，使文献标识与信息提问的对比顺利进行，因此有助于检索工作的开展。信息检索语言中，凡是被用来标引文献资料的分类号或用查找文献的检索词，都是该种信息检索语言的语词。

（二）信息检索语言的特点

第一，具有必要的语义和语法规则，能准确地表达各学科领域中的任何标引和提问的中心内容和主题。

第二，具有表达概念的唯一性，即同一概念不允许有多种表达方式，不能模棱两可。

第三，具有检索标识和提问特征进行比较和识别的方便性。

第四，既适用于手工检索系统，又适用于计算机检索系统。

（三）信息检索语言的类型

检索语言的种类很多，按表达文献的特征可以将其分为描述内容特征的语言和描述外部特征的语言。其中，描述内容特征的语言与文献内容的关系紧密，文献的内容特征就是指其所描述的主题、观点、见解和结论等；描述外部特征的语言与文献内容关系不太紧密，包括题名语言、著者语言、号码语言等。

对文献的主题、观点、见解和结论等内容进行表达的检索语言就是内容特征语言，分为分类语言和主题语言。分类语言包括体系分类语言、组配分类语言和混合分类语言。主题语言分为标题词语言、叙词语言、单元词语言和关键词语言。

在信息的标引存储和检索应用过程中，应用最广的就是体系分类语言、叙词语言和关键词语言。

（四）对信息检索语言的要求

信息检索语言的质量对信息检索效率有着重大影响，在实际的信息检索过程中，要保证信息检索的实施达到满意的效果，对信息检索语言提出了一些共同的基本要求。

1. 检索效率高

较高的查全率和查准率，并使漏检率和误检率控制在允许的范围之内是任何一种信息检索语言必须具备的基本要求。

2. 标识范围广

信息检索语言使用的标识越多，就越能准确地概括信息的外部特征和内容特征，进而从不同方面、不同途径、不同层次满足检索的要求。

3. 操作使用简单

检索语言必须易于标引和检索。保证"易标""易检"的因素主要有：语词或代表符号的含义必须明确而不能含混不清；语言概念要丰富，概念面要广，使遇到的文献信息都能有类可归；标识的可观性，使标引人员和检索人员易于识别和理解；查词、查号手段多样，便于标引人员和检索人员从各种角度都能方便地查到所需的标识。

4. 兼容性强

每一种信息检索语言都有自己的特点，但又不应忽视检索语言之间的相互交流及推广使用，这就要求实现各种信息检索语言的兼容性，即检索语言应该具备与其他信息检索语言的兼容性。不仅要适应当前信息检索自动化和网络化的发展趋势，更向国际标准化靠拢，以求达到更大范围的兼容。

5. 通用性强

检索语言不仅应该能适应传统检索设备，同时也需要适应非传统检索设备。传统检索设备通常指普通卡片式目录、书本式目录。非传统检索设备通常指机械式检索系统、充电式检索系统、电子计算机检索系统等。每种检索方式、检索设备都有一定优缺点和适用范围。好的信息检索语言应能适应多种检索方式和检索设备，使其发挥更大的效力。

二、分类检索语言

分类语言是用分类号和相应的分类款目名称来表达信息主题概念，并将信息按学科性质分门别类地系统组织起来的一种检索语言。从某种意义上看，分类语言与分类检索语言的概念是一致的。把分类体系中的分类语言运用到文献检索中，就是我们常说的分类检索语言。分类语言能反映事物的从属派生关系，便于按学科门类进行检索。

（一）分类检索语言的组成

分类法是根据一定的原则将许多类目组织起来，通过标记符号来代表各级类目和固定其先后次序的分类体系。一部完整的分类法一般由以下几个部分组成。

1. 编制说明

编制说明主要说明该分类法的编制过程、所依据的编制原则、类目设置、编制的理由、对各种分类问题的技术处理和使用、标引方法等。

2. 类目表

类目表是分类表的主体部分，主要包括大纲、简表、详表、辅助表。

大纲是基本大类的一览表。简表是一个基本的类目表，是整个类目表的构架。详表即主表，详细列出大小类目、类号、注释。辅助表也称复分表，是一组标准日次表，用以对主表中列举的类目进行细分。

3. 索引

索引是该分类法的类目名称索引，按字顺排列，以供查询，帮助不熟悉分类法的读者使用。

4. 附录

附录中收录了按类检索时经常需要查阅的一些参考资料。

（二）分类检索语言的类型

分类语言分为体系分类语言、组配分类语言和混合分类语言三种类型。

1. 体系分类语言

体系分类语言以科学分类为基础，以文献内容的学科性质为对象，运用概念的划分与概括的方法，按照知识门类的逻辑次序，从上到下、从总到分，进行层次划分类目，是一种直接体现分类等级概念的标识系统。采用体系分类语言划分的类目层层隶属，形成一个严格有序的等级结构体系。

2. 组配分类语言

组配分类语言是用科技术语进行组配的方式来描述文献内容。标引文献时，会根据文献内容选择相应的组面和有关术语，把这些术语的号码组配起来，构成表达这一文献内容的分类号。

组配分类语言是体系分类语言的发展，克服了体系分类标引能力差的弱点以及"集中和分散"的基本矛盾，使检索效率得到极大提高。

3. 混合分类语言

混合分类语言是组配分类和体系分类语言的结合，但有组配体系分类语言和体系组配分类语言之分。

三、主题检索语言

主题检索语言又称主题词语言，是一种以自然语言为基础的，描述文献内容的描述性语言。这种检索语言能够直接借助于自然语言的形式，作为文献内容的表示和检索依据。

主题检索语言的构成原理是将自然语言中的名词术语经过一定程度的规范化处理，作为表达文献和提问内容的主题标识即主题词；将文献资源根据其内容特征用词语（主题词）进行标引；按照字顺将主题词在检索系统中进行排列，形成主题检索系统；利用各种参照系统等手段，显示主题标识之间的各种关系，并以此把主题词表中的众多主题词相互联系起来，构成多维的主题词体系；用户利用主题词的字顺序列及概念间的相互关系检索文献信息。

（一）主题检索语言的特点

主题词作为主题语言的核心，主要用来描述文献内容的自然语言。在描述文献内容时，人们需要进行规范化处理，即对于具有语义关系的词语，按照一定的要求进行选择并限定其内容含义，以保证语词具有单义性，即一个主题词表达某种概念的唯一性，不能出现一词多义或多词一义现象。

基于主题词的上述特征，主题检索语言具有以下特点：

第一，主题语言大多源于自然语言，具有很强的直观性，符合人们的辨识习惯，用户在检索时，只要根据课题对象采用平时所习惯的词汇即可。

第二，主题语言能在自然语言的基础上对一些可能产生歧义的词汇加以规范，即同一概念不允许有多种表达方式，更不能模棱两可。

第三，主题语言可以根据用户的需要，采用不同的词语进行组配，可以进一步缩小检索范围，具有很大的灵活性。

第四，特别适合计算机检索系统。

（二）主题检索语言的类型

主题语言有多种形式，具体有标题词、单元词、叙词、关键词等。

1. 标题词

标题词语言是最早出现的一种按照主题来标引和检索文献信息的主题词语言。标题词是从自然语言中选取出来的，经过规范化处理，用来表示事物概念的词、词组或短语。标题词的结构是由主标题和副标题组配而成的，这种组配结构可称为 2 级标题。

标题词表是根据标题词语言编制的，收录标题词及其规则的一部标题词典。它对标题词进行规范化处理和管理，通过参照系统显示词与词直接的逻辑关系，是标引和检索文献的依据。

2. 单元词

单元词又称元词，是在标题词语言的基础上发展起来的，能够用以描述信息所论及主题的最小、最基本的词汇单位，经过规范化的能表达信息主题的元词集合构成元词语言。检索时，根据检索课题的内容特征，选取恰当的单元词进行组配检索。

单元词语言克服了标题语言的先组配性，具有词表体积小，标引专指度高，概念可多向成族，可进行多因素和多途径组配检索，灵活性较大的特点。其不足之处是直接性较差，采用字面组配，在字面分解与语义分解不一致时，容易产生误差，概念显示不充分，难以进行相关检索。随着科技的不断发展，单元词语言已经不能适应信息检索的需求，已被更先进的叙词语言所取代。

3. 叙词

叙词是从自然语言中优选出来并经过规范化处理的名词术语，以概念为基础，经过规范化和优选处理，能够组配功能并能显示词间语义关系。叙词法综合了多种信息检索语言的原理和方法，具有多种优越性，适用于计算机和手工检索系统，是应用较广的一种语言。

叙词的组配方式主要有以下几种：

（1）方面组配

是指把表示事物的叙词与表示事物的某一属性、某一部分、某一方面的叙词进行限定搭配，以此来表达一个更专指的概念。

（2）交叉组配

是指用两个或两个以上具有交叉关系的相同性质叙词进行组配，以表达一个更专指的概念。

（3）联结组配

是把两个或多个有关系的叙词组配在一起表明它们之间的关系，但并不形成新概念。

4. 关键词

关键词是指出现在文献标题、文摘、正文中，对表征文献主题内容具有实质意义的语词。关键词作为一种自然语言，具有以下特点：关键词语言不受限制，可随时输入新词，能容纳新学科、新类目，能跟踪学科最新发展。关键词抽取于文献标题、文摘和正文，表达文献主题客观、准确，避免了标引人员对文献主题的误读和受控语言表达概念的偏差。关键词语言专指度高，可以使用在标题、文摘、索引、正文中出现的任何一个具有实际意义、反映文献内容的词进行检索，检准率高。关键词检索符合检索者语言习惯和使用习惯，无需更多的专业知识，使用简便。关键词语言标引文献简便、易行，建立索引速度快，甚至在有些数据库和搜索系统中不进行标引。

用关键词语言编制的索引归纳起来可以分为两大类：一类是带上下文关键词索引，包括题内关键词索引和题外关键词索引；另一类是不带上下文的关键词索引，主要指单纯关键词索引。

（1）题内关键词索引

也称上下文关键词索引。这种索引主要是从文献题名中抽出关键词进行轮排，但关键词上下文的顺序即原文献题名不变。同时，还保留了文献题名中的非关键词部分，如介词、代词、冠词等，含义比较明确，但篇幅较大。

（2）题外关键词索引

是题内关键词索引的一种改进形式。其原理、方法与题内关键词索引相同。

（3）单纯关键词索引

所有关键词均取自文献题名、文摘、正义，各个关键词进行轮排，因而每个关键词均可作为检索的入口词，而其他的关键词则排于其下作为说明语。检索入口与说明语共同构成了关键词短语，用以表达文献的主题内容。

关键词语言的主要特点是标引完全专指，易于实现自动标引。其不足之处是由于对词汇不经控制或少量控制，其检索质量较差。

随着计算机技术和信息技术的发展，关键词语言的优点得到了更大的发挥，关键词语言在全文检索、搜索引擎技术中广泛应用并得到进一步发展，自动标引、不受控或很少受控的趋势越来越明显。

（三）主题检索语言的使用

1. 对主题词表利用

主题语言是一种按事物集中文献的检索语言，在使用主题语言进行标引和检索时，文献和提问主题分析的重点在于辨别确认文献和提问的主题各构成因素之间的关系，选定中心主题。确定具体的主题词标识时，必须依据主题词表，对复杂概念意义进行分解转换，以主题词的字顺作为主要的查找途径，并通过词间参照系统和各种注释等反复地推敲与查找。

2. 概念关系的利用

对于主题范围复杂、细小的研究特定对象的文献，利用主题语言进行标引和检索时，可以充分发挥主题语言的优势。

3. 与分类语言的配合

对于主题范围较大、学科专业较广泛的文献，就可以用分类语言进行标引和检索，它的效率要比主题语言有效得多。

四、外部特征检索语言

描述外部特征的检索语言主要是指直接使用文献本身的篇名、责任者、出版者、代码等作为标引依据并提供检索的方法，将文献按这些特征进行排列可以为读者提供题名、责任者和代码检索途径。

（一）题名语言

题名语言是一种直接以文献的名称作为揭示和检索的检索语言，这种语言由于能够直接、简单地揭示文献特征，因此比较符合人们的检索习惯。

（二）责任者语言

责任者语言是根据已知文献著者姓名来查找文献的途径。文献的著者包括个人著者和团体著者。同一著者在一定时期内所发表的文献，鉴于其专业性的特点，在内容上常限于某一学科或专业范围之内，这样就在一定程度上集中于同类文献中，即著者途径也隐含着内容途径的特点。

（三）代码语言

代码语言是针对事物的某方面特征，用某种代码系统来表示和排列事物概念，从而提供检索的检索语言。常见的有 ISBN、ISSN、DOI、专利号、标准号、邮发刊号等。代码语言具有检索结果唯一、检准率高的特点，但使用前必须要先知道代码。

1. ISBN

现在的 13 位 ISBN（国际标准号）是商品标识代码 EAN/UPC-13 的一种形式，是由传统的 ISBN 号加上国际物品编码协会分配给图书这一特殊商品的前缀"978"所组成。

ISBN 的结构由前缀码"978"+地区号+出版社代码+书序号+计算机的校验码所组成，利用它可以对某特定出版社的图书进行检索。

2. ISSN

ISSN（国际标准连续出版物号）是国际连续出版物数据系统国际中心为在该系统登记的连续出版物分配的号码。采用 ISSN 编码系统的出版物有期刊、会议录等。利用 ISSN 可以对特定期刊或会议录进行检索。

3. DOI

DOI（数字对象的唯一标识符）可用来标识在数字环境中的内容对象。DOI 可以用来揭示有关该数字对象的一些信息，包括从哪里可以找到它。

随着时间的推移，数字对象的某些有关信息可能会有变化，但是 DOI 是不会改变的，而且通过 DOI 系统的自动转换后，将永远指向最新有效的期刊网站网址。

第三节　特种文献信息资源检索

一、标准文献检索

（一）标准文献概述

标准是指对重复性的事物和要领所做的统一规定，一般由国际或国家的主管机构批准，以特定方式公布的，用以作为共同遵守的准则和依据。而标准文献则是指按照规定程序编制并经过一个公认的权威机构批准的，供在一定范围内广泛而多次使用，包括一整套在特定活动领域必须执行的规格、定额、规划、要求的技术文件。

标准文献是一种重要的科技出版物。一个国家的标准文献是这个国家经济政策、技术政策、生产水平、加工工艺水平、标准化水平、自然条件、资源情况等内容的具体反映，它对于全面了解该国的工业发展情况，是一种重要的参考资料。

（二）标准文献的种类

不同的划分方法，可将标准划分为以下不同的类。

1. 按使用范围划分

（1）国际标准

指国际通用的标准，如 ISO、IEC 等。

（2）区域标准

指世界某一地区通用的标准，如"全欧标准"等。

（3）国家标准

国家标准化机构批准颁布的标准，我国的国家标准号是 GB。

（4）专业标准

根据某专业范围统一需要，由专业主管机构和专业标准化机构批准发布的标准。

（5）部门标准

由某个部门和企业单位等制定的适用于本部门的标准，如"部标准""企业标准"等。

2. 按标准化的对象划分

（1）技术标准

对标准化领域中需要协调统一的技术事项所制定的标准，如基础技术标准、产品标准、工业标准、检测试验方法标准、安全、卫生、环保标准等。

（2）管理标准

是对标准化领域中需要协调统一的管理事项所制定的标准，如管理基础标准、技术管理标准、经济管理标准、行政管理标准、生产经营管理标准等。

（3）工作标准

对工作的责任、权利、范围、质量要求、程序、效果、检查方法、考核方法所制定的标准，包括部门工作标准和岗位（个人）工作标准等。

3. 按内容划分

（1）基础标准

涉及标准体系中所用的名词术语、符号、代码、计量单位、制图标准、公差与配合标准等。

（2）产品标准

规定了产品品种、系列、分类、参数、型别、质量等级、技术要求、试验与验收方法。

（3）辅助产品标准

如标准件、专用设备（如油罐、高压容器）标准。

（4）原材料标准

规定了产品分类、规格、牌号、化学成分、理化性能、使用范围、保管及验收标准等。

（5）方法标准

包括了生产中涉及的抽样、试验、分析、测定等方法的统一规定。

4. 按标准法定效力划分

《中华人民共和国标准化法》第七条规定："国家标准、行业标准分为强制性标准和推荐性标准。保障人体健康，人身、财产安全的标准和法律，行政法规规定强制执行的标准是强制性标准，其他标准是推荐性标准。"

（1）强制性标准

包括药品标准、食品卫生标准、售药标准；产品及产品生产、储运和使用中的安全、卫生标准，劳动安全、卫生标准，运输安全标准；工程建设的质量、安全、卫生标准及国家需要控制的其他工程建设标准；环境保护的污染物排放标准和环境质量标准等。

（2）推荐性标准

又称非强制性标准或自愿性标准。这类标准，不具有强制性，任何单位均有权决定是否采用，违反这类标准，不构成经济或法律方面的责任。但推荐性标准一经接受并采用，或各方商定同意纳入经济合同中，就成为各方必须共同遵守的技术依据，具有法律上的约束性。

（三）标准文献的特点

1. 明确的适用范围和用途

标准文献是供国民经济多部门多次使用的技术文件，在出版前首先必须明确规定其适用范围、用途及有效期限，以及每级标准适用于特定的领域和部门。

2. 统一的产生过程、编制格式和叙述方法

标准文献是有组织、有步骤地进行标准化工作的具体成果，各国标准化机构对其出版的标准文献都有一定的格式要求，这就要求标准文献必须具有体裁划一、逻辑严谨、统一编号等形式特点。

3. 可靠性和现实性

作为标准文献中记录的数据，必须经过严格的科学验证，同时还要随着时间的变化不断地进行修订、补充和废除。

4. 协调性

标准文献除了要与同类课题有关的现行标准相配合外，还必须与正在编制的标准相互配合，达到技术上的协调一致。

5. 时效性

标准是科学、技术和先进经验的综合成果，但是，随着科技发展和时间的推移，新的成果不断地被推出，为了保证标准的时效性，需要实施新的标准。

6. 约束性

标准文献是公认的技术依据，在一定条件下，具有一定的法律性质。

7. 单独出版

标准一般都是单独出版的，且各类标准一般也都有相应的检索工具，即各种标准目录。

（四）标准文献的检索

1. 印刷型检索工具

印刷型检索工具主要有《中华人民共和国国家标准目录》《中国国家标准汇编》《中国标准化年鉴》和《最新国家标准和国际标准目录》。

手工检索标准文献主要是指利用各种标准目录获取标准号，然后通过标准号进一步获取标准全文。查找国内外标准文献的书本式检索工具很多，已经形成系列。进行检索时，首先要根据标准检索课题确定检索途径，国内外标准文献的检索途径主要有分类、标准号和主题词三种。分类途径是按学科、专业体系查找的途径，常用的工具有"分类目录""分类索引"等；标准号途径是根据标准的序号进行查找的途径，有现行标准号、作废标准号等，知道所需标准的标准号后，查找标准十分方便；主题词途径是通过文献内容的主题来检索，首先确定主题词，然后通过主题索引查找标准号。

2. 电子型标准文献检索

随着因特网的应用与普及，各国标准网络信息系统中都包含网络版的标准文献信息检索工具，并且网络检索提供的检索途径很多，有标准号、中文标题（关键词）、英文标题（关键词）、发布日期、发布单位、实施日期、采用关系、被替代标准等。网络检索在检索途径、获取金文和标准信息的新颖性与及时性等方面的优势胜过手工检索方式。

（1）中华人民共和国强制性国家标准全文数据库

中华人民共和国强制性国家标准全文数据库中收集了国家质量监督检验检疫总局确认的强制性国家标准和全部标准修改单，包括：综合、农林、医药、矿业、能源、化工、冶金、机械、电子、通信、建筑、交通、航空航天等类目。

（2）中国标准咨询网

中国标准咨询网（www. chinastandard. com. cn），该数据库是国内首家标准全文网站，由中国技术监督情报协会、北京中工技术开发公司与北京世纪超星信息技术发展有限公司合作组建，产品有标准全文光盘和标准题录光盘、电子版标准全文。

该数据库的收录标准比较丰富，包括中国标准、国际标准（ISO）、国际电工标准（IEC）等。该数据库与中国标准服务网收藏的数据库区别是该网站没有美国保险商实验所（UL)制定的标准，但收藏了国家建设标准（GBJ)。

该网站的功能特色是电子信息的服务，包括提供各种标准数据库的购买和定制，另外独家提供三种国内行业标准（电子、机械和石油化工）的在线付费下载，原文传递服务只限于电子版标准，不提供印本资源的传递。此外，该网站也发布一些标准化的动态信息，以及各类标准期刊和图书的订购。

（3）中国标准服务网

中国标准服务网（www. cssn. net. cn）是国家级标准信息服务门户，其标准信息主要依托于国家标准化管理委员会、中国标准化研究院标准馆及院属科研部门、地方标准化研究院（所）及国内外相关标准化机构。

提供查询的数据库有：现行国家标准（GB)；行业标准（HB)；国外先进标准包括英、法、美、德、日的国外标准；国外著名行业标准，包括美国计算机协会（ASME)、美国实验材料协会（ASTM)、美国电气与电子工程师协会（IEEE)、美国保险商实验所（UL)；国际标准，主要是国际标准化组织（ISO)；国际电工委员会标准（IEC)。

需要注意的是，非注册用户只能使用部分数据库资源，注册后（包括免费注册）才可以使用全部。同时网站提供国家标准化的发布实施、作废等的动态信息，还提供标准类期刊和图书的查询和订购以及国内外标准的营销服务。

（4）万方数据资源系统

万方数据资源系统（www. wanfangdata. com. cn）中的"中外标准数据库"是检索中外标准的题录文摘型数据库，收录了中国国家标准、中国行业标准、中国建材标准、中国建设标准、国际标准化组织标准、国际电工委员会标准、欧洲标准、英国标准学会标准、法国标准协会标准、德国标准化学会标准、日本工业标准调查会标准、美国国家标准、美国行业标准等国内外各种标准，标准提供单位是国家质量技术监督局。

二、专利文献检索

（一）专利基本知识

1. 专利

专利是一种为了促进、鼓励、保护发明创造的法律制度。在一定时间内，通过法律手段来保护发明人（或设计人）对其发明创造所享有的独占、使用、销售的权利。专利包括三方面的含义，即专利权、专利技术、专利文献。

（1）专利权

是受国家法律保护的特权，有效期 5~20 年。

（2）专利技术

是受保护的技术发明。

（3）专利文献

指专利说明书，在专利说明书中载有发明内容的详细说明和受保护的技术范围。

2. 专利制度

专利制度是指以法律的形式保护发明创造者的利益。专利制度最早起源于威尼斯，世界上第一件有记载的专利是关于有色玻璃制造的专利。此后，专利制度首先在欧洲发展起来。

世界上绝大多数国家和地区都已实行了专利制度，全球范围的专利保护体系也基本形成。我国专利制度发展自改革开放以后，《中华人民共和国专利法》正式实施并进行重新修订，至此，我国的专利制度基本确立。

3. 专利申请

直接到国家知识产权局申请权利，或通过挂号邮寄申请文件方式申请专利。委托专利代理人代办专利申请。采用这种方式，专利申请质量较高，可以避免因申请文件撰写质量问题而延误审查或授权。

4. 专利文献

专利文献是专利申请文件经国家主管专利的机关依法受理、审查合格后，定期出版的各种官方出版物的总称。专利文献作为具有实际利用价值的文献，记载着发明创造的全部技术内容及法律状态。

与其他科技文献不同，专利文献具有以下特点：

第一，专利大都经过了新颖性、创造性、实用性的审核，因而其内容新颖、实用、可靠，专利文献集法律性与技术性于一体，兼有技术文献与法律文献的特点。

第二，专利文献出版迅速、数量庞大、涉及范围广，几乎涵盖人类生产活动的全部技术领域。

第三，专利文献规定了一定的保护时效，且专利权的适用范围只限于授予专利权的国家和地区。专利在其保护期满或在非授权国使用，均不会构成对专利权人的侵权。这就决定了专利文献必须具有时效性与地域性的特点。

第四，专利的获取经历了三个阶段：申请、审定、授权，不同阶段的专利文献其效用与内容也是不同的。

（二）专利文献检索的类型

使用专利文献大都具有较强的目的性，因此在进行专利文献的检索时，也会带有非常强的目的性。依据检索目的和要求，专利文献的检索一般有以下几种类型。

1. 技术引进检索

技术引进检索在引进国外先进技术时显得极为重要。外商在向我国企业转让技术时，有专利技术，也有非专利技术，甚至失效的专利技术。技术引进检索就是针对这些专利信息进行检索。一方面要查找出是否是专利、专利的有效性、专利的地域效力等法律信息，另一方面还要了解引进技术的水平及实施的可能性等技术信息。可以说，技术引进检索是一种法律信息与技术信息的综合检索，是专利有效性、专利地域效力和技术信息多项检索的综合。

2. 侵权检索

侵权检索是工业生产活动中一项十分重要的检索。在开始一项新的工业生产活动之前，为防止发生不必要的专利纠纷，就需要进行侵权检索。

3. 专利法律状态检索

专利法律状态检索的相关信息可分为两类：一类是有关专利有效性的信息，另一类是关于地域效力的信息。法律状态检索就是针对上述两类信息进行检索，即专利有效性检索和地域效力检索。其中，专利有效性检索，主要是查找 1 项或多项专利是何时申请，何时获得专利，何时失败，现在是否仍然是有效专利；专利地域效力检索，主要是查找 1 项或多项发明创造申请专利的国家（地区）及其公布的专利申请号或专利。

4. 专利新颖性检索

专利新颖性检索主要是对专利所具备的新颖性进行检索，从而为判断新颖性提供依据。检索时，应按发明的技术主题确定其分类位置。首先在主分类中检索，如果检索目的已达到，即最相关的文献已经找到，检索即可停止。如果主分类中的检索没有达到目的，则依次检索复分类，找出全部相关文献。

进行专利新颖性检索时，检索文献种类的次序为：专利文献、非专利文献。检索国家的次序为：首先检索中国的文献，再根据物质条件去检索主要国家、次要国家的文献。

（三）国内外专利文献检索

1. 国外专利文献检索

（1）世界专利检索数据库

德温特专利索引（DID）将"世界专利索引（WPI）"和"专利引文索引（PCI）"的内容有机整合在一起，为研究人员提供世界范围内的、综合全面的专利信息。

（2）美国专利检索数据库

美国专利检索数据库（www. uspto. gov/patft/index. htm）是由美国专利商标局提供

的，分为授权专利数据库和申请专利数据库两部分。授权专利数据库提供了各类授权的美国专利；申请专利数据库只提供 2001 年 3 月 15 号起申请说明书的文本和图像。

（3）欧洲专利检索数据库

欧洲专利检索数据库由欧洲专利局及其成员国提供，数据库收录数据跨度大、涉及的国家多，但检索数据不完整，只有部分国家的题录数据有英文发明名称及英文文摘。

改版后的欧洲专利数据库可划分为四个数据库：世界范围的专利数据库（world wide）、日本专利数据库［JP（PAJ）］、欧洲专利数据库（EP）、数据知识产权组织的 WO 专利数据库（WIPO），共三种检索方法以及专利分类号查询，同时还提供了 HTML 和图像两种全文显示方式。

（4）日本专利检索数据库

日本专利检索数据库（www. ipdl. ncipi. go. jp/homepg_ e. ipdI）由日本特许厅产权数据图书馆提供，收集了各种公报的日本专利，有英文和日语两种工作语言，英文本收录了公开的日本专利题录和摘要，日文版收录了公开特殊公报、特许发明细节书和公表特许公报等专利文献。

2. 国内专利文献检索

（1）《中国专利公报》

《中国专利公报》是国家知识产权局唯一授权每周定期公开出版的法定出版物，具有法律效力（为人民法院审理专利案件重要证物，同时也是签订合同的合法依据），唯一性（国家知识产权出版社为法定唯一出版公报单位，其他单位均无权出版），不可替代性（其他任何出版物无权替代），共同性（美国、日本、欧盟各国专利商标局均出版类似出版物），史料性（为专利申请人、专利权人珍贵的历史资料），客观公正性（客观反映每个专利申请人及授权人的专利全程法律状态）等性质。

《中国专利公报》包括《发明专利公报》《实用新型专利公报》《外观设计专利公报》的编排结构基本一致。每种公报均为每年出一卷，每周出一期，某周内容多时则分上、下或上、中、下出版。

（2）《中国专利索引》

《中国专利索引》包括《分类年度索引》《申请人·专利权人年度索引》《申请号/公开（告）号对照表》。其中，《分类年度索引》是三种专利全年各期"IPC 索引"的累积本，索引按发明与实用新型以及外观设计三种专利的申请公开（告）、审定公告、授予公告分列；《申请人·专利权人年度索引》是发明、实用新型、外观设计三种专利申请人专利权人索引的年度累积本，按三种专利依次分列，并以申请人专利权人字顺排列；《申请号/公开（告）号对照表》按发明专利、实用新型专利、外观设计专利分列，并以申请号的号码顺序排列。

（3）国家知识产权局专利检索系统

国家知识产权局专利检索系统（www. sipo. gov. cn）数据库收集了从中国专利局接收专利申请起到查阅时前一周止的所有专利公报、专利申请全文说明书、权利要求书及附图等约 130 万件，全部为免费查询和下载，提供中、英文版本，每周三更新。该系统是中国最具权威性的专利检索工具。

（4）中国知识产权网

中国知识产权网（www. cnipr. com）是国家知识产权局下属的知识产权出版社，是在国家的支持下创建的知识产权综合性服务网站。其专利检索系统中收录了自 1985 年以来全部专利文献，包括专利说明书全文，数据每周三更新一次。

（5）中国专利信息网

中国专利信息网（www. patent. com. cn）是由国家知识产权局专利检索咨询中心与长通飞华信息技术有限公司共同开发的，收集了自我国实施专利制度以来的全部发明专利和实用新型专利信息，记录内容包括完整的题录信息和文摘，同时还提供相应发明专利和实用新型专利的全文扫描图形。系统数据每 3 个月更新一次。

（6）中国知网中国专利数据库

中国知网中国专利数据库（www. cnki. net/zlindex. htm）检索分为免费服务和收费服务。免费服务仅提供中国专利题录库浏览，收费服务提供中国专利文摘、中国专利说明书全文服务。

（7）万方数据资源中的"科技信息子系统"

科技信息子系统中专利检索系统收录全部专利文献，包括专利说明书全文。

三、科技报告检索

（一）科技报告的定义及类型

科技报告是科学技术报告的简称，记录了科学、技术研究结果的报告或研究进展。科学报告作为报道研究工作和开发调查工作的成果或进展情况的一种文献类型，其所报道的内容必须经过有关主管部门的审查和鉴定，因此是一种非常重要的学术信息资源。

在特种文献中，科技报告占有十分特殊的地位，首先出版形式表现为非书非刊的特点；其次，产生于 20 世纪 40 年代的历史根源；最后，通常具有不同程度的保密性质。因此，科技报告成为世界各国在进行军事、经济竞争中竞相猎取的对象。

常见的科技报告类型主要有以下几种：

1. 技术报告

一般公开出版，内容比较详尽，是科研成果的技术总结。

2. 技术札记

内容不太完善，是编写报告的素材，也是科技人员编写的专业技术文件，可以公开出版。

3. 技术备忘录

包括原始试验报告，内部使用，限制发行。

4. 技术译文

译自国外有参考价值的文献。

5. 技术论文

准备在学术会议上发表的报告，常以单篇形式发表。

6. 合同户报告

完成合同过程中的进展报告等。

7. 特殊出版物

包括会议文集、总结报告、资料汇编等。

（二）国内外科技报告检索工具

1. 国外科技报告检索工具

（1）GRA&I

GRA&I 是《美国政府报告通报与索引》的简称，由美国商务部国家技术信息服务处编辑出版，其出版形式有印刷版、缩微版、磁带版、机读版、光盘版，另外还出版有卷累积索引。

（2）STAR

STAR 是《航空与航天科技报告》的简称，是 NASA 报告的主要检索工具。由美国国家航空与航天局科技情报处出版，除报道 NASA 报告外，还大量收录了 PB、AD、DOE 等报告以及会议文献和专利文献等。

（3）ERA

ERA 是《能源研究文摘》的简称，由美国能源部技术情报中心编辑。ERA 主要收录了美国能源部及其所属单位和合同单位编写的全部科技报告、期刊论文、会议论文和会议录、图书、专利、学位论文及专著。此外，还收录了部分其他单位编写的与能源有关的文献。

2. 我国科技报告检索工具

我国科技报告检索工具主要是《科学技术研究成果公告》，由美国科学技术委员会编辑，其结构是按学科分类，其中收录的科技报告基本反映了我国当时的科学技术水平。

四、会议文献检索

（一）学术会议、会议文献

1. 学术会议

学术会议是讨论学术问题、交流学术成果的一种重要形式。学术会议大致可分为国际会议、全国会议和基层会议等三种。国际会议是由国际性组织或若干个国家联合主办，或者由一个国家举办、邀请各国代表参加的会议。全国会议大多由全国性的专业学会、协会或几个单位联合举办。基层会议的主办者和参加者情况则比较复杂。

2. 会议文献

会议文献是指学术会议上产生的各种文献，既包括会议论文，又包括会议期间的任何有关文件，如会议议程、报告稿、讨论稿及征求意见稿之类的文献；这里所要研究的会议文献主要指会议论文，包括会议前参加会议者预先提交的论文文摘、在会议上宣读或散发的论文、会议上讨论的问题、交流的经验和情况等经整理编辑加工而成的正式出版物。

（二）会议文献的特点

1. 专业性、学术性强

会议论文大都是由专家提供或从大量会议征文中筛选出来的，其探讨的专业领域集中性、针对性强，能够反映出一门学科或专业在相应范围内的发展水平和趋势。

2. 内容专深、时效性强

会议论文覆盖的新兴学科专业文献集中，往往都是一些重要的研制成果或新的发现，能反映具有代表性的不同观点。会议论文作为一种重要的学科前沿信息的来源，是其他信息来源不可替代的。

3. 数量大、水平各异

全世界召开的各种形式、不同规模的学术会议每年多达数万次，发表论文几十万篇，但学术会议的水平和层次差距很大，因此尽管会议论文的数量很大，但其水平却参差不齐。

（三）国内外会议文献检索工具

1. 国外会议文献检索工具

（1）科技会议录索引

《科技会议录索引》（ISTP）是由美国科学信息研究所（ISI）编辑出版，报道的内容涉及基础科学、应用科学及工程技术等领域，是目前最著名的会议论文专用检索工具。

（2）会议论文索引

《会议论文索引》（CPI）由美国坎布里奇科学文摘社编辑出版。CPI是用来查找召开不久或即将召开会议论文的重要检索刊物，其报道范围涉及自然科学、工程技术、医学等诸多领域，同时还发行机读数据库，可通过联机检索系统或因特网进行检索。

（3）世界会议

《世界会议》（World Meeting）是一种专门预报学术会议的工具，由美国世界会议出版社编辑，麦克米伦公司出版，主要用于查找学术会议召开的内容、会议名称、召开日期、地点和主办机构等信息的检索工具。

2. 我国会议文献检索工具

《中国学术会议文献通报》是一种综合性质的检索工具。作为检索国内会议文献的重要工具，《中国学术会议文献通报》的报道范围较广，涵盖了自然科学、经济、工程技术、社会学科、管理科学等几乎所有的学科门类。

五、学位论文检索

（一）学位论文概述

学位制度起源于 12 世纪欧洲的意大利，现在许多国家都实现了学位制。学位论文是伴随着学位制度的实施而产生的。

学位论文有独创、新颖、论题前沿、研究专和深等特点，具有很高的学术价值，是追踪学科前沿发展、研究过程、研究科学数据的重要资料，也是科学研究不可替代的文献资源。在撰写学位论文前，首先需要查找是否已有相同研究方向、成果，然后才可以确定论文命题。

学位论文分为学士论文（一般在 10000 字以内）、硕士论文（20000 字以上）和博士论文（50000 字以上）三级。一般只用作审查答辩，不公开出版，并以打印本形式向校方提供与保存。学位论文一般被授予单位所收藏。另外，也有国家也指定专门单位收藏（如中国科技信息研究所）。美国学位论文复制收藏中心（UMI）定期报道所收藏的学位论文题目的内容提要。国内收藏国外论文中心有国家图书馆、中国科技信息研究所、中国社会科学院信息所及清华大学图书馆等。

（二）学位论文的检索

1. 我国学位论文检索

中国优秀博/硕士学位论文数据库，简称 CDMD，是国内相关资源最完备、收录质量最高、连续动态更新的中国博硕士学位论文全文数据库。

万方数据资源系统的学位论文库中收录了各高校、研究生院及研究所向中国科技信息研究所送交的我国自然科学和社会科学各领域的硕士、博士和博士后的论文。

国家科技图书文献中心的中文学位论文库，简称 NSTL，是由中国科学院文献情报中心、中国科学技术信息研究所、机械工业信息研究院、冶金工业信息标准研究院、中国化工信息中心、中国农科院农业信息研究所、中国医科院医学信息研究所、中国标准化研究院标准馆、中国计量科学研究院文献馆提供。

2. 国外学位论文检索

国外学位论文的收藏中心 UMI 及其学位论文数据库 PQDD 是美国 ProQuest 公司出版的博硕士论文数据库，也是世界上最大和使用最广泛的学位论文数据库。

第四节　网络信息资源检索

随着 Internet 的发展，网上信息资源的数量、种类不断激增，陷入了信息检索的困境，如何才能在这浩瀚、动荡的信息海洋中快捷、准确地检索出所需要的信息已成为亟须解决的问题。

一、网络信息资源检索概述

（一）网络信息检索的定义

网络信息检索就是指利用 Internet 的网络资源，通过交互式的图形界面，为检索者提供友好的信息查询入口，由系统自动向适应的服务器提出请求，从而获取检索者特定需求信息的一种技术。与传统信息环境下的检索不同，网络信息检索具有多样性、灵活性，以前需要通过传统检索途径获取的信息，现在几乎全部可以通过网络检索的途径获取，而且更快、更准确。

（二）网络信息检索的特点

1. 信息检索空间的拓宽

相对于传统的情报检索而言，网络信息的检索空间大大拓宽了，可以在检索者不知道某种资源的具体地址的情况下检索 Internet 上的各类资源，且其检索范围覆盖了整个 Internet，可以检索 Internet 上所有领域、各种类型、各种媒体的公开信息资源，从而为访问和获取广泛分布在世界各地的成千上万台服务器和主机上的大量信息提供了可能。

2. 交互式作业方式

网络信息检索工具具有交互式作业的特点，能够从用户命令中获取指令，即时响应用户的要求，执行相应操作，并具有良好的信息反馈功能，实现了传统检索方法与全新网络检索技术的结合。

此外，用户还可以在检索过程中及时地调整检索策略，以获得良好的检索结果，并能就所遇到的问题获得检索帮助和指导。

3. 用户界面友好且易于操作

网络信息检索工具是以终端用户为服务对象的，一般会直接采用图形窗口界面的方式交互作业。随着检索技术的发展，检索途径逐渐增多，由此提供了多种导航功能，并做书签标记，保留检索历史。检索者无需专门的检索技巧和知识，只要在检索界面按一定规则输入检索式或者通过目录逐层寻找，就可获得检索结果。

二、网络信息检索的方法

用户想要在 Internet 上获得所需要的信息，就必须知道这些信息存储在哪里，也就是说要知道提供这些信息的服务器在 Internet 上的地址，然后通过该地址去访问服务器提供的信息。在 Internet 上，常见的查询方法主要有基于超文本的信息查询、基于目录的信息查询和基于搜索引擎的信息查询。

（一）基于超文本的信息查询

基于超文本的信息查询方法是一种通过超文本链接逐步遍历庞大的 Internet，从一个 WWW 服务器到另一个 WWW 服务器、从一个目录到另一个目录、从一篇文章到另一篇文章查找所需信息的方法。有别于传统信息检索技术，可以充分利用浏览模式进行检索，用户只需以一个节点作为入口，根据节点中文本的内容了解嵌入其中的链接指向的主题，然后选择自己感兴趣的节点进行搜索即可。搜索的过程中，用户就可能会发现许多自己没有预想到相关的节点内容会在该过程中不断弹出来提醒用户注意。

随着 WWW 服务器的急剧增加，通过这种方式来一步步浏览查找所需信息就显得非常困难了。

（二）基于目录的信息查询

基于目录的信息查询是一种按照图书馆管理书目的方法预先设置以主题方式来组织的目录，大主题下包括了若干的小主题，这样用户就可以一层一层地查下去，直到比较具体的信息标题。

目录存放在 WWW 服务器里，各个主题通过超文本的方式组织在一起，用户通过目录就可得到所需信息的网址，从而查找到相应的信息。

有许多机构专门收集 Internet 上的信息地址，并编制目录提供给网上用户。常见的雅虎就是一个非常著名的基于目录帮助的网站，其目录一般按主题组织，其全部服务划分为资讯、社区、通信、搜索、工具等五大类。每一大类又分成若干子类，层层细分，如资讯又分为资讯、财经、生活、体育、娱乐等。

（三）基于搜索引擎的信息查询

搜索引擎又称 WWW 检索工具，是一种较为常规的网络信息检索方式。WWW 检索工具的工作原理与传统的信息检索系统类似，都是对信息集合和用户信息需求集合的匹配和选择。用户以关键词、词组或自然语言构成搜索表达式，提出检索要求，然后由检索软件根据输入信息在索引库中搜索，获取检索结果（在 Internet 上是一系列节点地址），输出给用户。

搜索引擎实际上是 Internet 的服务站点，有免费为公众提供服务的，也有进行收费服务的。不同的检索服务可能会有不同的界面、不同的侧重内容，但有一点是共同的，就是都有一个庞大的索引数据库。利用搜索引擎进行检索的优点是比较省时省力，简单方便，且检索速度较快、范围广，能及时获取新增信息。但是，检索的准确性不高，与人们的检索需求及对检索效率的期望之间存在一定的差距。

三、网络信息检索的工具

（一）网络信息检索工具的类型

1. 字典型查询工具

字典型查询工具主要用于对网上用户名、电子邮箱（E-mail）、网址（URL）、服务器地址等的查询。

2. 索引型查询工具

索引型查询工具主要用于为网上信息资源建立索引，如 FTP 资源的索引 Archive；Gopher 资源的索引 Verronica、Jughead；网上服务器的索引 wais 等。

3. 交互式查询工具

交互式查询工具用于提供类似商用联机检索的网络信息查询服务，常见的为 Gopher 和 WWW 两类。

（1）Gopher

Gopher 是一种嵌套菜单式搜索网络资源的快速查询工具，能够把 Internet 上的信息源联成一体，以简单的菜单方式提供全球性的 Gopher 信息资源查询。Gopher 不能传送声音、图像等多媒体信息。

（2）WWW

万维网是一种含有丰富信息的检索服务工具，具有联网简单、格式标准、多媒体信息浏览、界面友好等特点。按检索工具的性质，可以将其分为搜索索引和搜索目录两大类。

（二）网络信息检索工具的评价

1. 评价的意义

网络检索工具的出现为用户检索信息带来了极大的便利。到目前为止，网络信息检索工具数量还在不断增加，并且查询范围、检索功能、检索结果等方面也趋于多样化，这就使得用户在选择时感到无所适从。

针对上述情况，对检索工具进行比较和评价，可明确网络检索工具的性能、特点，从而对选择合适的检索工具具有重要的现实意义。

2. 评价方法

对网络信息资源检索工具进行评价的方法可分为定性评价和定量评价两种。

定性评价是按照一定的评价标准对被评价站点的各方面特征、质量做出主观评判。常见的形式有问卷调查、专家评议等。

定量评价是利用数量分析方法，对调查统计数据进行分析，进而做出较系统、客观的评判。通常是以统计访问数、登录情况、链接数量等进行统计分析，进而对相关问题做出评判。

在对网络信息检索工具进行比较和评价时，可从收录范围、内容、数据库、用户界面、检索功能和检索效果等方面加以综合衡量，从而为用户选择网络信息检索工具提供更权威、可靠的依据。

3. 评价的指标体系

常见的网络信息资源检索工具的评价指标体系有以下几项：

（1）数据库的评价指标

涉及网络检索工具所收录信息的广度、深度、时间范围。同时还包括网络资源类型范围；网站收录信息内容的准确性、权威性、新颖性、独特性、可靠性和链接性能等方面。

（2）信息组织管理评价指标

如信息收集方法、信息组织管理方式、数据库数据更新的频率和时效性。

（3）信息检索功能评价指标

包括检索功能是否齐备，是否具备布尔检索、截词检索、区分大小写以及加权检索、模糊检索、相关信息反馈和相关检索等检索功能；是否自动识别中、英文，是否提供按主题、年代或地区等的分类检索功能，对分类式检索工具应考虑分类是否合理、分类的广度、深度和限制等。

（4）检索结果评价指标

如检索结果的满意度、响应时间、相关性排序、显示内容形式等。

4. 效果的评价

检索效果是指利用检索系统（或工具）开展检索服务时所获得的结果。网络信息检索效果直接反映出了检索系统的性能，同时也会对系统在网络信息市场上的竞争能力和用户的利益产生直接影响。

对系统的检索效果进行评价，可以准确地掌握系统的各种性能和水平，找出影响检索效果的各种因素，从而改进系统的性能，提高系统的服务质量和在市场上的竞争力。判定一个检索系统的优劣，主要可以从质量、费用和时间三方面来衡量。质量标准主要通过查全率与查准率进行评价。费用标准即检索费用，是指用户为检索课题所投入的费用。时间标准是指花费时间，包括检索准备时间、检索过程时间、获取文献时间等。

第六章　图书馆信息资源共享

第一节　信息资源共享发展历程

一、国外信息资源共享的发展

纵观人类交流的历史，早在古代社会人们就具有信息资源共享的潜意识，在具体的活动中都可以看见这种潜意识的痕迹。比如，人们通过抄写、买卖、交换、互借等方式获得文献，贯穿其中的核心思想就是信息资源共享，只是当时尚处于朦胧状态。到近现代，社会物质生产能力和生产力水平极大提高，促进科学知识的创造与传播，同时也促进文献生产大规模社会化的发展，从而扩大了社会知识交流的规模，使"知识为民所有"成为一种新的理念，而正是这一理念，奠定了近现代信息资源共享的基础，人们信息资源共享的理念已初步形成。德国在信息资源共享方面的成绩较为显著，当时德国的歌德在主持魏玛公国图书馆馆务时就与耶拿大学图书馆建立了馆际互借的关系。

19世纪中叶，德国的默尔首先提出了"图书馆之间藏书建设分工协调"的思想，并与阿尔特霍夫付诸实现。在他的倡导下，普鲁士的10所大学划定了各自的藏书采购范围，并在各馆间建立了互借关系，这便是图书馆信息资源共享的最早模式。自20世纪以来，科学技术突发猛进，人类智力成果迅猛增长，文献信息已成为社会重要资源，全球性信息资源共享日益成为一种普遍的社会需要。而最先使信息资源共享理念发扬光大的当属科技发达国家。美国自20世纪初就开始了这方面的探索，其最显著的成就在于OCLC的创立。

20世纪六七十年代，美国俄亥俄州的54所大学联合建立了一个计算机联合编目网络，于是就改名为美国计算机图书馆中心。OCLC为美国乃至全世界112个国家和地区的6万多所各种类型的图书馆提供服务，其服务内容也从最初的查询、采集、出借和保存图书馆资料以及提供编目数据等扩展到联机联合目录（OLUG）、第一检索联机信息检索系统、在线咨询与合作虚拟咨询、数字馆藏管理、资源共享、图书馆联盟服务等。OCLC系统的服务功能强大，拥有7个能提供书目、索引、文献和全文等方面的参考服务，且数据记录中不仅有基本文献信息和馆藏地点，还含有索引及文献全文等。由于 OCLC 具有全球性、规模性、文种全、信息量大、产品和服务系列化、网络支持服务环境好等特点，能够较好地满足信息用户的需求，因而成为世界上最大的资源共享联盟体。

信息资源共享成功的例子除 OCLC 外，还有美国俄亥俄州图书馆和信息合作网（简称 OhioLINK，俄亥俄合作网），是由该州大专院校图书馆和州图书馆组成的资源共享联盟。这一模式被美国高等教育理事会和州政府理事会评为创新和增效的先锋，也被世界同行视为图书馆合作、集中投资和有效服务的典范。始建于 20 世纪 90 年代，中央书目库及馆际互借是俄亥俄合作网最基本和最先实现的产品和服务，其成效显著。随着信息技术的发展和高等教育的演变，如互联网和电子图书的出现、终身教育和远程教育的普及等，合作网也适应形势的需要，新增了一些产品和服务：

（一）电子资料库

含有在线词典、文献和杂志文章等，可提供使用 100 多种、内容涵盖各种学术领域的电子资料库的使用权，其中许多是引文索引资料库。用户可以查出哪个成员馆拥有某一引文所引的杂志，或者链接到相关的全文资料库。

（二）电子杂志中心

现有签约的不同学术领域的出版社 70 多家，提供 5600 多种学术期刊的全文资料。

（三）数字媒体中心

储存和提供各成员馆拥有的各种多媒体资料，包括艺术和建筑图像、录音、录像、地图、外国音像等，其中有些收藏对全世界公开。电子图书，现有 1.8 万种，其中网上图书馆收藏合作网络购买的和已进入公共领域的电子图书；远游科技图书在线收藏 1800 多种计算机科学和信息科学等学科的电子图书；电子参考书藏收有 300 多种参考工具书，如百科全书、手册、传记资料等。

（四）电子硕、博论文中心

无偿提供俄亥俄州参与院校的硕士和博士论文在线电子文本。此外，俄亥俄州合作网继续扩大电子资源共享的服务，新建了一个包含 300 多种教育录像的收藏，增加了电子杂志中心的签约出版商和电子媒体中心的收藏，同时以最新技术更新了中央书目库的用户界面，扩大了与俄亥俄州教育网和俄亥俄超级计算机中心的合作。所以说，俄亥俄合作网是州图书馆联盟模式典范。

二、我国信息资源共享的发展

我国信息资源共享理念自 20 世纪 50 年代开始萌动，经过半个多世纪的发展，这一理念已深入人心并在业界形成共识。在这一理念的影响下，各种信息资源共建共享联盟纷纷建立，并取得了一定成效。我国高等教育文献保障体系（简称 CALIS）就是一个全国范围内的资源共享平台。全国各高校许多外文信息，尤其是外文期刊信息都通过这一平台获取，如福建农林大学图书馆每年都要通过该平台获取 500 余篇论文。上海市文献资源共建共享协作网是一个跨系统的图书馆联盟，在开展馆际互借等信息资源共享方面做得较好，如上海师范大学图书馆向上海图书馆、复旦大学等图书馆申请借书，满意率达 90%。再如，天津高校图书馆通过天津高等教育文献信息中心服务平台开展了天津高校联合目录查询、数字化资源导航、馆际互借、文献传递、虚拟咨询、在线交流、随书光盘共享等业务，也取得较好成效。

图书馆人的美好理想是无论任何人，在任何时候、任何地点，都可以获得任何图书馆的任何信息资源。这是一种理念，同时也是一个过程，一个不断完善的过程，需要图书馆人为之不断努力，不断地总结经验，不懈地奋斗。

第二节　数字信息环境下图书馆信息资源共享的必要性

一、进行共享资源建设的必要性

（一）时代发展要求实现信息资源共享

在信息社会化、社会信息化的时代，社会的进步、经济的繁荣使各种信息大量涌现。单一的印刷型文献载体，某个图书馆的馆藏信息资源，已不能满足人们对信息利用、传递的时间性及广泛性的要求。因此。通过利用计算机技术和现代化通信技术，谋求信息资源高度共享，利用网络进行文献资源的远程化传递，实现文献资源互补，提高馆藏文献的利用率和文献信息资源的拥有量，从而满足读者对文献信息的需求，已成为现代图书馆发展的必然趋势。

（二）经费现状决定图书馆必须实行资源共享

图书馆经费短缺，是长期困扰图书馆藏书建设和现代化发展的瓶颈问题。只有实现资源共享，才能从根本上解决经费不足和图书馆发展之间的矛盾。例如，实现馆际资源共享后，一方面能够避免重复引进价格昂贵的外文期刊，节省大量资金，另一方面又能低成本地扩大对读者的信息供应量，有效地提高图书馆服务质量。

（三）信息资源发挥出应有的作用

信息资源若仅在一馆使用便无法最大限度地发挥其作用。主要利用电子期刊进行重点学科研究，其他学科也有涉及但需求量不大。此外，通过对数据库电子期刊使用率的分析发现，有相当数量的电子期刊未被利用或利用很少。所以，广泛共享电子期刊就是对社会资源的珍惜，而没有充分发挥信息资源的作用则是对社会资金和资源的浪费。

（四）图书馆之间信息资源

从信息资源分布来看，存在地区间差别，重点大学图书馆与非重点大学图书馆间差别，中央与地方间差别，省、市图书馆和县图书馆间差别，同时各系统也存在差异。东部地区信息资源普遍比西部地区丰富。重点大学图书馆信息资源比普通大学图书馆丰富，重点大学图书馆电子资源馆藏数量多在 100 种左右，如中山大学、华南理工大学、华南师范大学中外文数据库引进量在 80~120 种之间。而大多数普通高校图书馆电子资源数量多在 50 种之下，如广州中医药大学图书馆、广州大学图书馆、广东外语外贸大学图书馆等多在 20~40 种。有的甚至多在 10 种之下，如广州美院、星海音乐学院等图书馆。国家图书馆信息资源比省、市、县图书馆丰富得多，而省图书馆、市图书馆和县图书馆相比，信息资源也相差较大。一般说来，公共图书馆纸质资源比高校图书馆来得丰富，而高校图书馆电子资源比公共图书馆来得丰富。正是由于这些差别、差异，使信息资源共享的渴望变得更为强烈，也使信息资源共享变得更有意义。

二、我国信息资源共享现状

图书馆信息资源共享主要包括两种形式：一种是馆际互借，另一种就是共享数据库。馆际互借是一种比较初始状态的共享形式。因为地理位置上的原因，馆际互借只能在一定区域的范围内开展，而共享数据库建设才是网络文献资源共享建设的基础。我国数据库建设虽然发展较快，但由于管理体制不相适应，部门之间、地区之间相互分割，自成体系，因而缺乏宏观管理协调。具体表现在以下几方面：数据库建设缺乏分工与协作，致使数据库低水平重复发展。数据库类型单一，品种不足。多数为书目型数据库，且建库质量不高。没有统一的规范，也没有执行统一的技术标准，难以进行交流。各种数据库软件的兼容性很差，转换困难。数据库的载体类型多数是软盘库、只有少量光盘库和个别联机库，缺乏技术型、数字化的数据库建设。数据库的开发与生产，缺乏市场需求机制的驱动，难以形成规模化和专业化的大生产格局。

三、共享信息资源建设策略

（一）建立集中化管理体制

1. 分散多头的粗放型管理体制结构不适应资源共享要求

图书馆隶属主管行政机构，图书馆按系统、行业归口管理，各个图书馆依附于所在系统的各级行政管理部门。这种管理体制存在结构性缺陷。首先是在全国范围内图书馆宏观调控机制不健全。其次是各图书馆发展自成体系，缺乏总体规划，在文献资源建设等方面出现大量的重复和浪费，无法实现高效益、高效率发展。第三是在图书馆网络化系统工程建设中缺乏统一管理，缺乏总体框架、概念模型、标准规范以及高层管理等方面的整体化研究。导致图书馆自动化集成系统各自为政，标准化程度低，缺乏开放性和互联性，给联网造成困难，使资源共享缺乏有效的保障。

2. 建立集中管理的图书馆体制

首先，实行图书馆管理主体协会化。由中国图书馆协会统筹全国图书馆事业的发展目标与整体规划，决定重大的战略方针和政策，协调各系统图书馆的工作，促进图书馆系统的整体化进程，确保建立为整个社会服务的文献保障系统、报道系统、检索系统和服务系统。是社会化的、独立的行业性管理机构。其次，在适当范围内实行总分馆制。各馆行政与业务由总馆统一管理，总馆起到中枢控制、后备服务及协调平衡作用，而各分馆或服务网点则提供全面的近距离服务。实行总分馆制，既避免了各种重复和浪费，而且也能合理地配置人力、物力和信息资源。

（二）合理设计共享资源分布格局

信息资源应保持合理分布，信息资源高度集聚易导致重复配置。解决这一问题的方法是建立共享资源网络，互补余缺，实现信息资源共享。结合我国国情，应当这样设计我国资源分布格局：首先，设定国家级中心总馆。对加入总馆的分馆进行管理和业务指导，包括制定协作咨询服务标准、评价指标与工作准则，确定分馆的级别与职责，进行分工与协调，负责国际的参考咨询协作服务和接纳国外成员馆，开展软件研制与维护。收缴会费，争取国家财政支持和社会投资，等等。其次，设定地区中心馆。选择大型图书馆和现代化程度高的图书馆为地区中心馆。地区中心馆的任务是促进本地区的区域服务，协调和组织本地区成员馆，寻求与其他地区中心馆的合作与交流，完成国家级中心馆分配的工作和任务，培训地区馆员，对地方图书馆提供技术支持。地区中心馆之间平等互利、分工协作。设定地区中心馆时，应考虑到我国文献信息和网络发展的不平衡性，适当照顾老少边穷地区。再次，设定地方图书馆。地方图书馆是以自身的馆藏、特色服务为基础，接受本馆用户的参考咨询，为用户提供各种阅读服务。

（三）努力实现共享资源建设的标准化、规范化

要实现充分的资源共享，必须建立一个能够把成员馆文献信息资源和人力资源与因特网信息资源全部融合起来的网络运行模式。用户可以在任何一台联网的 PC 机上获得高质量的参考咨询服务，能联机检索，还能对存贮的内容进行追加和经常性地更新，能区分各级别成员馆的权限与职责确保参考咨询协作服务的高质高效，在系统出现故障或其他原因不能通过 web 访问时，用户可以电话、电子邮件等形式通过成员馆获得服务等。这就需要图书馆协会及国家级总馆参照优秀数据库建设经验，对现有的数据库进行改造。统一标准，剔除重复数据，合并相同种类和专业的数据库，增加容量。根据我国数据库产业建设的特点，制定适合我国数据库建设的标准化、规范化措施。成立全国性的图书馆数据库中心，协调各图书馆的数据库建设，实现数据库建设的标准化、规范化，促进图书馆间、图书馆同社会各类机构间的联合，优化数据库建设机制。

（四）共享资源组织要保持协调性

从信息化建设的速度和读者的需求看，在很长一段时间内，印刷品等非电子文献收藏还会占主导地位。要处理好非电子文献与电子出版物收藏问题，要从藏书量比例、经费比例、读者使用率比例等方面来综合考虑。在此基础上，根据本馆具体情况，参照各种因素，制订出科学合理的收藏比例与收藏原则。在开展电子出版物馆藏建设时，应力求避免重走"大而全、小而全"的各自为政、平行建设的弯路。因此，没有必要追求各种电子出版物的全面入藏。凡是通过馆际资源共享能够获取的电子文献，原则上不再进行采集。

综上所述，应当清醒地认识到信息资源建设及共享尚处于传统封闭型向现代开放型转化之中，与国外发达国家相比，其发展水平还有待进一步提高，其工作方式和手段的现代化还有待进一步完善，整体建设与共享的程度还有待进一步深化，可供共享的信息资源还需要进一步丰富，各种阻碍信息资源建设及其共享的陈旧观念还需要进一步清除。只有这样，信息资源建设及其共享事业才能有更大的发展，才能突破本单位、本地区与本系统的局限，融入全国信息资源整体建设及其共享的事业中，最终融入全球的信息资源共享网络之中，引导全国图书情报机构信息资源建设及其共享进入一个良性健康发展的轨道。

第三节　信息资源共享存在的障碍

一、思想观念问题

一是读者馆际互借与文献传递意识不强。许多读者利用信息资源的随意性很大，能得到什么文献资料就利用什么文献资料，没有馆际互借与文献传递的概念。二是读者存在怕麻烦的思想。虽然知道通过馆际互借与文献传递可以满足其需要，但却嫌麻烦，不积极、主动去申请或办理相关手续。三是不愿意支付相关费用。有些图书馆馆际互借与文献传递需要付费，因此有些读者、用户不愿使用。

二、缺乏良好的管理体制和保障机制

对于我国的数字图书馆来说，实现文献信息资源的共建共享的首要障碍来自我国的管理体制。众所周知，我国的图书馆隶属不同的管理部门，分属文化部、教育部、科学院管理，各个图书馆分别履行着管理部门的不同职能，由于缺乏统一的管理，各系统间缺乏有效的协调沟通。同时，图书馆的行为受行政约束，缺乏必要的灵活性。信息资源共享的保障机制也是一个问题。在许多共享网络组织中，没有激励和惩罚机制，实行的是"大锅饭"的平均主义，致使很多成员不明确自己的权利和义务。某些成员馆可能为了维护自身利益而做出不符合共享组织章程的行为，如果没有一个有利的协调机构来对成员的行为进行规范，信息资源共享的效果很难得到保障。

信息资源共享在本系统内进行较为容易成功，而跨系统的信息资源共享成功率却不高，很大的一个问题便是管理体制的问题。因此，图书馆要想更大范围、更加有效地进行信息资源共享，必须建立区域性跨系统的图书馆联盟，要打破条块分割的局面。实际上我国跨系统的信息资源共享也有成功的例子，如上海市文献资源共建共享协作网，这是一个跨系统的图书馆联盟，在信息资源共享方面做得较好。所以说，跨系统的信息资源共享不是不可能的，在同一省份内进行跨系统的资源共享应该说还是很好协调的。

所以，只要肯努力，建立良好的信息资源共享管理机制便可以实现跨系统的信息资源共享。

三、经费投入问题

信息资源共享若要顺畅进行，就要一定的经费投入，这种经费主要来自两个方面：其一是政府。一般说来，图书馆联盟开展馆际互借、文献传递等共享活动，政府都会拨专款支持这些活动；其二便是成员馆，比如，成员馆共同出资购买某一数据库。对共有的数据库在使用上也会按各成员馆的使用量来分摊相应的费用。当然政府的支持是最为重要的，因此，政府应给予更大的支持。

四、法律法规问题

虽然网络环境下，电子资源传递相当便利，但由于受知识产权的制约，图书馆不能随心所欲地使用任何资源，如 WSN 外文期刊数据库的合同就明确规定不能传送其电子文档的论文给非合同内的用户。另外，对于电子资源的利用还有相关的规定，如在一定的时间内不允许下载论文超过多少数量，对图书下载每次也有一定限制。因此，图书馆员要有知识产权保护意识和相关的法律法规知识。

信息资源的共建共享涉及多行业参与和协作，为了协调不同行业之间的利益和职责，需要制定相应的政策法规，规范各方面的行为，以确保各方的利益不受侵害。美国、日本等发达国家的信息资源共享之所以有效地开展，主要原因之一就是他们颁布了各种法规、条例规范信息资源共享，使其得以顺利进行。反观我国，迄今为止尚未制定出相应的数字图书馆信息资源共享法规，致使我国的信息资源共享基本上处于无法可依的状态。

另外，数字图书馆的信息资源共享涉及很多版权问题。随着版权保护在数字领域的不断扩张，特别是新著作权法中信息网络传播权的确立，数字图书馆即使具备其所宣称的公益性也不得不面对合理使用范围不断缩小的现实。数字图书馆在信息资源共享的过程中很容易侵犯到著作权人或邻接权人的利益导致版权纠纷。

五、共享体系中的利益问题

信息资源比较丰富的数字图书馆，面对信息资源共享时通常抱有一种消极的态度，认为自己完全有能力为用户提供服务，与其他图书馆共享的收益不大，同时担心自己花大力气建设的馆藏要被别人所利用，因此表现并不积极。很多数字图书馆具有特色馆藏（例如珍本、善本或者珍贵档案等），出于自身利益考虑不愿将自己特色馆藏予以共享。如此一来容易走入困境，导致共享组织的整体价值被打了折扣。

六、缺乏统一标准

许多数字图书馆项目在大规模投资于数字资源建设时忽略了标准的研究应用。我国现有数字图书馆的数据库是利用不同的开发工具在不同的平台上研发出来的，并且运行于不同的操作系统，数据资源在共享过程中面临着异构数据存储、异域数据存储、数据格式转换等问题。由于缺乏统一标准和对信息资源的描述方式不统一，文献标引规则不统一，库结构内容不规范，缺乏规范的控制系统、检索端口和阅读平台，致使全国的数字图书馆兼容性差，读者使用起来非常困难。

第四节　信息资源共享内容与模式

一、信息资源共享内容

数字信息环境下，电子资源数量剧增且类型越来越多，静态的信息有文本信息、图像信息；动态信息有动画、电视、电影、交互式媒体；音频信息有声音、音乐等；超视、声频信息有超声频、视频信息。因此，电子资源是资源共享的重要内容和主要内容。国外许多图书馆联盟可共享的资源较为丰富，如日本文部省学术情报中心人文、社会、自然科学各领域数据库有 57 个。又如 OCLC 系统可供用户检索的数据库有 80 多个，这些数据库内容包括图书、期刊、会议录、工业通告、财政报告、最新研究成果报告、图书评论、机构组织介绍等。但是，纸质资源的共享也是十分重要的。

首先，是因为电子资源文献传递有受到量的限制，而且有的数据库合同上还明文规定不允许为其他单位用户传递电子文档信息，如 WSN 外文期刊数据库的合同就是这样明确规定的。其次，虽然网络环境下，电子文献传递相当便利，但文献传递也需要较大的费用。再次，电子资源无论如何增长，也无法覆盖所有纸质资源信息，尤其是外文纸质期刊。因此，纸质信息资源的共享依旧相当必要。国外许多图书馆联盟也十分重视纸质资源的共享，认为纸质资源仍然是人类知识的主要载体和学术研究的主要材料，如俄亥俄合作网信息资源共享就非常重视纸质资源的馆际互借与文献传递。

二、信息资源共享模式

一般而言，信息资源共享在各种不同的图书馆联盟里进行，根据不同的图书馆联盟形式形成不同的信息资源共享模式。我国信息资源共享的模式大致有 4 种，即区域性系统内共享模式、全国性系统内共享模式、区域性跨系统共享模式和全国性跨系统共享模式。

全国性信息资源共享模式已取得了显著成效，如 CALIS、CASHL 和 NSTL 是我国文献传递运作中最为成功的三大共享系统。区域性系统内和区域性跨系统的共享模式也都在积极的探索之中。早期的区域性图书馆信息资源共享模式一般是两个或多个图书馆间为节省成本或改进服务而开展，以合作藏书、联合书目和馆际互借为主要内容的合作活动。这种合作往往是自发的、松散的、非正式的。因此，图书馆信息资源共享模式必须寻求一种经过正式组织、合作更加紧密、更具有协同性的信息资源共享模式，从而更加有效地进行信息资源共享，以满足读者、用户日益增长的各种信息需求。

（一）建立区域性系统内信息资源共享模式

区域性系统内信息资源共享模式，指的是在一个省份范围内进行各种系统内信息资源的共享模式。这是图书馆首要考虑的模式。在同一行政管理体制下，图书馆便于组织、便于管理，因此，共享效果好。这一效果在高校系统图书馆里体现得最为明显。如：广东高校网络图书馆、天津高等教育文献信息中心和江苏省高等教育文献保障系统都是较为成功的一个省份内的高校图书馆联盟。

近些年，高等教育事业大为发展，许多城市兴办了大学城，而大学城的共享模式就是区域性系统内信息资源共享模式最好的典范。其在省教育厅直接领导下开展有计划、有步骤的信息资源共享活动，必然能取得较好的共享效果。如福州大学城为顺利实现资源共享，创建了大学城文献信息资源共享平台，即"FULINK 平台"，为大学城内的广大师生提供校际间文献传递、馆际互借等便捷的信息资源"一站式"服务。"FULINK 平台"开通后不久就申请、传递期刊论文 10089 篇，使网上资源共享初见成效。福州大学城除了积极开展文献传递活动外，还大力推行馆际互借、互阅活动，收效良好。所以，建立区域性系统内共享模式是十分重要的。除高校系统图书馆外，公共系统、科研系统图书馆都可进行不同规模的区域性系统内的信息资源共享，同样能取得较好的共享效果。

（二）建立区域性跨系统信息资源共享模式

区域性跨系统信息资源共享模式，指的是在一个省份范围内进行跨系统的信息资源共享模式。从我国各类型图书馆信息资源配置情况看，存在着较大的差异。高校图书馆电子资源配置较为齐全，而公共图书馆纸质信息资源配置较多。如复旦大学图书馆订购外文数据库 160 余种，上海市图书馆订购外文数据库只有近 20 种，但上海图书馆外文纸质期刊近 6000 种，而复旦大学图书馆外文纸质期刊订购数量在全国高校图书馆里已算是订购较多的图书馆，达 600 余种，但大约只有上海市图书馆的 1/10。因此，实现区域性跨系统的信息资源共享是十分必要的，也是可行的。

主张区域性跨系统共建共享的图书馆最多，占总数的一半；主张区域性系统内共建共享的位居第二。这就说明区域性跨系统信息资源可共享的空间较大，尤其是针对纵向专深的文献信息。比如，福建医科大学图书馆虽可在福州大学城文献信息资源共享系统里可获取多学科的文献信息资源，但在医学方面可利用的资源较少，所以其便和福建省医院系统图书馆进行共建共享。福建医科大学图书馆电子期刊配置较多，纸本期刊则只有 20 种，而福建省医院系统图书馆订购纸本期刊较多，如福建医科大学附属第一医院订购 83 种，福建医科大学附属协和医院订购 72 种，这就弥补了福建医科大学图书馆外文纸本期刊资源的不足，同时医院系统图书馆也可共享到福建医科大学图书馆的外文电子期刊资源，取得良好的共享效果。所以今后要加强区域性跨系统信息资源的共享，这对各系统图书馆而言都是有利的。虽然区域性跨系统比区域性系统内资源共享难度来得大，但只要加强共享机制管理，必定会取得较好的成效。上海地区在市政府牵头下组织了上海市文献资源共建共享协作网，开展了跨系统的文献信息资源共享活动，取得了显著的成效。如上海图书馆上海科学技术情报研究所订购的部分外文期刊到馆后先送到上海交大图书馆供师生阅览一段时间后再运回。这就大大提高了外文期刊的利用率，另外在文献传递、馆际互借等方面也取得了较好的共享效果。所以，区域性跨系统的信息资源共享模式值得推广，其有利于信息资源得以更充分的利用，共享效果也更好。

（三）建立跨省份区域性信息资源共享模式

从各省份的信息资源分布情况看，经济发达省份信息资源较为丰富，尤其是外文数据库和外文纸质期刊资源。如华东地区外文数据库主要集中在上海、江苏、浙江三省市，特别是上海市，数据库数量最大，类型也最多，其余 4 个省份数量都较少。再如华东地区外文纸质期刊资源也主要集中在上海、江苏、浙江三省市，其余 4 个省份都较少。如大型系列期刊《国家报告》也主要是上海图书馆上海科学技术情报研究所、上海社会科学院图书馆较为系统订购。其他省份图书馆只是零星订购，如福建省只有厦门理工学院图书馆订购了《国家报告》中日本、英国、美国、俄罗斯这 4 种分卷，而有的省份则一种都没有订购，如江西省、安徽省。此外，从各图书馆外文纸本期刊数量来看，悬殊也较大。如上海市图书馆上海科学技术情报研究所拥有的数量相当可观，现有外文纸质期刊 5941 种，且学科覆盖面广，而大多数图书馆只在 100 种之下。从订购的复本数上看，较多外文纸质期刊只有一家图书馆订购。尤其在人文科学期刊方面更为突出。鉴于此，建立跨省份区域性信息资源共享是十分必要的。所谓跨省份区域性信息资源共享，指的是跨省份的图书馆与图书馆之间进行资源共享。当然这种模式比前两种模式的难度又更大。但只要选择适合本馆的共享系统，并建立良好的合作关系，互通有无、互惠互利，必定能取得良好的共享效果，如农业方面的外文纸质期刊资源本来就少，农林院校图书馆若进行跨省份的资源共享就能进一步满足读者的需求。

第五节　信息资源共享措施

一、建立完整的书目信息获取体系

书目信息获取体系是文献信息资源获取体系的信息保障系统。一个完整、顺畅的外文期刊书目信息获取体系应具有较高的虚拟馆藏信息获知度，应包括图书馆联盟内部的联合目录信息、各馆网上 OPAC 检索形式的书目信息以及印刷型联合目录信息等，如外文期刊预订联合目录、外文期刊目次信息以及馆际互借的有关信息。华东地区在上海图书馆网站上有年度"华东地区外国和港台期刊预订联合目录"，同时也有配套的印刷版目录，为整个地区外文纸本期刊共享做出贡献，但还不够完整，因有些图书馆未能及时提供或没有提供本馆目录而造成目录信息不全，从而使读者难以获得较为全面的外文期刊信息，因而有必要健全书目信息获取体系。各成员馆要热心做好此事，同时最好能及时将最新的外文期刊预订目录挂在图书馆的网站上，以便读者及馆员能在 OPAC 上获取最新的外文期刊订购信息。目前我国有的图书馆联盟联合目录用户获取效果较好，如江苏省高等教育文献保障系统建立了江苏省高等院校图书馆书刊联合目录，实现了省内高校书目信息的一站式查询与共知。

二、建立高起点的图书馆联盟信息资源共享平台

在网络环境下，越来越多的图书馆利用网络技术传递期刊论文等篇幅较短的文章。所以，图书馆联盟信息资源共享平台起点要高，应将实体资源共享与数字化资源共享结合为一体。应利用 Web 方式进行馆际互借和文献传递。现在许多联盟都采用了 ArieL 文献传递方式的软件。ArieL 是美国研究图书馆组织开发的文献传递系统，能够把申请馆的借阅申请从网上传递到收藏相关文献的收藏馆，并支持后者将所需文献扫描，然后利用 FTP 或邮件系统将扫描的文件传递给申请馆，最后支持申请馆将扫描文件打印后提供给用户，从而有效地解决了远距离的信息资源共享。

近年来，又有新的文献传递方式软件，如 Prospero，实际上是 ArieL 软件的延伸，可以将 ArieL 环境下扫描的文件转换成 PDF 格式，从网上传递给终端用户。因此，这种直接将电子文档的信息资源传递给用户的做法，为用户提供了更为便捷的信息服务。所以，图书馆联盟应尽可能地建立高起点的图书馆联盟信息资源共享平台，对联盟中的联合目录、公共检索、专题数据库以及馆际互借和文献传递服务等功能都基于网络进行设计并开展共

享活动，同时将原本不兼容的系统协调在一起，实现联盟内各成员馆馆藏和借阅信息的无缝链接。目前许多图书馆联盟已取得成效，如天津高校数字化图书馆、广东高校的电子图书馆、北京高校的网络图书馆和上海教育网络图书馆等。

三、建立多种利用方式并重的信息资源利用体系

信息资源共享的根本目的是为了使用户能够最大限度地便捷获取所需要的信息。尤其在大学城环境下，就是要让用户最大限度地便捷使用这一特定区域里的信息资源。福州大学城某图书馆对馆藏数字资源做了使用统计，发现外文电子期刊使用成本很高，如ELsevierSD 数据库中每篇文章检索价格为人民币 20.76 元，SIAM 数据库中每篇文章的下载价格为人民币 239.79 元。由此可见，资源若仅限于本校利用，其使用成本是如此之高。因而图书馆联盟必须建立多种利用方式并重的信息资源利用体系。

一方面要充分利用网络优势采用文献传递方式来获取信息资源，另一方面要倡导用户到临近成员馆自主获取文献信息。这样获取的信息会更多更全面，也可有效地避免知识产权纠纷等问题——有的数据库供应商不允许电子资源文献传递，而对授权用户的开发使用却没有限制。此外，文献传递受到费用、数量和时间等因素的制约，所以要鼓励用户到成员馆自主获取电子资源。由此可见，建立多种利用方式并重的信息资源利用体系用户能更为全面地共享信息资源。

四、加强共享机制管理

机制管理是信息资源共享活动中最为重要的一个环节，是决定信息资源共享成败的关键。机制管理最需要加强的有三个方面。

（一）自主决策机制

在数字信息环境下，图书馆应该要有更多的自主权，这有利于图书馆办实事而不流于形式，因此有必要建立自主决策机制。图书馆除了政府指定参加的共享系统外，还可根据本馆的实际情况和读者需求选择适合本馆的其他共享系统，以达到最佳的共享效果。如华南理工大学图书馆既是广州石牌地区六校协作组的中心馆，又是广东省高校电子图书馆的成员。

（二）信息传递与交流机制

其主要包括两方面内容：一是纵向的信息传递与交流，即共享系统与参与主体之间自上而下的指令信息传递和自下而上的意见和建议信息反馈；二是横向信息传递与交流，它

是指参与主体之间有关资源共享具体实践中的信息交流。比如，公共图书馆在外文期刊征订方面会征求各参与主体的意见，如向高校图书馆了解读者的需求情况；同时高校图书馆也会建议公共图书馆购买一些读者需要但又因本馆经费不足而无法配置的外刊品种。所以建立信息传递与交流机制是十分必要的，它对信息资源共享而言大有裨益。目前多数共享系统纵向信息传递与交流机制较为健全，而横向交流机制则较为薄弱，有待于完善。

（三）利益平衡机制

在信息资源共享过程中大馆理应发挥奉献精神，但非无休止地奉献，而是互惠互利，否则共享不可能长久。所以有必要加强利益平衡机制管理，制定出相关的制度以保证各馆都能共享信息资源建设的成果，同时激励各馆积极主动地为信息资源保障体系添砖加瓦。如福州大学城大力推行馆际互借、互阅活动，并出台相应的奖励措施激励读者接纳馆和输出馆开展资源共享活动，收效良好。福州大学城接纳读者申请并生效，每位奖励 10 元。同时，应对文献申请馆或输出读者馆也给予适当的奖励。福建中医药大学图书馆和福建医科大学图书馆在馆际互借互阅及接纳外校读者等方面成绩显著，因此获得奖励也最高。这是福州大学城资源共享激励措施的一大特色，表明资源共享是大学城所有成员馆共同的事情，需要大家共同参与和支持。这一举措大大地激发了各成员馆的积极性，促进资源共享活动的开展，从而提高了资源利用率。

五、制定知识产权保护规则

大学城信息资源共享必须在保护知识产权的前提下进行。许多供应商会在合同或协议书里对电子资源使用权限做明确的规定，如世界科技出版公司的（WSN）数据库中国高校订购及使用授权协议书就规定：被许可方通过提供印刷版资料或者打印许可使用资料来满足其他机构偶然的文献请求——这一实践活动通常被称为"馆际互借"。被许可方只被允许使用纸质的资料，并通过邮寄、快递或者传真的方式来满足这一请求。但为达到馆际互借的目的而传输电子文档则是不允许的。因此，信息资源共享特别要注意知识产权的保护。

电子资源共享涉及的知识产权保护问题主要是电子文献传递中的著作权保护。目前知识产权侵权行为时有发生，如数据库过量下载已经成为一个世界性问题，我国也有发生类似现象，如中国科技大学购买的 APS 数据库，出现 54 分钟内下载全文 1838 篇的现象；河海大学购买的 ASCE 数据库，出现 42 分钟内下载全文 1795 篇的现象。以上属于数据库超出正常使用量的情况，因此图书馆要树立版权意识，对在电子资源共享过程中可能涉及的知识产权保护问题应事先制定规则加以约束。

图书馆联盟电子资源共享中需要重点对超出正常使用量的数据库制定知识产权保护规则，因此要制定追加超出正常使用量之外费用的规定。如使用前景看好的数据库若只有一家图书馆配置，应与数据库商协商扩大其使用范围，调整每年的费用，由此多出来的费用由成员馆按年平摊或按数据流比例分摊。这样就可有效避免数据库过量下载的情况发生。

六、加强联合参考咨询服务

为申请馆提供文献传递、馆际互借是信息资源共享的主要内容，但不是唯一内容。图书馆信息资源共享其中一大内容就是为用户提供联合参考咨询服务。如果仅仅依赖本馆的信息资源和人力资源，要解答越来越广泛和复杂的咨询问题是很困难的。数字信息环境下图书馆联盟的重要功能之一，就是要整合各成员馆的信息资源优势和人才优势，利用网络的传递和交互功能为用户提供全天候合作数字参考咨询服务，通过合作数字参考咨询服务，不仅信息资源可以共享，各成员馆咨询人员的知识和智慧、成功咨询案例、各类课题调研成果等也可以成为共享资源。美国国会图书馆联合世界上 100 多个大型图书馆开展的CDRS，其目标便是建立一个全球性基于网络的合作数字参考咨询系统，为所有上网的人提供"更准确、更有用"的信息资源。

我国成功运行的数字参考咨询服务网络主要有：由上海图书馆牵头，上海高校、科研等图书馆及相关机构共同建立的上海图书馆网上联合知识导航站、广东网络图书馆、北京地区高校图书馆文献资源保障体系（BALIS）等。其中，BALIS 采用集中式门户平台和分布式服务结合的方式，拓宽了各高校图书馆的咨询服务范围，为高校和社会用户提供联合信息咨询服务，这样就进一步深化了资源共享的质量。因此，图书馆信息资源共享一定要加强联合参考咨询服务，拓展信息资源共享项目。

七、重视计算机资源共享

信息资源共享除了提供文献传递、馆际互借、联合参考咨询等服务外，计算机资源共享也是一项重要的共享内容。网络已经成为向用户提供服务的重要工具，其中网络站点也是一个重要的服务工具。如广东网络图书馆采用三维立体全景图作为图书馆导读系统，使读者在任何地方都可以了解到各成员馆的物理结构，为读者有效利用图书馆提供了先进可视化服务，从而有助于读者在浩瀚无边的信息海洋中尽可能便捷地获取所需信息。然而，有些图书馆没有足够的人员和专业知识去组织最有效的站点，于是便存在图解设计、内容发展、站点组织和技术能力等方面的问题。图书馆联盟则在此要发挥极其重要的作用，即培训各馆成员相关技术，使其能够为用户提供高品质的网络站点以满足用户的多种需求。因此，计算机资源共享也是资源共享不可缺少的一部分。

八、加强人员培训与业务辅导

数字信息环境下，信息资源共享都是基于计算机技术、多媒体技术、网络技术来开展资源共享活动的，然而各成员馆的技术、技能参差不齐，因而图书馆联盟开展对各成员馆人员的培训和业务辅导是十分必要的，是提高图书馆员素质、进而提高图书馆工作效率和工作质量的重要保证。开展培训和业务辅导活动有利于各成员馆相互交流经验，也有利于图书馆工作的规范化和标准化。OCLC 系统十分重视成员馆的业务培训，经常开展业务培训活动，这也是其资源共享活动顺利开展的关键。我国有的图书馆联盟也较为重视成员馆人员培训与业务辅导，如北京高校网络图书馆在首都师范大学和北京工业大学就网上资源利用、数据库检索技术、数字图书馆建设、虚拟参考咨询等方面对成员馆开展了培训，并取得良好效果，从而提高了信息资源共享服务的效果。因此，图书馆联盟应采用多种多样的方式，如办班、开研讨会、开展网上培训等方式对成员馆人员进行培训，以利于信息资源共享工作的顺利开展。

第七章 图书馆信息资源配置机制与开发

第一节 图书馆馆藏信息资源配置机制

一、图书馆信息资源配置的原则

信息资源配置工作相比较于藏书建设和文献资源建设，是一项要求更严格、过程更复杂的系统工程。因此，在信息资源配置过程中必须遵循一定的原则。这些原则应既符合信息资源配置的自身要求，又尊重信息资源建设的规律，并在整个信息资源配置过程中起指导作用。

（一）政治性原则

我国是社会主义国家，由于社会主义核心价值观的基本要求，政治思想性原则是采访馆员首先要把握的重要原则。图书文献不仅是一种物质产品，而且还是一种精神产品。作为精神产品，就必然带有意识形态和政治倾向的烙印。各种政治观点、政治倾向、政治主张在图书报刊中必然会有所反映。因此，采访馆员必须具有较强的政治鉴别力和政治敏锐性，具有高度的政治责任感，在实施图书文献采访工作时一定要将思想内容、政治影响放在首位。

无论是图书报刊，还是电子网络信息资源，除自然科学知识以外，社会科学知识都有意识形态的反映，都离不开政治思想的影响，不论是公共图书馆，还是高校图书馆，无论是古代图书馆，还是现代图书馆，其教育文化功能都是亘古未变的，其所担负的政治教化功能一刻也未停息，而且随着科学技术的发展和互联网的普及，其作用越来越重要。图书馆已成为终身教育的最佳场所。因而我们要在信息资源配置中注意以下几个方面的工作：

1. 重视政治思想经典指导性文献的配置

政治思想指导性文献是指对全体公民的思想和行为具有指导意义的文献。因此，图书馆要系统地有针对性地配置经典著作及党和国家重要领导人的著作。其次，要配置和收集党和政府在不同时期制定的方针、政策及法律文献。另外，还要注重配置指导性文献的导读性读物。

2. 配置弘扬主旋律、传递正能量的优秀作品

社会主义国家，要坚持社会主义核心价值观，不仅要配置大量思想健康、宣传社会主义道德伦理，宣传正确的人生观、价值观、世界观的优秀文献，还要配置能够传递正能量，具有健康、美好、和谐、完整的人格且又具有较高学术价值和艺术价值的优秀作品，对于思想内容平淡、学术价值低下、艺术价值和欣赏趣味不高的作品，甚至封建迷信、反科学或伪科学的文献要坚决摒弃。优秀的作品可以震撼人的心灵，陶冶人的思想情操，提高人的思想境界和审美境界，给人积极向上的影响，相反，思想不健康的文学和艺术作品，往往使人颓废，使人萎靡不振。因此，面对良莠不齐的信息资源，应该严格把握主旋律的标准，配置有利于提高人们思想水平和科学文化知识的优秀文献。

3. 严禁配置对社会造成不良影响的文献信息

严禁配置反动、淫秽、盗版及宣扬邪教、伪科学和封建迷信的文献信息。图书馆一定要严把订购书刊的关口，在信息资源配置过程中，一定要从思想上认识到反动、淫秽、盗版及宣扬邪教、伪科学和封建迷信的文献信息对读者的严重危害性，应从自身的责任和用户的利益出发，绝不能迎合少数读者的阅读需求，收集思想反动、淫秽、色情、迷信的文献信息。当然国家正式出版社严令禁止出版思想反动、淫秽、色情、迷信的书刊，但不法分子总会想方设法把这些糟粕和垃圾带进图书市场，因此要从思想上紧绷这根弦。随着改革开放和互联网的普及，在给我们带来了先进的、丰富多彩的科学文化信息的同时，一些反动、黄色、不健康的思想糟粕也随之而来。所以图书馆除了把好纸质文献关外，更重要的是对互联网络的信息资源的把控，利用计算机通信技术对反动、淫秽、盗版及宣扬邪教、伪科学和封建迷信的文献信息进行过滤，杜绝此类信息的侵蚀。

4. 坚持"百家争鸣"的原则，适当配置不同学术流派的作品

在强调政治思想原则的同时，也不能把政治问题与学术争鸣混为一谈，应注意政治问题与学术争鸣的区别，严格区分二者的界限。虽然有的资源在政治上与我们的观点相左，但从学术研究参考的角度，图书馆还要适当收藏，坚持学术研究"百家争鸣"的原则，对不同的学术流派和不同风格要采取兼收并蓄的方式，进行收藏和利用，以便于读者和研究者参考使用。当然图书馆向读者提供多方面的学习、继承、借鉴和批判的资料，坚持"百花齐放，百家争鸣"的方针，就是要配置不同形式、不同风格流派和学术上的不同学派的信息资源，批判地吸收和继承古今中外的一切文化财富，不能搞一枝独秀。

（二）系统性原则

尽量保持图书馆所藏图书文献的连续性、系统性、完整性。在信息资源配置过程中，应该尽力避免馆藏图书文献断档、断层和缺漏等现象的发生。藏书的系统性包含两个层面：一是指重点藏书的系统完整；二是馆藏文献的相互联系，形成体系。这两个方面要求图书馆资源配置应该有系统性的观念，馆藏配置应该是一个有组织、有序列、比例合理的藏书体系。

图书馆经过长时期积累和不断的科学补充过程，其藏书形成了一个科学的知识体系，这种系统性的学科体系，从时间上看是从古到今，不断继承积累纵向发展，各学科发展日益完善；从空间上看是从中到外，各门类知识相互渗透交叉，横向联系，学科之间不断地完善和提高，逐步形成一个完整的学科系统。因此，图书馆的藏书必须遵循系统性的原则。文献信息资源建设的系统性原则主要体现在以下几个方面：

1. 信息资源配置要重视文献信息自身的系统性

文献信息自身的系统性表现为文献信息内容的系统性和文献出版的连续性。文献信息内容的系统性是指文献所记录的知识信息内容本身具有系统性。

各门类学科知识是人类社会在不断发展的进程中，不断探索、积累和总结的结晶。经过一代又一代人不断地创新、发展和提高，逐步形成了各门类学科完整的体系。同时，科学知识的系统性和完整性要求图书馆馆藏必须完整地反映文献知识内容内在的系统性，必须在数量浩繁的文献中对相关的文献信息进行系统地选择、补充、调整、组织，真正反映学科的发展历史、现状和前景。

文献出版的连续性是指文献出版的过程中，出版发行部门根据各类学科的发展有计划地出版各类知识的文献，并保持文献的连续性。信息载体如各类丛书、丛刊、多卷书、时效性强的报纸杂志等连续出版物不仅从内容上看是系统连贯的，其生产也是连续性的。各种类别各种载体类型的文件，其出版发行大多具有计划性和连贯性，尤其是时效性强的杂志。信息资源生产这种连续性的特点，为信息资源配置按时间序列连续系统地收集各类丛书、丛刊、多卷书、时效性强的报纸杂志等连续出版物提供了可能性。图书馆有计划、有系统地收集连续出版物，才能为读者利用完整、系统的文献提供服务。但也看到随着数字资源的不断丰富和发展，一些报刊完全可以被数据库替代，人们更趋向于使用数据库，因此纸本报刊是否还有必要配置，还是个值得商榷的问题。采访馆员在这一点上还应该考虑应减则减的原则，不能片面追求连续性、完整性。如果我们配置一些无人利用或者利用率较低的图书文献，束之高阁，那也是一种浪费。因此，采访馆员要在调查研究的基础上，准确大胆地取舍，把有限的采访经费全都用在"刀刃"上。

2. 信息资源配置尽量满足读者对文献信息系统性的要求

图书馆必须秉持"用户第一"的服务思想，尽量满足读者的需求。文献信息资源的用户群虽然是由不同年龄、不同职业、不同文化层次、不同知识结构、不同心理特征的用户组成的，但是他们研究的兴趣和方向可能是趋同的，因而他们关注的焦点是相同的，从而形成一个稳定的用户群，跟踪和使用馆藏系统资源。这些从事系统学习和系统研究的用户群，表现出循序渐进的阅读需求和对文献信息系统性的需求。

3. 信息资源配置要注重学缘结构的联系

首先，学缘结构是指所有学科不是孤立存在，是有着一种必然和客观联系。随着科学技术的不断发展，人类对学科的划分越来越模糊，出现了学科之间你中有我、我中有你的局面，因此，信息资源配置不仅要照顾到基础学科的基本资源，还要涉及交叉学科、边缘学科的资源，有重点有选择地配置重点藏书。因为重点藏书涉及学科面广，用户使用数量大，是图书馆的核心馆藏，对读者有巨大参考价值。围绕重要学科的一些重要文献信息和特藏书刊，要完整系统地收集。将某些学科、专业或专题范围的文献作为重点藏书。这些重点藏书在内容上在学术研究上一脉相承，能够提供学术研究不同阶段的成果和风貌，为新的研究者提供更好的研究路径。应广泛收集这些学科的各个学派有代表性的专著及有关评论、重要期刊、主要相关期刊及其他类型的文献信息，根据需要挑选其中最主要、最有价值的部分配置，形成主次分明、博专有别的馆藏信息资源配置。同时，图书馆在长期的资源配置过程中，积累了大量的有保存价值和研究价值的古籍、珍贵书刊和特色资料，这些资源是图书馆的精华，是其他图书馆不具备的资源，因此要专门加以特殊保护，一般都收到特藏部进行特殊保护。对特藏书刊，要保持它们的历史连续性与稳定性。

其次，同时要注重重点文献与一般文献的合理配置，在馆藏文献信息资源中，既要有重点文献，也要有一般文献。一般文献指的是相对图书馆所担负的任务来说那些非重要学科的文献信息，主要包括一些相关学科的文献信息以及供人们闲暇之余阅读、欣赏、娱乐消遣的文献。这类文献需求量大，且对人们的身心健康起着积极的作用，图书馆也不应忽视，应该适当收藏。图书馆根据自身的服务对象和客观条件，在保证重点文献信息配置的同时，也要兼顾一般性文献的选择和配置。应该看到一般文献中难免鱼龙混杂，一定要精挑细选，有重点地收藏，不求面面俱到。确定重点文献与一般文献合理配置的比例，注意馆藏文献信息资源多学科和读者需求的多样化。

最后，对已经配置入馆的连续出版物，与科研、教学直接有关的多卷书、连续出版物及重要工具书，一定要完整无缺地配置，尽管有的连续出版物出版年限较长，但一定要保持配套齐全，不能随意中断。一旦中断，就会失去其完整性。这类文献无论是在知识内容还是在出版发行形式方面，都更具有系统性，因而更有保留价值和参考价值。

（三）经济性原则

以最低的成本、最好的图书，为最多的读者服务。其中以最低的成本就是图书馆挑选图书信息资源的经济性原则。这一原则体现在配置信息资源的过程中，要考虑配置成本，虽然图书馆每年都有一定配置经费，但与逐年上涨的信息资源价格相比，简直是杯水车薪。因此配置信息资源必须考虑经济成本和效益比的问题，即以最低成本配置最好的资源。配置图书文献的经济性原则应该体现为三个方面：第一个是了解出版发行界和图书文献配置单位之间的供求关系和市场行情；第二个是尽量减少复本的选购量；第三个是平衡好纸本印刷资源和数字资源的比例关系。

优先配置读者急需的重要图书文献。选择的各种图书文献应以切合实用为目的。当今社会"信息爆炸"，各种出版物汗牛充栋，其中滥竽充数者、价值较低者不在少数。当然，其中也有一些虽然有一定的研究价值，但对于与图书馆业务研究和广大读者需求相悖的大部头丛书，如果不考虑其使用价值，轻率地将其收集入馆，其结果将是不但耗费有限的资金，而且还会无形中增加管理上的成本。另一方面，不突破副本量，也可以节省大笔经费。除了读者借阅频率较高的图书文献，可以酌情采购复本以外，应该尽量减少选购复本图书文献。根据本馆的馆藏特色和各学科藏书的需要和读者的需要，做出均衡发展的配置规划。对于内容重要而本馆馆藏又缺乏的学科文献，应该将其列为优先对象及时适当补充，要坚持信息资源配置的经济性原则，就必须注意以下几个环节：

1. 实现信息资源效益最大化

信息资源投入产出效益最大化就是以最小的合理的投入，配置能够满足最多读者需求和提供尽可能多参考使用价值的资源。根据读者的需求和教学科研的需求，编制科学合理资源配置经费预算，预算要匹配馆藏发展政策与馆藏体系。对学科发展和教学科研急需的信息资源要加以保证和倾斜，对可以替代重复采购的资源要坚决去掉。由于长期受传统观念影响，比如有的人总是留恋纸本期刊资源，每年图书馆订阅了大量的纸本期刊资源，但很少有人翻阅，现在的数字电子资源完全可以替代纸本资源，图书馆只要订购一些如中国知网（CNKI）没有收录的期刊或读者提出的特殊需求的期刊，就可以省掉不少经费，转而投向其他资源方面的配置。对不同类型的信息资源的利用情况做出评估，对已经采购完的资源每年进行成本效益分析，以利于来年的经费划分。投入产出效益是文献信息资源合理构成和配置的依据。应该杜绝不计成本与效益、重复投资和资源浪费的弊端出现。

2. 实现信息资源配置文献的最优化

实现信息资源配置文献的最优化，关键是确定各种类型的信息资源的配置比例。特别是要处理好本馆自采与集团采购、纸本文献与数字电子资源等各方面的关系，参考图书馆读者不同的需求情况，探索合理科学的信息资源最佳组合模式，从而实现各种信息资源的优势互补，拓展特色数字资源建设和网络资源建设，网络信息资源馆藏化和馆藏文献数字化，也是实现信息资源最优化的重要内容。整合文献资源与数字资源，形成统一的信息资源体系，达到优化结构的目的。

3. 集团采购数据库分摊采购成本

种类繁多的数据库是图书馆资源配置必不可少的部分，但由于数据库价格昂贵，许多图书馆经费有限，难于独立承担配置费用。全球大约有各类专业数据库上万种，对于高校图书馆来说，国外的学术数据库学术价值高、参考价值大，但缺点是价格比较昂贵，一家承担财力有限，商业谈判中也难以拿到优惠的价格，特别适合集团购买的方式，各自分摊全文数据库的采购成本。组成采购集团统一与供应商谈判，避免数据库商分别报价，各个击破，损害图书馆的利益。集团采购能够得到优惠的数据库价格，为图书馆节约大笔经费，以保障各馆在数据库的使用和价格等方面的利益。

（四）复合性原则

复合性原则主要是指信息资源配置过程中，纸质文献资源与数字电子资源都要配置，互为补充、互为倚重。充分发挥纸质文献资源与数字电子资源在信息资源配置中不同地位和作用，合理配置。作为不同的信息资源形式，各有千秋。如果能够根据二者的优劣长短，错位配置，就能起到相互促进、相得益彰的作用，从而促进图书馆的信息资源配置工作。

纸质文献在人类社会的发展进程中居于重要地位，为传播知识文明，促进社会发展，做出了重要贡献，起着其他载体无法替代的作用。之所以能够起到这么重要的作用，是与纸质文献的优势分不开的。

首先，纸质文献的优势主要在于具有较强的科学性、权威性、学术性。历史上纸质文献的编辑出版发行，都有一套完整发达的系统来保证，出版发行单位对出版的纸质文献有着严格的审核和科学的评价机制，从而保证了纸质文献出版物的学术性和权威性。尽管有数字资源的冲击和影响，但纸质文献的出版量仍占主流，美国图书馆学家兰开斯特曾经发出的在21世纪初纸质文献消亡的预言并没有出现，主流仍然是以印刷型为主的纸质文献。反观数字资源除正规出版机构发行的电子书和数据库外，还有海量的网络资源存在于互联网上，因缺乏统一的管理机制和严格的审核机制，数字资源特别是网络资源的科学性、权威性、学术性，难免受到人们的质疑。

其次，在政治性和思想性上受到更多的约束和审查。纸质文献的出版发行往往要从政治上、思想上、道德上进行严格的审核，只有符合社会主义核心价值观的出版物，才能出版发行，否则就被禁止生产和传播。互联网网络环境下的数字资源和网络资源打破了各种限制，由于互联网的交互性强，造成各种政治思想和道德观念充斥网络，对人和社会产生消极负面影响。

再次，对纸质文献的版权保护已有成熟的法律法规，而且也比较好实施，打击盗版也相对容易。而对互联网上的信息资源的版权问题却相对棘手，表现为这方面的法律法规还不健全，执法手段和措施还不到位，在网络监管方面还相对滞后，这也影响了对网络信息资源的知识产权保护。

最后，纸质文献在使用过程也具有许多独特的优势，如获取方便，经济实用，便于携带，阅读方便。纸质文献阅读不像阅读数字资源必须依靠电脑、阅读器等设备，随时随地都可以阅读，可以经常翻阅，阅读效果好，是培养阅读能力的最佳方式。纸质文献的配置在目前还是我们图书馆信息资源配置首要考虑的重点。

数字资源与纸质文献相比，也有其自身的优越性。

1. 信息的存储传递和查询的快捷性、便利性

由于数字资源以知识和信息为基本单元，可以根据这些单元之间的逻辑关系，进行组网。这种排列组合的拓扑式结构使得电子信息资源具有多个检索点，可通过多途径检索，更适合图书馆的信息检索，也方便用户检索，提高了信息资源的利用率。电子数字信息资源不仅贮存容量大，而且占用空间小，方便提取和传输，尤其是通过互联网高速传输，实现了远程访问和远程下载，大大节约了读者的时间成本。

2. 数字信息资源存储的形式可以多种多样

不仅可以存储文本文件，也可以存储多媒体文件，甚至是超媒体文件。数字资源的呈现形式相比较于纸本文献资源，更加丰富多彩，既可以作为文本下载阅读，也可以收听收看各种格式的音频和视频文件，甚至还有虚拟 3D 图像，大大增强了读者的体验感受，而且这些文件还可以通过读者进行任意的编辑组合，极大地拓展了读者的想象空间和创造空间。

3. 数字资源具有共享性和交互性

在互联网的环境下，其组织架构具有通用性、开放性和标准化的特点。数字资源不受时间、空间约束和限制，是永不关门的图书馆，可以实现全天候不间断地提供服务。在网络环境下可被多人同时访问，是一种共享性的信息资源。由于互联网的存在和信息资源的网络化，为人们在网络上公布自己的成果、发表自己的见解、互动式双向交流提供了可能。人们不再是被动地接受知识，而是可以通过博客、微信、微博等多种网络交流平台发表自己的观点和看法，与其他网友交流互动。因此读者不仅是信息资源的利用者，还是信息资源的创作者。

图书馆应该根据纸质文献与数字资源的优点和缺陷，根据复合型原则，在选择不同类型文献时应考虑不同适合的载体，扬长避短，合理配置。纸质文献与数字资源信息载体类型的选择，应当以实际需要和利用情况决定文献载体类型，所以，应当开展调查研究，收集读者反馈意见、统计纸质文献和电子文献的利用率及点击率，合理配置信息资源建设结构体系，提高建设质量。

（五）扩展和共享性原则

以最低的成本、最好的图书，为最多的读者服务。图书馆必须为最多的读者服务，而不是为少数人服务，是社会公器，也说明了图书馆的信息资源必须为大众所共享。选择图书应当以满足读者需要为宗旨，强调要重视读者需求，不强调出版物本身的价值。摒弃一馆独立采访的"广而全"的传统做法，要求突破馆与馆的界限，采取多馆合作采访和区域合作采访的方法，避免各馆馆藏重复。

图书馆只有定位于社会公器，才能发挥其最大的社会效益。所谓公器有两方面的含义：一方面是说明图书馆必须具有公共意识和公益意识，应该为社会大众所有人服务，即使是残疾人和无家可归的人也有权利进图书馆；另一方面图书馆具有一定的工具性，人们到图书馆大多是有自己的目的和需求，主要是借助于图书馆这一信息资源工具来为自己服务。因此，图书馆存在的目的和意义就是最大限度地满足读者科学研究的信息需要。无论是公共图书馆、高校图书馆，还是专业图书馆，即使其面对的读者和用户各不相同，但满足读者的需求的目的是相同的，应该根据各自服务的读者和用户的需求提供信息资源。近年来，新加坡国家图书馆也采用了合作采访的方式，实现了图书从采购到编目的现代化流水生产线，真正做到了采编一体化，分馆进行藏书管理和借阅服务，取得了很好的效果。国际图联也于20世纪70年代提出了国际资源共享（UAP）计划，以促进全球性的信息资源的共建共享。

信息资源配置既要有系统归纳，也要有发展的观念，不能满足现状，要具备前瞻性的战略眼光，统揽全局。强调前瞻性的可扩展的原则，应该包括三个方面的含义：首先是本馆潜在的读者群及其信息需求；其次是本馆未来的发展趋势；最后是出版发行机构的出版发行趋势。图书馆对于将来有可能进馆利用各种图书文献的"潜在读者群"的背景数据、信息需求程度和研究课题等数据应该予以预测，只有这样，才能为他们做好"最实时"的读者服务工作。当然，对于某些图书馆而言，采访馆员对本单位未来的发展方针、课题研究计划等对采访工作十分有意义的有用信息的掌握也是非常重要的。近些年，由于计算机科技与通信网络的发达，使信息知识的载体形式和传递的渠道都有了很大的改变，因此，采访馆员对于未来的图书文献出版形式、数据查询渠道和发展趋势，更应予以密切的关注与了解，才能对信息资源配置工作做到有备无患。

随着计算机和远程通信技术在信息交流中的广泛运用，依托计算机信息网络，使得资源共享从理论变为现实。今天，只要遵循一定的组织协议，在互惠互利的基础上，人们就能足不出户很方便地利用地球上任何一个地方的信息资源。这无疑是一场利用文献信息资源的革命。

二、信息资源配置的机制

信息资源配置不仅有各项原则的规定，同时还受到各种机制的制约和规范。在图书馆信息资源配置过程中，必须重视和熟悉各种机制的规律和制约作用，每一种机制都有一套自己的游戏规则，作为图书馆配置人员，必须熟悉这些规则，并善于运用这些规则，才能做好信息资源配置工作。

制约信息资源配置的机制主要有市场调节机制、政府宏观把控机制和产权配置机制。

（一）信息资源配置的市场调节机制

信息资源是可以被用来交换并且能够带来价值的一种特殊的商品，可以像其他商品一样被标出价格，也可以在市场上像其他商品一样流通，所以势必就要遵循市场经济规律，也同样受到市场的影响和制约，因而市场调节机制在信息资源配置过程中，起着重要的协调作用。市场机制的调节作用是通过价格和价值规律合理地配置资源来实现的，图书馆信息资源的市场配置也不例外。图书馆在采购信息资源的过程中应该了解其中的奥秘，必须遵循市场规律，尊重市场规律，才能做好信息资源配置工作。

1. 市场化的概念和思想去统摄信息资源配置工作

信息资源既然是一种特殊商品，就可以按照商品的规律，通过市场定价，参与到信息商品生产、交换、分配、流通和消费的全过程，通过市场价格变动和供需情况实现调控，根据市场需求和价格浮动关系，合理调节信息资源配置。市场需求旺盛的信息资源，信息商品生产者就会在技术、资金和人员研发方面加大投入，实现市场的优势地位，以攫取更大的商业利益，客观上也给信息资源配置的采购者——图书馆以更多的选择。市场调节机制还能把信息生产要素优化组合，从而实现信息资源的合理优化配置。利用市场手段调控信息资源配置，有利于优胜劣汰的市场调节机制，提高信息资源的配置质量和效率，有利于实现信息商品的供求均衡和合理优化。

但是不能把信息资源简单地作为一般商品看待，信息产品是一种特殊的商品，是因为它既有一般商品的共性，又有其特殊性。作为商品的共性它具有商品的价值和使用价值，但由于信息资源的特殊性，又区别于一般的商品属性。特殊性表现在以下几个方面：

首先信息资源具有价值的不确定性。其不确定性包括两个方面：一方面是商品价值的不确定性，一般商品的价值是由产品的成本和投入的劳动时间决定的，而信息产品的价值是由其成本和采购者使用者数量的多少决定的，大多数信息商品是体验型商品，在使用之前，其价值大小是无法确定的。另一方面信息产品不像其他商品出售的是产品的所有权和使用权，而信息不仅可以共享还可以多次出售，因此信息商品交易是在一定时间和空间范围内转移信息的使用权而非所有权，因而这就带来信息资源的定价和价值的不确定性；其次是信息商品的使用价值是通过使用者间接获得，图书馆采购信息资源供读者使用，需要一个过程，不可能立竿见影，其价值体现是一个长期潜移默化的过程；再次，信息商品与一般商品不同，一般商品卖出去越多，商品生产者获利越大，其价值是正增长；而信息产品正相反，信息产品使用的人越多，其市场交换价值越小，最后变得无利可图。因此它具有价值的衰减性。最后是使用的非排他性和非竞争性。由于信息资源具有共享性和可重复利用性，信息资源的利用并不表现为占有和消耗，不像物质资源和能源资源那样，你多一点，我就少一点。

2. 信息市场的特殊性

使得市场机制作用于信息资源配置也有一定的特殊性。图书馆的资源配置也应根据这一规律实时调整。

首先是信息资源的交换形式多种多样，信息市场形态的多样性和复杂性给信息市场的管理和协调控制带来一定的困难。信息商品的形式不仅包括信息产品，还包括信息服务，由于信息资源和信息服务交换范围广，经营形式多种多样，供求关系复杂，导致对信息资源和信息服务的调控，不像一般商品那样容易，同时无论是信息资源还是信息服务，都是信息智能产品，是一种无形的智力商品，特别是互联网的普及和数字资源的丰富，导致信息产品都是以虚拟形式的面目出现，在很多情况下并不能像物质商品那样可直接在货架上出售，交易形式也不是简单的一手交钱一手交货的贸易形式。信息产品在开发时，就锁定了适用对象和适用范围，量身定做，在商品未生产出来时，就确定了交换关系；信息商品成交后，并不意味着买卖双方的买卖关系结束，还需要卖方继续提供后期服务，而买方在利用该信息商品创造收益的同时还须向卖方支付维护或升级费用。正是因为信息商品交易的复杂性和多样性，因此需要供求双方本着契约精神，依据法治环境下的市场原则和市场规律来约束双方的行为。

其次是由于信息商品的消费者和使用者具有特定的对象，信息资源的开发和生产过程中，包含了大量的原创性的智力投资，因而生产出的信息产品，具有一定的差异性和市场区别度。知识产权保护信息生产者的合法权益和创造性，信息资源的生产者制定自己的销售价格，并且排除其他竞争对手，形成了垄断价格，由于信息资源产品的唯一性和垄断地位，使得能够独享信息商品的垄断性定价，并随时可以涨价，在这种情况下，市场的调控得到了扭曲和变形。居于垄断地位的信息资源生产者往往具有更高的定价权，图书馆采购者和使用者处于被动地位，在垄断价格面前，往往毫无还手之力。因此，完全依赖市场调节，就会形成对信息产品消费者不利的地位，在尊重市场经济规律的大前提下，还要应用其他调控手段和其他市场调节机制综合调控。

再次，信息资源的开发使用需要巨大的投入，但市场前景和销售还不确定，如果定位不准，销售不畅，就会导致血本无归，因而信息资源的市场风险很大，导致了信息市场的高风险性和投机性。如何在一定程度上化解风险？信息资源可借助于互联网新技术手段，做一些新产品的研发、公测和体验使用，考察未来市场的可接受程度。随着社会发展，未来的信息来源更加广阔、数量更为巨大，交易更为频繁广泛，为了避免市场投入的盲目性，完全可以借助于互联网平台实现信息所有权、使用权的交易和转让。建设互联网统一的、开放的、全方位的信息市场，不仅能满足消费所需求的独立的信息商品交换，还能满足生产所需求的无形的市场要素。

最后，通过市场机制对信息资源配置的调节，能有效引导信息商品的生产，避免盲目投资，可以发挥巨大的经济效益和社会效益。市场机制通过价格杠杆自动组织信息商品的生产和消费。如果不是按照市场机制来运行，而是靠政府传统上计划指导生产和消费，作为上级主管部门并不了解市场的动向和信息产品的需求情况，研发的产品是不是市场最需求的、是否具有新颖性和原创性不得而知，就会导致研发生产和销售都带有很大的盲目性和不确定性，因而生产出的信息产品不能满足市场需求，经济效益低下，市场机制不活，产品销售不畅，造成经济上盲目投资和巨大经济损失。引入市场机制就能及时洞察消费者的需求和选择，了解消费者需求的变化，消费者的需求和选择是通过市场价格反映出来的，只有尊重市场机制，一切按照市场的需求，调整市场计划，才能开发出适销对路的信息资源产品，市场机制可将信息经济资源进行分配和再分配，从而最大限度地满足人们对信息的需求。

3. 激发信息资源提供者生产的积极性和创造性

增强市场活力，做大市场规模，从而达到信息资源配置数量和结构的最优化配置。

信息产品的研发与生产是一种具有较高风险和不确定性很大的经济活动，号称"三高"，即高投入、高收益、高风险，高风险往往与高收益相伴而生，风险越大，收益越高。正是这种风险与收益比翼齐飞的机制，促使信息资源生产者一掷千金，高收益的诱惑使得信息商品生产者甘冒风险，客观上刺激信息资源产品的生产者对信息市场主体要进行合理的决策、对价格信号做出迅速及时的反应，开发出适合市场需求并能为消费者带来独特体验的新产品，信息产品的稀缺性和垄断性，能为生产者带来丰厚的利润和较高的市场回报，客观上也保证了信息资源达到数量和结构最优化配置，做到信息资源的质量和效益配置的完美统一。应该看到风险与利益共存，如果处理不好市场机制的问题，信息产品的研发与制造失败，生产出的产品不被市场接受，失败的结果就是前期投入可能血本无归，使自己在激烈的市场竞争中处于不利地位。过去出版单位都是事业单位编制，没有市场竞争意识，旱涝保收，因而没有积极性，计划体制导致市场反应迟钝，计划体制下的信息资源生产者没有压力和动力，生产不出市场需求的产品，也就不能提高信息资源配置的效率和质量，不利于提高创新水平和社会的信息配置水平。

4. 合理改善和优化信息资源配置结构。

各种信息资源在不同的国家、地区、单位、个人的分布和拥有是零散的，是碎片化的信息，各种信息要素如设备、人力、技术和营销也是无序而且杂乱的，个体之间和群体之间所拥有的信息资源，无论是种类、数量，还是质量都是千差万别的，参差不一。正是市场机制这只看不见的手，调和各种市场信息要素，实现信息、知识在个体、组织、社会、地区以及国家之间的合理流动。正是依靠市场机制掌控信息资源所有者和使用者之间的信息交易，促进了信息资源的合理分配和信息资源配置结构的合理调节。

市场机制不仅提高了经济效益，还扩大了社会效益。正是市场的价格波动和市场竞争机制，影响了信息垄断的产生，实现了信息资源配置在时间、空间、数量等方面的合理布局。信息垄断是造成不正当竞争和产生社会不公的直接原因，导致假冒伪劣充斥市场，市场失去活力，只有通过市场机制和市场调节，打破垄断地位，充分竞争，才能提高信息流通的效率并推进社会信息化进程，才能实现社会效益最大化。只有做好市场机制的信息资源配置工作，才能使信息市场公开、公正和公平地运作，才能更好地促进社会公平正义，为更多的人提供服务，消弭信息鸿沟，促进社会和谐进步。

5. 市场机制发挥着不可替代的作用

作为资源配置的基础性机制，主要包括价格机制、供求机制、竞争机制，另外还有激励机制、风险机制。通过应用综合机制，可以建立社会生产和社会需求之间的一种动态平衡的目标，使市场运行中各种构成要素之间相互制约、相互作用，建立起社会供需动态平衡的自我协调。市场机制的制约和调节作用是一个循环往复循环传递的过程，并在运行过程中，指导和规范信息资源生产者的生产行为，生产什么、如何生产和为谁生产的问题统统交由市场来调节。

信息资源配置的市场调节机制起核心作用的主要是价格机制、供求机制和竞争机制。

（1）价格机制

信息一方面由社会必要劳动时间决定其商品价值，是无差别的人类劳动的凝结，受价值规律的支配；另一方面，信息商品的价值还体现其使用效果及由此衍生出的其他价值，信息商品价格制定是通过信息商品在实际应用中取得的经济效益大小来确定的，由于缺乏统一规范的标准，导致目前信息资源市场的价格体系混乱不堪，信息商品的价格形成比较复杂多变。由于信息商品具有双重性和特殊性，成交价格可在较大范围内选择回旋，图书馆应该及时掌握不同商家的信息产品价格和信息资源内容，货比三家，多方询价，在充分调研的基础上，制订出合理规范的采购计划，采用不同的价格策略以应对。

（2）供求机制

信息作为商品投入市场，必然会出现供求矛盾，供大于求就会降价，反之就会上涨。供求机制可以为信息资源的生产者提供参考，减少生产的盲目性。图书馆每年的采购任务和采购策略不同，因而投入资金的方向就不同，信息资源的生产者如何获悉图书馆的需求，满足图书馆用户的资源需求，是头等大事，如果不做市场调查，一味按照自己的计划和兴趣去生产，就会造成供大于求，一是造成信息资源生产者的经济效益保证不了，二是也满足不了图书馆真正的资源需求，供求关系难以达到相对和谐和统一。正是市场的供需变化，引导和驱使信息资源朝着最能发挥效益的地方流动，从而避免了信息资源的浪费和低效益，提高了信息资源配置的质量。应该说供求关系能够改变信息资源的生产消费格局，消除图书馆和信息产品供应商的需求使用壁垒。

（3）竞争机制

没有竞争，就没有优胜劣汰，如果没有竞争，好的信息产品就没有市场，就会出现劣币驱除良币的现象；如果没有竞争，就没有产品的退出机制，落后的信息产品无法淘汰，市场就失去了发展的动力。竞争机制促使信息资源生产者争先恐后拿出优质信息产品，推出高效优质的服务，最大限度地满足图书馆对信息资源的需求和服务，作为图书馆也可以做到用最少成本获得最好的服务和资源。过去没有引入市场机制，图书馆没有选择的余地，只能是被动接收劣质资源，市场经济的竞争机制可以帮助图书馆利用市场的经济杠杆，为自己找到最好的资源和服务，找到信息资源配置的最佳方案。信息资源的生产者在利益的驱使下，纷纷拿出自己的特色商品，供图书馆挑选使用。比如数据库商可以让图书馆试用数据库，等图书馆认为使用满意了，就可以下单采购。依靠市场的经济规律发展，独立核算、自负盈亏的运营方式，也使得信息资源生产者具有较强的竞争实力，敢于在激烈的市场环境中大浪淘沙，适者生存。

（二）信息资源配置的政府监督机制

政府的监督机制对信息资源配置而言，主要体现在政府采购方面。图书馆的信息资源采购也大都采用政府采购。政府采购是指图书馆利用财政资金按照采购目录或者限额标准采购货物、工程和服务的行为。政府采购是政府行使宏观调控的具体手段，是政府指导资源配置的采购政策，是对一系列采购程序、采购过程及采购管理的监督和规范。对图书馆来说，通过政府采购可以保证信息资源配置的依法实施，也是对信息资源市场的有力呵护。通过政府采购信息资源配置这一市场平台，能够保证市场行为的公开、公正、公平交易，规避市场的恶性竞争，更好地促进图书馆际资源协调共建，更好地发挥政府对信息资源配置的宏观调控。

应该看到政府采购有其积极意义，但如果不能正确把握信息资源这一特殊商品的特性，只是简单地把它当作普通商品去采购，势必也会给图书馆造成不必要的麻烦和困扰。比如采购图书一般都是采购当年的新书，但上面拨付的资金往往不及时，造成有些新书买不到，还有政府采购的程序比较烦琐，往往要排很长时间，一旦流标，那么有可能本年度的采购资金就花不出去，想买到的书也无法进馆。应该承认政府采购对规范资源配置方，即图书馆的采购行为是发挥了重要作用，但是由于信息资源的特殊性，它的价值体现在它所包含的知识内容，还体现在其后期的加工服务、支持维护服务方面，其定价与电脑等其他设备类商品不同，不能用买设备的采购模式生搬硬套信息资源的采购。

由于政府对信息资源的理解不深，单纯地用买设备的采购模式来套用信息资源的采购，给信息资源配置工作带来了一系列的问题和弊端，主要体现在信息资源配置的行为模式上以及馆藏资源配置和加工上。

1. 政府采购对信息资源配置行为模式的影响

从行为上看，传统图书馆采购是一种自行采购或自主采购，它是指图书馆与图书代理商之间的一种只签订简单协议或只是达成口头协议的松散采购关系，经费的支付也仅仅只需符合图书馆本身的财务制度，在一定程度上，方便了采访行为。而图书资料政府采购从程序上说，制订采购计划和上报资金使用额度；制定招标书，进行公示；主管部门进行审查批复；公开招标并签订采购合同；最后履行采购合同，图书馆采购信息资源；合同完成进行结算，这些都是公开、公平、公正的过程，从程序完整和经费使用上做到了全程监管。但在具体操作中，每年的购书经费都是未到，往往是快到 5 月份才能到账，而为了能保证在年底前及时采购当年新书，把购书经费正常用完，就必须用短短几个月的时间采购一年的图书，因此，给资源配置工作带来巨大压力，同时留给采访人员的选书时间就很短，严重影响了选书质量。

从资源配置模式上看，过去图书馆没有采用政府采购时，具有一定的灵活性，比如急需图书信息资源时能够及时采购，以解燃眉之急。那时从采购模式上，对供应商的选择和使用都由图书馆决定，只要符合财务要求，可以选择任何一家供应商进行采购。在政府采购模式下，图书供应商的选择权，由政府主管部门决定，图书馆只能在主管部门所选择和公布的供应商中去招标采购。政府采购与图书馆自主采购的区别在于对供应商的选择权和财务支出的程序监管上。供应商今年中标，也有可能下一年就中不了，那么对图书馆的服务就终止了，可是图书馆的服务还必须继续，但新的中标商又不了解情况，还必须从头适应，这种极不稳定的状态都是对图书馆服务的极大冲击。这种不稳定性也导致了馆配商对图书馆的短期行为，难与图书馆长期合作，频繁地更换供应商，导致图书馆要不断调整与供应商的关系；而供应商也要不断熟悉图书馆的情况和服务流程及要求，为了适应这种模式，图书馆只能放弃长期合作，这种短期行为必然对图书馆的资源配置工作造成伤害。

2. 政府采购对馆藏资源配置和加工环节的影响

从馆藏资源配置上看，特别是图书招标，图书并不是买来就万事大吉了，往往是和图书的加工编目捆绑在一起。通过政府采购，很难有一家供应商能保证每次都中标，中标商经常更换，带来的结果是图书加工和编目工作受到影响，也影响了加工质量和加工进度。采用政府采购，是根据馆配商提供的采购书目来下订单，馆配商为了自己的利益，往往会把一些学术性强、折扣高的书过滤掉，采访人员拿到手里的书目往往没有学术性和专业性强的图书，如果按照这个书目采购，其馆藏质量就可想而知了。长此以往，图书的系统性和完整性也受到影响。特别是那些学术性和专业性强的书刊，如有的图书馆在自行采购阶段，每年订购的学术性和专业性强的图书占 20% 左右，基本能保证这方面图书的采购需要。在政府采购之后，这类图书的订购量减到不足 10%，必然会漏了许多精品图书的订购。另外，由于经费不能跨年度使用，用几个月的时间完成一年的采购任务，难免会成为供应商的库存图书的购买者。另外供应商为了在最短时间完成一次性供书任务，难免会让一些不适合图书馆资源建设的图书浑水摸鱼，使馆藏资源的可持续发展受到影响。

从后期加工上看，问题主要集中于编目数据的质量。编目工作是图书馆重要的基础业务之一，也是信息资源序化的必经阶段。图书采访与编目如影随形，图书不经过编目，就无法借阅查询，相当一部分图书馆把图书加工的内容作为增值服务，在招标时，明确外包给图书供应商，这样加工人员固定，能保证加工质量。政府采购由于是多家供应商中标，加工人员不固定，加工标准和质量难以统一和保证。特别是对编目数据的影响比较大。编目数据质量的高低，直接影响到读者对馆藏文献的利用，如果编目质量不高，就会给读者带来相当大的麻烦。如果没有一个标准、统一、规范的馆藏编目数据资源系统，馆藏资源就像一盘散沙，就不能保证借阅，也严重影响参考咨询工作的正常开展。图书馆配商的精力主要是放在图书采购上，编目只是它的加工服务，因而对编目数据并不重视。从网上套录数据，由于不是原编数据，往往错误百出。这些数据无法达到区分与聚集的目的，直接对图书借阅和参考咨询产生负面影响，导致图书加工质量下降。

要解决以上问题，应该一方面坚持政府对信息资源配置工作的监督指导作用，另一方面还要根据图书信息资源的特殊性，大力改革，及时调整工作重心，改进政府采购工作方法与思路，做到管而不死。为促使资源配置工作良性发展，应该抓好以下几点：

（1）政府部门与图书馆加强交流沟通，化解分歧

涉及的政府采购的不足与问题，往往是政府有关部门和图书馆缺乏有效沟通造成的。从管理上看，政府应该更宏观一些，不要一竿子插到底，事无巨细都要插手管，要给图书馆一定的自主性。因为不同图书馆的定位和服务对象大不相同，不同图书馆的诉求也不完全相同。从以往的招标结果看，很少有两家图书馆的具体操作和要求是完全一致的，大部分都有差异。如有的图书馆实行全额招标，有的只是部分招标；有的单一对中文图书进行政府采购，有的对所有文献类型都采用政府采购的模式。鉴于这些差异，政府部门要主动咨询图书馆的意见，而图书馆也要从图书馆业务角度提供参考意见，协助政府部门做好政府采购工作。所以加强图书馆与政府主管部门的沟通，及时化解双方的分歧，是更好利用图书资料政府采购的首要条件。

（2）探索和试行供应商准入机制

图书资料是一种特殊的商品，图书采购是一个连续而又具有时效性的采购行为，如果使用一般商品的招标采购方法，耗时过多，直接影响到图书的采购行为和质量。可以探索和试行馆配商准入机制。由政府层面召集专家在对信息资源市场充分调研的基础上，制定一个馆配商市场准入标准，根据馆配商的企业资质和各项服务指标，如资质、性价比、供书周期、增值服务等情况，把馆配商细分为若干等级供图书馆参考，凡是列入这一名录的馆配商，图书馆有自主权与其合作，如果发现馆配商有劣迹和服务有问题的也可以由图书馆反映给政府部门，将其列入黑名单进行黄牌警告，如果还是没有改进或弄虚作假，就出示红牌永远被逐出市场经营。政府应该是市场行为下，图书馆和馆配商的裁判员，是市场行为的规范者和调控者，而不是直接下场踢球的运动员。这样既是运动员又是裁判员的角色重叠的行为，往往顾此失彼。有了市场准入这一门槛，首先过滤掉不好的馆配商和供应商，从措施上防止一些皮包馆配商来参与招投标，提高了招标质量，节省了大量考察馆配商的时间，提高了工作效率。对已经列入政府馆配商名录的馆配商实行动态考核，经考察合格的，由政府部门颁发一个有有效期的资格证书。这样不仅可以促进馆配商更好地提供服务，还能促使他们提高信息产品质量并保证服务的稳定性和长期性。

（3）实行政府采购的监督和评估机制

政府采购的工作重心在于监督与执行。加强政府采购的监督和评估机制，才能有效保证各方合理正当的利益要求。政府的监督职能是双通道的，首先体现在政府不仅要做好政府采购各个环节的监督，做到程序合法合规，还要对合同内容进行严格审查，对资金的使用情况进行全程监管，防止腐败现象的发生。另一方面，对图书馆馆配商的服务质量和合同履行情况进行监督。及时督查馆配商的合同履约情况，如有违背合同的行为，将会被记

录在案，并作为评估依据，当然图书馆也有义务配合政府部门做好馆配商的评价工作，如发现馆配商有违规操作行为，可以直接反映给政府有关部门，将其列入黑名单，规定几年不能参加投标，同时向社会公布，取消其资格，甚至进行行政处罚，这样就能促使一批有特色的优质供应商脱颖而出，同时也保证图书信息资源市场朝着健康有序的轨道发展。当然，馆配商也有权利举报图书馆的不当行为，发现图书馆有超出采购合同之外的服务要求，也可以向政府主管部门进行投诉，政府应该积极调查落实，及时处理，保证信息资源市场的公开、公平、公正，使在政府宏观监督调控下的信息资源市场行为更加顺畅，更加健康。

（三）信息资源配置的产权配置机制

1. 产权的含义与特征

信息资源配置除了受市场机制和政府机制的影响之外，还受产权机制的影响。产权是指对财产的各种权利，这些权利包括拥有、处置、享用其利的权利。使用权、转让权和收益权三者合一才构成一个完整的产权。每种权利还可以进一步细分，产权就是上述各种权利的有机结合。

不能把产权与所有权画等号，产权和所有权在性质和层次上都是不尽相同的。产权比所有权拥有更加广泛的内涵，所有权只是它所包含的内容之一，它还包括使用权、转让权、收益权等，结合财产权利来理解，可以认为所有权是财产权利最基本、最一般的形式，由于产权反映了人与人之间的关系，因而具有社会性。产权的社会性能界定的行为关系，反映了交易主体之间的权、责、利关系。通过产权划分和界定了人们可以做哪些、不可以做哪些，如果谁违反产权的规定，就应该给对方进行补偿。产权的这些行为都与财产紧密相连，以获取利润为最终目的。

产权具有可交易性。由于产权客体是主体的劳动或劳动创造的结果，具有价值和使用价值，因而具有交易和转让的可能。

2. 信息资源产权的含义

信息资源不仅是一种财产，还是可以供市场交易和消费的商品，信息资源产权包括所有权、使用权、支配权、让渡权、收益权、管理权、法权等一系列经济权利和法律权利。由于信息资源区别于一般经济资源，具有其他商品没有的许多特征，是一种无形的经济资源，所以信息资源产权也不等同于一般的产权，有其特殊的地方。在信息资源配置的过程中，明晰的产权界定就显得更加重要。

尽管信息资源共享是信息资源配置的理想状态和终极目标，但是理想很丰满，现实很骨感。事实上信息资源产权的排他性在现实中是居于统治地位的，两个或多个主体不可能同时拥有控制同一信息资源的某种相同的权利。特别是在市场经济环境下，对信息资源产权的控制更严，"资源共享"不可能像以前那样随意为之，产生了许多有关信息资源产权保护的法律，如专利法、知识产权保护法等，非专利所有者"共享"技术发明等专利信息资源需要付出一定的专利使用费，而共享资源的前提是必须缴纳一定的费用。

信息资源的开发、配置和利用都是一种社会活动，信息资源产权就是赋予这些活动主体相应的权利，规定他们可以做什么、不可以做什么、在什么样的规则下做，体现的是这些行为主体之间的责、权、利的关系。信息资源产权是一种关于信息资源的社会活动，具有社会性。

信息资源产权是一个权利集合，是可以分解的。既可以横向地分解为使用权、占有权、让渡权、收益权等，还可以按信息资源的属性分解为公有产权和私有产权，因而信息资源产权是可以细化分解的。

3. 产权的资源配置功能

产权的资源配置功能是指通过产权的确权，明确各有关利益主体对信息资源的产权支配，因而在资源配置方面做出产权安排，或通过产权结构形成资源配置状况，调节改变资源配置状态的功能。由于产权本身就是一种对资源或是生产要素权利的确立和调整，显而易见，产权应该具有资源配置的功能，其功能主要体现在以下四个方面：

（1）对无产权或产权不明的信息资源进行梳理确权

由于产权的界定可以减少不确定性，对无产权或产权不明晰的情况进行梳理，并进一步明晰产权就是信息资源配置的行为，这样做能够更好地管理现有的信息资源，通过资源利用率，整合更多的资源为我所用。比如图书馆接收一些其他部门不好管理的资源和无产权的闲散资源就是对信息资源配置的优化组合。信息资源效率的提高，优化了产权结构，从而也优化了产权的配置功能。

（2）已有的产权格局或结构，是一种资源配置的客观存在

是界定了其在不同主体之间的配置的体现。在产权主体不变的情况下，不论怎样使用所拥有的产权，怎样调整自身所有的生产要素，产权的权能、利益、损失等，都不会突破已有的格局。改变带来的信息资源配置运用上的调整，实际上是对资源的再使用、再投资、再消费的过程，也是产权对信息资源配置的约束调整的表现。

（3）产权的变动会带来资源配置状态的改变

一般情况下，只要产权有所变化，信息资源配置就必然随之改变。比如学校合并，分布在各个学校的图书馆的信息资源就要进行整合，就要改变原来产权主体下的信息资源配置状态，带来资源的流向和流量的改变，带来资源使用的分布状况的改变。如果产权改变，资源配置格局必然改变，但至于这种改变带来的效果是好是坏，资源配置效率的影响

是提高还是降低，那就另当别论了。

（4）产权状况

对于资源配置有着重要的甚至是决定性的影响。可以影响甚至决定资源配置的调节机制。

这四种功能，是产权在客观上所具有的资源配置功能。但要优化信息资源配置，提高资源配置效率，还需要产权主体的参与和投入，只有二者结合，才有可能把信息资源配置好。但要优化信息资源配置，提高资源配置效率，还需要产权主体的参与和投入，只有二者结合，才有可能把信息资源配置好。

第二节　纸质文献的空间布局与用户开发

纸质文献的空间布局主要目的有两个：一个是为了方便读者寻找查阅，另一个是便于馆员排架整架。纸质文献资源布局应该方便读者在最短的时间内找到所需要的资料，纸质文献的排架应该方便馆员对图书期刊进行后期管理。

一、纸质文献资源的空间布局

现代图书馆的空间布局相较于过去传统图书馆已经有了极大的变化。进入 21 世纪，英国国家图书馆首次提到要重新定义图书馆。之所以要重新定义图书馆，是因为未来的图书馆在科研信息的生命周期中的角色变化。图书馆已经不再是一个被动封闭的空间，而是一个泛在的场所。不但帮助人们获取信息，通过科研创造知识，而且传播科研成果，集成科研信息供读者和用户检索导航。这种多角色的要求使图书馆不得不在信息资源的组织形式和内容上进行巨大的改变。国际图联在意大利都灵召开卫星会议，其主题为"作为场所与空间的图书馆"，第一次把场所这个概念与图书馆联系起来，其实就已经在对传统图书馆的信息资源配置做了一次否定。图书馆的定义将随着物理空间的重塑和虚拟空间的拓展而改变，如果图书馆不做出改变，那么未来就是死路一条。因为信息社会人们可以依赖互联网查询自己想要的东西，电子书代替了纸本图书，图书馆无人问津就有可能消亡。图书馆存在了上千年，但如何面对新的数字为王时代突围，如何焕发长久不息的生命力，就必须由原来的文献资源藏阅合一向数字资源优先、多媒体为主的现代图书馆模式转型。

图书馆的空间布局也要随之变化，打破了过去藏阅一体的空间布局，代之以学习空间、交流空间和休闲空间并举。在学习空间方面，纸质文献资源的排列组合是把纸质文献资源按照学科性质、种次结构、文献类型等特征，根据不同的使用功能，排列组合成相对独立又相互联系的若干区域，以便读者用户查找使用。纸质文献空间布局是随着图书情报信息机构规模不断扩大、资源数量不断增多、用户借阅和访问量剧增的新形势，不断调整的结果，具有相当的科学性和客观性。

纸质文献资源空间布局一般分为三种结构形式，即水平布局、垂直布局和混合布局。

（一）水平布局结构

所有的资源都安排在同一个平面层次上。图书馆建筑的三个主要部分：书库、阅览室和工作人员办公区处于一个水平面上，这种纸质文献资源布局的书库，称为展开式水平布局结构。适合小型图书情报机构。因其纸质文献资源不多，建筑规模不大，小型图书情报机构还仍然采用这种结构形式。要求排列清楚，藏书空间应该与使用空间有机结合，方便图书馆工作人员熟悉和研究藏书，提高工作质量，有效管理藏书。优势是管理直接、一目了然。不足是功能重合，容易相互干扰；对于资源丰富的图书馆，显得空间不够。

（二）垂直布局结构

纸质文献资源布局从一个水平面的布局发展到多层布局，图书馆的基本书库与图书馆的其他建筑分开，或阅览室环绕书库，或书库有专门的通道运输线路与图书馆阅览室及其他部门相连接，不仅能保持藏书的安全状态，还能使书库藏书与读者保持短距离的联系。多数大中型图书馆适用这种布局模式。纸质文献资源布局从一个水平面的布局发展到多层布局，形成了一个塔式书库。优点是功能分开、互不干扰。缺点是这种布局结构灵活性较差，不便调整，馆员工作不便，如一人管理多层书库，频繁地上楼下楼会消耗大量体力。

（三）混合布局结构

结合水平布局和垂直布局的优点，采用了水平与垂直混合布局。这种布局方式在空间上呈三维立体方向伸展。适合现代图书馆的空间布局。这种布局将常用书放在同一水平面上，使读者方便利用，将不常用的书放置在书库不太重要显眼的位置或密集库中。优点是兼顾了水平布局和垂直布局的功能。

二、纸质文献资源空间布局的要求

（一）方便读者使用

图书馆学习空间资源配置应该体现以读者为先的思想，优先考虑如何方便读者，使读者在最短的时间内找到需要的图书。因此图书馆应该普遍实行开放式的空间布局，方便读者迅速找到所需要的书刊，如香港城市大学图书馆的空间布局，体现了学科化和现代化的服务理念。在一个平层的空间中，书库面积占40%，馆藏图书不按分类法排架，而是按主题排列于4个主题区；另有45%的面积用于学习空间共享，提高读者服务的工作效率。这一尝试打破了原有的资源布局模式，给我们提供了一种新的思路。

（二）方便馆员管理

在方便读者利用藏书的前提下，实现开架阅览，无形中造成了图书和期刊乱拿乱放的现象，也增加了馆员工作的强度和难度，为了提高工作质量，方便图书馆工作人员进行藏书的有效管理（如图书的入库上架和藏书的排列、检索、清点等工作），空间布局也必须考虑馆员工作的方便性。图书馆工作人员如果不对藏书进行有效管理，方便读者利用也只是空谈。

三、书库的划分与布局

根据"二八法则"，图书馆专业20%的图书能够满足80%读者的需求，所以图书馆的藏书不可能全都摆在读者面前，那就要划分书库。可以根据不同的标准，划分成功能不同的书库。应该说书库的划分是图书纸质书布局的核心。图书馆只有根据不同的需求和标准将纸质图书划分成不同类型，组成各种系列的书库，才能科学合理地安排与布局。划分书库的标准和依据很多，但通常的做法是根据读者的保障功能和使用方式，划分为基本馆藏书库、辅助工具书库和专门特藏书库；根据藏书利用率来组织藏书，将书库划分为一线藏书、二线藏书和三线藏书。

（一）基本书库

基本书库是收藏图书的主体和基础，在图书收藏中处于枢纽的决定性地位，也被称为"总书库"。基本书库中既收藏常用的书刊，也收藏供研究用的参考性书刊和不常用的偶尔备查的资料性的书刊。基本书库收藏的文献类型也是多种多样的，既有印刷型文献资料，也有诸如缩微、音像、光盘等非印刷型文献资料。样本库也被包含在基本库内。其主要功能有：对藏书全面收藏、长久储备，临时调阅参考以及剔除处理等。

（二）辅助书库

辅助书库是指图书馆为借书处、阅览室、研究室等读者服务部门设置的书库。它是基本书库的补充。如公共图书馆的"农家书屋"，高校图书馆分布在各个院系科研院所的图书资料室。以方便使用为原则，使读者最需要的藏书接近读者，其藏书最具实用性和较高借阅率。辅助书库的设置要根据图书馆的规模和性质灵活安排。大中型图书馆可根据需要设置专科性、专题性等针对性较强的辅助书库，以满足读者专门性的借阅和参考需要。一般配置读者最需要的藏书，常用参考书和工具书，具有相对的独立性和稳定性。其藏书一般保持稳定，同时根据读者需求不断地补充实用性、参考性强的新节，剔除利用率不高或内容陈旧的图书。

（三）专门书库

专门书库又称特藏书库，作为图书馆特色纸质部分，主要是为满足读者的特殊需要或解决某些特殊文献的保管而设置的。专门书库的设置视图书馆的规模和性质而定，各不相同，其收藏文献资料的范围较广，包括图书馆的善本、珍本、稿本、地方文献、特种文献、声像资料、缩微资料、光盘资料等。专门书库的设置体现了具体图书情报机构的纸质文献资源特色和服务特色。如国家图书馆的手稿专藏、善本书专藏，省级图书馆的地方文献专藏，高校图书馆的博士、硕士论文库。

（四）一线藏书书库

一线藏书是指读者借阅率和利用率最高的图书，一般出版和发行时间相对较新。包括开架借书处和开架阅览室的辅助书库。一线藏书书库收藏的文献资源具有针对性、现实性，利用率高，最新出版的书刊多，供读者开架借阅。在进行入藏新书刊时，应首先保证一线书库的需要。要求一线藏书至少能够满足读者总借阅量的 50%～60%，一线开架借阅书库为最新书刊，大约收藏 5 年以内的图书和 3 年以内的期刊。

（五）二线藏书书库

二线藏书书库是指读者阅览率比较高，相当于闭架或半开架的辅助书库。包括阅览室的闭架和半开架书库。其收藏的文献资源针对性和现实性较强，利用率较高，按期出版的书刊较多，向用户提供查目借阅服务。要求二线藏书能满足读者总借阅量的 20%～30%，二线闭架借阅书库收藏 5 年以上的图书和 3 年以上的期刊。

（六）三线藏书书库

三线藏书书库是指读者一般浏览借阅很少，利用率比较低的书库。其收藏的文献资源利用率低，多是各种陈旧过时的和比较少用的书刊，仅供部分读者备查参考，必要时提供临时借阅。三线书库主要收藏 10 年以上利用价值不大的图书。

传统图书馆的藏书布局有很大的局限性，即藏书、借阅和阅览各自独立安排，相互封闭。空间狭小、功能单一的书库、阅览室给读者带来许多不便。读者因有时不能直接接触到图书，无法浏览了解该书的内容因而无法选择，往往一种资料收藏于多处，需要读者来往奔走多次才能找到。同时设置过多的阅览室还会安排较多馆员，造成人力资源的浪费。另外复本多而且借阅率低的图书，也是对采购资金的一种浪费。传统图书馆强调"静"，进入图书馆只需要静悄悄地读书就行了，禁止讨论交流，不允许大声喧哗，这已经大大落伍于形势的发展。

随着网络技术的发展和图书馆服务理念、服务模式的改变，为方便读者获取信息资源，交流信息，实行"藏借阅一体化"的新型藏书布局模式，需打造集学习交流休闲一体化的空间，促使图书馆更新观念，建成复合型的图书馆。

"藏借阅一体化"就是破除了原先封闭的书库围墙，读者凭证件进入图书馆后，就可以通过自助借还机完成借还。现代图书馆通常采用大空间设计，根据需要分割成不同的功能区。图书馆"藏借阅一体化"这一新型藏书布局模式的优点体现在：

第一，全开架的借阅，读者可自行到检索机器检索所需要的书，了解图书所在的位置和剩余数量。方便了读者在图书馆浏览书中内容，通过浏览，判断是否需要借阅。

第二，开架借阅后，可以适当减少复本数，通过计算机对借阅图书的频次统计分析，可以得出使用频率不高的书，以后采购就要有所侧重，少买或不买这类书。节约了图书购置经费。

第三，由于新的布局，节省了人力资源，把过去许多工作人员做的工作交给读者去做，提高了劳动效率。

第四，图书馆的这种布局适应了学习共享空间、科研交流空间与在线学习相互融合、相互促进的大趋势。服务理念和服务模式的更新，方便读者、满足读者需求，体现了以人为本和效率优先的科学管理思路，实现了现代服务设备和服务手段不断升级，为读者带来更好的服务体验。

四、书库内的排架

布局和排架是组织纸质文献的两种重要形式，布局是指整体上的行为，是对全馆而言的，排架是具体到每一个房间内的排列展示。二者有区别又有联系。纸质文献排架又称纸质文献排列，是指按文献的种类和编号将纸质文献有序地排列在固定的书架位置，便于馆员读者准确及时地归架与借阅。每种文献排列的顺序，一般按索书号来组织，便于读者用户寻找借阅。

（一）纸质文献排架的要求

为了做到科学合理便捷地取书和归架，达到方便检索、存取的目的，图书馆馆藏文献排架一般来说，应该遵循以下几个方面的要求：

第一，便于检索和利用，能简便迅速地取书及归架，节省人力和时间。

第二，便于读者系统地选择使用纸质文献，也便于图书馆工作人员通过书架直接了解和掌握文献的入藏情况和库存情况。

第三，充分利用书库空间，节约书库面积，减少倒架的次数。

第四，有利于对纸质文献资源的管理，便于清点和剔除。

（二）纸质文献排架的方法

纸质文献排架方法，按文献的特征标志，可分为两种类型：一种是以文献的内容特征为标志的内容排架法，包括分类排架、专题排架，其中，分类排架是主要的方法；另一种是以文献的外在特征为标志的形式排架法，包括字顺排架、登记号排架、固定排架、年代排架、书型排架、文种排架、地区排架等，其中，字顺排架、登记号排架、固定排架是主要的排架方法。

1. 内容排架法

内容排架法是按照文献内容进行排架的方法。一般按照类别或专题，分为分类排架和专题排架法。

（1）分类排架法

分类排架法是按照学科体系排列纸质文献的方法。基本上按照图书分类法的图书分类号顺序排列，把同一类号的文献集中排列在一起，同一类号下的不同文献再按书次号排列。排架时先按分类号顺序排列，分类号相同，再按书次号排列，一直区分到同类文献的不同品种。

分类排架法是各类图书情报机构最常用的一种排架方法，也是提供给图书馆管理员最便捷的排列方法，便于工作人员熟悉和研究纸质文献资源，有利于阅读指导，同时也给读者查找纸质文献资源及类别相近的纸质文献资源提供了方便。但其也有不足之处，体现在：为了集中同类纸质文献资源，必然要在每类后留下一定书架空当，便于今后图书的入藏，因而在大多数书架排列不满的情况下，就造成了书架的浪费；在新入藏文献大量增加，某些类别纸质文献排列的书架饱和时，则要调整书架甚至倒库，需要耗费人力、物力和时间；由于分类排架法号码冗长、繁杂，影响工作效率，且容易出错。尽管如此，由于分类排架法优点更加突出，仍不失为一种常用的排架方法。

（2）专题排架法

专题排架法也是一种按纸质文献的内容特征排列文献的方法。是将图书馆的纸质文献按专题范围划分并组织排列起来的方法，通常具有专架陈列、专架展览性质。与分类排架法不同，分类排架是将文献按学科体系纵向展开，专题排架则是将文献按横向范围集中，打破了学科隶属界线，将分散在各个小类，甚至大类下的同一专题的文献集中在一起，向读者宣传推荐，这对从事专题研究的人员来说，非常方便他们获得与某一专题有关的各方面的资料。

专题排架法一般不给纸质文献标注专题排架号，只作为临时性排架。各专题之间也没有必然联系，因此，专题排架法机动性、适应性强，通常在需要的时候用来宣传某个专题或某一体裁的纸质文献，不适用于排列大量的纸质文献。

2. 形式排架法

形式排架法是指按纸质文献的外部特征来进行排架的方法，主要包括七种具体方法。

（1）登记号排架法

按图书馆为每一册文献编制的个别登记号的顺序来进行纸质文献排架的方法。登记号排架法不适用于普通书库排架，一般是用来对各种利用率低的备用纸质文献进行密集排架。优点是根据个别登记号取文献、归架、清点都很方便，而且节省书库空间，不用倒架。缺点是按文献入藏的先后顺序排列，各种文献之间没有必然的联系，同类及同责任者的纸质文献也不能集中，不便于检索利用。

（2）固定排架法

按入藏文献的先后顺序，依次固定排列在书架上，并按照这个固定的位置，给每一册文献一个具体的排架号，形成固定排架号。这种排架号由三部分组成：书架号、层格号和某一文献在该层的顺序号。优缺点与登记号排架法相同，但却更适用于排列保存性及储备性纸质文献，特别是古籍线装书。

（3）字顺排架法

依据一定的检字方法，按照文献的题名或责任者名称的字顺来进行排架的方法。字顺排架法，通常作为分类排架法的辅助排架方法来排列中外文图书，使同类、同种书集中在一起。这种方法辅之以年代区分，可以用于中外文报刊合订本的排架。

（4）书型排架法

按文献装订的大小等外形特征分别排列特殊规格或特殊装帧的书刊资料，是一种辅助性组配排架法。这种排架法，将不同类型、不同规格的文献区分开来，并用不同的字母标示特殊规格书型出版物。采用这种方法排列纸质图书能大量节约书库空间，而且还能使书架整齐美观。但由于这种排架方法缺乏科学的逻辑顺序，只能在特殊类型图书馆中使用。

（5）文种排架法

按文献本身的语言文种，排列各种外文文献。这是一种辅助性组配排架法，与分类、字顺排架法同时使用。首先将纸质文献按文种区分，然后将相同文种的文献按照分类、字顺或其他号码排列。外文文献的文种一般区分为西文、俄文、日文及其他文种，在收藏大量外文或少数民族文种文献的图书馆，这种方法被广泛采用。

（6）年代排架法

按文献本身的出版年代顺序排列纸质文献的方法。这是一种辅助性组配排架方法，特别适用于过期报纸、期刊的合订本及其他有年代标志的连续出版物。同登记号排架法或字顺排架法结合使用才有意义。

（7）地区排架法

按照文献出版或内容涉及的地域（国家、省、市、自治区）名称排列纸质文献的方法，主要用于地方志等的排架，是一种辅助性的排架法。

应该说每一种纸质文献排架的方法都有各自的优缺点。因此，在纸质文献排架实践中，图书馆一般情况下是综合使用几种方法，对于不同文献采用不同的排架方法，以便取长补短、优势互补。对于不同的纸质文献类型运用不同的排架法，不可生搬硬套，应具体情况具体分析，有的放矢地进行排架工作。

3. 纸质文献资源的主要排架工作法

（1）普通图书的排架

一般采用分类与字顺（著者字顺、书名字顺）或分类与序号（种次号）配合使用。按照分类种次号排架比较简单，容易掌握，工作效率也高，但不能集中同一门类中同一著者的著作。分类著者号则可以集中同一门类中同著者的著作。因此，这两种排列方法较多地被图书馆采用。

（2）期刊的排架

期刊的排架分为现刊排架和过刊排架。现刊排架的方法比较简单，期刊品种较少的图书馆可以直接按刊名字顺或期刊原有出版刊号顺序排架。期刊品种较多的图书馆要先按大类粗分，再按刊名字顺或种次号排列。过刊的排列通常采用四种方法：第一种是分类刊名字顺排列，即先按分类号排列，同类再按刊名字顺排列；第二种是分类种次号排架法，即先按分类号排列，同类再按种次号排列；第三种是刊名字顺排列，即先按刊名字顺排列，同种期刊再按年代顺序排列；第四种是登记号排列，即按过刊合订本的个别登记号顺序排列。

（3）特种文献的排架

科技报告、专利说明书、技术标准等特种文献，因原来都编有各自出版顺序号，用户也比较注意这些文献的原有文献出版顺序号，所以，如果图书馆收藏的此类文献多，就可按原有出版顺序号排架，但如果收藏的数量少，则仍按其入藏登记号顺序排架。

（4）内部文献的排架

内部交流的文献和零散的文献，篇幅少，装订简单，数量较多，出版形式多样，应装入文献袋或文献盒中，采用登记号排架。这样既便于使用，又有利于纸质文献资源保护。

第三节 数字信息资源配置的组织与方法

一、数字信息资源配置的内涵和特征

数字信息资源配置主要是对数字信息资源中的信息内容、信息技术设备、信息系统等进行合理分配与布局，合理调控数字资源的数量和质量，为广大用户提供丰富的数字信息资源保障，不断方便用户使用数字资源，提高数字资源的利用率和访问量，实现数字信息使用价值的最大化，最大限度地为读者服务。

数字信息资源是一种虚拟资源，也是一种经济资源，与其他的实体资源相比，还有自己的特征。正因为数字信息资源的这些特征，使得数字信息资源在配置过程中也存在着特殊的现象。数字信息资源配置的特征主要体现在以下几个方面：

（一）层次性

数字信息资源配置的层次性是由数字信息资源本身的层次性和用户需求的层次性组成。数字信息资源的层次性本身包括内容上和载体上的层次性两个方面。一方面内容上的层次性是指数字信息资源开发的程度有深有浅，另一方面载体上的层次性是指数字信息资源具有不同性质的载体形式。而用户需求的层次性是指用户的文化背景、年龄层次、知识结构等不同，使得对数字信息资源的需求也各不相同。

（二）动态性

数字信息资源是一种随着时间的变化而变化的动态资源。伴随着人类社会科学技术的发展和经济活动的永不停歇，数字信息资源的产生、发展和消亡就处于一个运动过程中，旧的数字信息资源逐渐过时被淘汰，新的数字信息资源不断产生和发挥作用。

数字信息资源的配置随着数字信息资源的动态性不断发展变化，伴随着数字信息资源内容、质量、时效性变化，以及数字信息资源共享环境、条件和要求的变化，数字信息资源配置组织方式需要重新改变。数字信息资源的组织主要受数字信息资源供给能力、数字信息资源需求、数字信息资源价格及采购实力等因素的影响。

（三）渐进性

数字信息资源的配置过程本质上就是一个从不合理逐步趋向合理，从无效率或低效率逐步趋向有效率的过程。在这个过程中，要特别避免"耗散结构"现象的发生。通过信息资源的配置和组织，把处于混乱无序状态的数字信息资源调整到井井有条。

（四）时效性

数字信息资源与纸质文献资源一样，都有一定的使用寿命，因而具有时效性。时效性意味着把握时机的重要性。如果配置过早，利用率不高，数字信息资源得不到及时和全面的发掘，就会造成不必要的浪费。

因此，数字信息资源的时效性要求在数字信息资源配置过程中，综合考虑，善于把握时机，只有时机适宜并在合适的时间进行配置，才能取得最大的效益。

（五）共享性

互联网的存在，使得数字信息资源的共享更为方便和及时。数字信息资源可以被不同的用户使用，而不会受用户数量的限制，通过共享还能使得数字信息资源的内容变得更加丰富多彩。数字信息资源共享不仅为读者提供更多资源，还可以节省大量的资金。

二、数字信息资源组织的主要路径和方法

随着互联网的深入发展，信息网络化已经成为现实。除付费配置的数字资源以外，还有海量的网络信息资源等待发掘利用。但在互联网环境下，网络信息资源往往呈现出游离状态，网络信息的发布者具有很大的随意性和自由度，信息内容的真实性和客观性也有待于甄别和确定，其资源的利用价值和使用价值也有待于进一步发现。把处于无序状态或者说无政府状态的网络信息资源组织起来，梳理调整合成网络数字资源绝非易事，只有树立一定的质量把控标杆，建立严格的管理监督机制，才能有序地组织网络信息资源，才能带来真正有序的信息空间，实现数字信息资源的最大化利用。因此制定和寻找一定的组织路径，才能快刀斩乱麻，才能理出头绪，做好数字资源的组织序化工作。

（一）信息组织的主要路径

网络信息资源的组织路径一般包括文件路径、自由文本路径、搜索引擎路径、数据

库、超媒体、主题树、指引库等组织方式。

1. 文件的组织方式

把不同格式的信息资源统一用文件方式组织起来，统一管理统一调用。在文件中，各种非结构形式的资源都可以被收纳，如程序算法、图像图形、音频视频、多媒体资料等。文件组织形式的优势是管理组织信息资源简单易行。美中不足的是网络的负载过大，检索使用不方便，管理层次简单，不适合复杂的管理层次结构，影响信息资源的调用和控制。

2. 自由文本的组织方式

主要适合全文数据库的信息组织，可以完整呈现一次文献全貌，自由检索任一字段，区别于二次文献数据库的组织不需要前控，语言处理简单易行，不必用规范化语言，用自然语言就可以完全揭示信息资源。用户也不必使用规范语言，用自然语言就可以检索到自己需要的资源。

3. 搜索引擎的组织方式

利用搜索引擎组织数字信息资源的方式。根据 TCP/IP 网络协议在网上漫游，发现新的网址、网页信息，然后对有用的信息进行抽取、排序、归并后建立网络索引数据库。网络索引数据库提供特定处理系统需要的相关信息，如网址、一些相关性描述的信息和一些可被计算机识别的字段和字符等。用户使用关键词就可以搜索需要的信息资源，根据搜索引擎提供的网址，顺藤摸瓜找到资源所在。但是搜索引擎给我们提供的网址内容非常庞杂，如果进行学术研究，还必须去粗取精、精心挑选，减少盲目性，提高检索效率。

4. 数据库的组织方式

数据库的组织，采用固定结构方式，应用巡视软件采集和标引网络信息资源，然后保留存储。可以通过关键词查询，根据查询结果直接链接相应的网络信息资源。数据库组织方式可以大量处理结构化的数字资源，提高信息的有序性、完整性和安全性。但对非结构化的信息处理无能为力。

5. 超媒体的组织方式

超媒体是超文本技术与多媒体技术的结合体。利用该技术可以把文本图像、图标图示、声音画面等多媒体信息资源统统整合在一起，用户可以通过浏览的方式搜寻所需信息，不需要语言检索，但同时也带来了浏览过多、难于准确定位自己想要的信息资源的不足。如果不对浏览站点或网页进行保存，往往会在浏览的过程中迷失，找不到回去的方向，从而陷入一种信息"迷航"现象。

6. 主题树的组织方式

这是一种基于树型浏览网络信息的方式。对信息资源进行主次排列组合，按照一定的逻辑关系和归属，并命名一定的主题，从而为信息资源组织打下基础。根据树形结构组织起来的信息资源脉络清楚，主题鲜明，进行信息搜寻，界面简单易用，该方式具有严密的系统性和良好的可扩充性，缺点是要求体系结构不能过于复杂，每一类目下的索引条目不宜过多，不适宜建立大型的综合性的网络资源系统。

7. 指引库的组织方式

指引用户到特定的地址获取所需的信息。指引库将信息资源的索引按照主题分级加以组织，这样就可以把因特网上与主题相关的节点进行集中，集成一个网络导航，用户可以根据这个导航链接所需要的网址。因为指引库对这些网址进行过检查和筛选，不可靠的资源已经被过滤掉，用户使用起来非常方便，可靠性也比较强，对用户的针对性也更强。不足之处是需要对信息进行分类标引，设计主题树结构等工作量较大。

（二）数字信息资源组织的主要方法

沿用过去传统的信息资源组织方法，如分类法、主题法和书目控制等，对网络信息资源进行组织，虽然行之有效，但是毕竟不是随着网络与生俱来的工具，只不过是把它从纸本文献改造移植过来的，不能完全适应网络信息资源。针对互联网的信息组织工具如元数据、XML 可扩展标识语言、概念体系等的引入，改变了网络信息资源的组织模式。应用这些方法和工具，不仅使网络信息资源组织从信息组织迈向知识组织，而且还能围绕用户体验，从用户角度出发，真正实现面向语义的网络信息资源组织。

1. 传统的数字信息资源组织的主要方法

（1）分类组织法

是沿用文献资源的分类方法，主要以学科分类限定检索范围，从而为用户提供一个学科分类的"知识地图"，如果用户对要检索的东西把握不准，使用该种方法就可能更为无效。但是网络信息资源庞杂，甚至有些内容不好界定其学科分类，再加上网络资源的表现方式更多的是非文本信息，这样单靠分类搜寻显得力不从心。

（2）主题组织法

依靠关键词语为检索线索，理论上可以根据词表组织网络信息资源，但实际上依靠叙词表、标题表组织网络信息资源，不仅工作量大，而且逻辑关系复杂，在互联网中几乎无人使用，更多的是采用关键词搜寻。以网站、网页的题名、地址、摘要及正文中的自然语词为关键词，来建立索引数据库，用户通过搜索引擎输入关键词，就可以检索获取到相关网络信息的超链接。目前绝大多数搜索引擎使用关键词法，不仅有效组织了网络信息资源，而且还为用户提供了高效简便灵活的检索方法，但主题组织方法往往准确率低，受关键词影响较大，还不是建立在语义关系上的检索，也就不可能非常准确地为用户找到想要的信息资源。

（3）分类主题合并法

是把分类和主题二者结合起来的方法。合并法强化了分类浏览与主题浏览之间的联系，各自弥补了二者一定的缺陷和不足，但从根本上改变不了他们对网络信息资源组织的不足，在网络环境下，信息资源组织在理论和实践上必须寻求新的突破。

由以上看出，传统的信息组织方法对组织数字和网络信息资源都有很大的局限性，因此有必要另辟蹊径，寻找新的现代组织方法。

2. 面向语义的组织方法和元数据组织方法

网络信息资源数量巨大，特别是大数据时代已经来临。随着网络的普及，传播和接收信息变得易如反掌，人类真正进入了自媒体时代。信息资源类型多种多样，既包括静态文字、图像信息，又包括声音、动画、影像等多媒体信息。生长速度极快，呈现指数型增长。但传播源头分散，缺乏有效组织。

（1）面向语义的组织方法

信息内容庞杂、信息资源质量参差不齐，如果没有有效的信息组织方法就难以应对如此大的信息量。作为读者也要求用户界面的友好性、搜索系统易用性和功能的强大性。因此面向语义层次的信息组织方法应运而生。

一般来说，网络信息资源组织存在三个层次，即语法信息、语义信息和语用信息，分别对应着信息的形式、内容和效用三个层次，与此相关，语法信息组织、语义信息组织和语用信息组织也就形成了传统信息组织与网络信息组织方法的三个层次。

语法信息是信息组织的基础，依靠语法信息这些基础材料盖成大厦；语义信息是填充大厦的内容——信息知识标引；用户通过查询，语用信息得以发挥，这三种方法都不可偏废，是相互联系的整体。但在实际操作过程中，不可能只用其中的某一层次的组织方法，只有将不同层次的不同信息组织法综合运用，才能把互联网信息资源组织好，才更加贴近并符合人类的认知规律。

为了实现基于语义网络信息资源的查询，必须改变目前 HTML 标记语言不能智能判断的缺陷。确实 HTML 标记语言简单易用，对快速促进互联网的发展功不可没，但是 HTML 标记语言的标签集只是标记了内容的显示格式，对数据的内容没有做到标记，使用 HTML 标记语言的网络信息资源就难以精确地为用户提供需要的资源。例如搜索 orange 一词，究竟是指水果，还是指橘色，HTML 标记语言无从判断。搜索引擎因而无法对知识进行理解和处理，只做简单的匹配，最终导致提供的信息资源呈现一词多义或一词同义，较高的查准率和查全率难以达到。采用 XML 标记语言就可以很好地解决此问题。XML 是一种基于 SGML 的语言，简单灵活，保留了 SGML 的可扩展功能，允许嵌套的信息结构；允许定义数量不限的标记描述资料，直接处理 Web 数据。XML 在网络资源的组织上，已成为元数据规范的语言基础，广泛应用于人工智能、知识表示和信息检索等领域，并且成为公认的国际标准格式，也是信息保存和信息交换的理想格式。

尽管 XML 标记语言相比 HTML 标记语言已经有了很大的进步，但是二者提供的信息如果不及时著录，就会杂乱无章，无头无脑，不方便用户检索。因此，元数据应运而生。

（2）元数据组织法

元数据组织法是网络信息组织的重要工具，通过选用一定数量的通用数据单元来描述互联网上的数据和资源属性，被称为数据的数据。无论是网络资源的管理者还是使用者都可通过元数据发现、组织和检索利用资源，是能够促进互联网信息资源的组织和发现的数据。通过元数据的聚合著录功能，可以把分散在网络上凌乱的、碎片化的信息资源汇总、序化、优化，形成统一的定位、选择和检索系统。用户可以快速准确地查到分布在各地的信息资源，提高检索的准确率。

元数据经过多年开发，有描述性元数据、管理型元数据、结构性元数据、保存性元数据，等等。伴随互联网智能化程度的提升，依靠主题词表、叙词表寻找信息、标引信息，也有待于进一步提升。词表逐渐演变成语义更为丰富的词库，包含更复杂的语义关系，在网络环境下，其未来的发展方向就是构建概念体系 Ontology（本体）。Ontology 是一种建模工具，用来描述信息系统的概念模型，支持复杂的概念层次结构和逻辑推理，通过使用概念体系（Ontology）这一工具，构建面向特定用户群体的个性词库，提供给特定用户群的个性化信息服务体验。利用 XML、RDF、Ontology 这些网络信息资源组织的技术工具，能够完全解决语义层次上的网络信息共享和交换。

三、数字水印技术与数字资源访问控制技术

（一）数字水印技术

确保内容消费者接收的数字作品信息内容的完整性、真实性和安全性。数字版权保护技术不是一种单一的技术，而是由数字证书、数据加密、数字水印、验证、权限描述等多种技术共同构成的综合技术体系，其中，数字水印是目前在图书馆范围内应用最为广泛的一种技术措施。数字水印技术将标识信息直接嵌入到数字载体当中，或是通过修改特定区域结构来间接表示标识信息，并且将嵌入信息隐蔽，在不影响原载体的使用价值、不易被探知和再次修改的情况下，起到标识的作用。数字图书馆中的数字载体可能是图像、音视频、文本等，标识信息即水印信息，可以是序列号、图像、文本等形式，用来识别数字内容的来源、版本、作者身份、合法使用人等重要信息。数字水印技术主要具有以下特点：

1. 安全性

数字水印是以隐蔽手段嵌入的信息，难以篡改或伪造。当原数字内容发生变化时，数字水印一般随之发生变化，对重复添加信息，也具有很强的抵抗性，从而可以用来检测原始数据的变更情况。

2. 隐蔽性

数字水印不易直接被感知，只能通过数据压缩、过滤等方法才能检测嵌入的信息，同时，数字水印不影响被保护数据的正常使用，不会因为添加数字水印而降低原数据的质量。

3. 鲁棒性

鲁棒性就是系统的健壮性，是指数据在经历数据剪切、重采样、滤波、信道噪声、有损压缩编码等多种信号处理过程后，数字水印仍能保持部分完整性而被检测出来，如果擅自去除嵌入的标识信息，就会影响数字内容的质量。

4. 嵌入容量大

嵌入容量是指载体在不发生形变的前提下嵌入的水印信息，嵌入的水印信息必须是足以表示数据内容的创建者或所有者的标志信息。数字水印包括序列号、图像、文本等各种形式。在版权标识方面，之前图书馆常见的做法是在图像、文本、视频等数字载体上直接添加标识信息，使读者能够直接感知这种方式，不但影响视觉效果，且易于被去除或者篡改，使数据的安全性受到影响。数字水印技术是利用数据隐藏原理使版权标志不见或不可听，既不损害数字内容，又能达到版权保护的目的。目前，用于版权保护的数据水印技术已经进入了初步实用化阶段，IBM 公司、Adobe 公司等就在其产品中提供了数字水印功能，可供图书馆作为技术实践参考。

（二）数字资源访问控制技术

数字资源访问控制是图书馆常用的数字版权保护措施之一，也是图书馆与数字资源提供商合同约定的必要内容。目前，图书馆进行访问控制的主要方式包括：数字资源发布范围控制、用户认证管理、用户访问行为规范等。

1. 数字资源发布范围控制

图书馆数字资源的来源十分广泛，主要获取渠道包括采购、许可授权、自主建设、征集、捐赠、交换等，各种来源资源的版权状态与使用限制也不尽相同，这要求图书馆在提供发布服务时，必须采用"分类分层"管理，严格按照版权要求和合同约定控制资源的发布范围。控制数字资源发布范围主要依靠数字资源管理系统和用户信息管理系统的设置，控制的依据是数字资源的版权状态。公有领域资源和图书馆自有版权资源允许的发布范围较为广泛，图书馆可根据自身需求选择发布控制；对于尚在版权保护期内的资源，其发布范围则受到法律约束，图书馆应根据本馆获得的授权情况进行发布。因此，在图书馆与资源提供商签订授权合同时，必须明确约定发布范围。通过计算机互联网、局域网、广播电视网、固定通信网、移动通信网等方式提供数字资源服务，涉及信息网络传播权等不同种类的版权，这是图书馆在获取授权中应当重点审查的内容，围绕发布服务范围的问题，图书馆应通过明确的合同约定和有效的权利审查，避免在服务中引起版权纠纷。

2. 用户认证管理

用户认证管理是进行数字资源访问控制的一种必要手段，结构合理、管理有效的用户认证管理系统，能够促进数字资源服务和数字版权管理得到高效、安全、有序的保障。根据不同的认证状态，图书馆用户一般可被划分为匿名用户、非实名认证用户、实名认证用户、集团等类型。图书馆应按照分级分类的原则，结合数字资源授权情况，为不同类型的用户分配不同的访问权限。一般而言，实名认证用户包括图书馆物理卡用户和网络实名认证用户，要求用户使用身份证、户口簿等有效身份证件以真实身份进行注册登记，有条件的图书馆可以探索与公安机关的身份证管理系统进行关联，以提高实名身份认证的准确率和认证效率。实名认证用户身份真实可靠，便于进行用户管理和服务跟踪，图书馆应当提倡使用实名认证，让实名认证用户成为本馆的主体用户，并在合理授权约定内为其提供相对广泛的访问权限。匿名用户，主要是指不需要任何身份认证信息，即可以"游客"身份进行访问活动的用户。非实名认证用户主要指通过一定的网络注册流程，但未使用真实身份信息进行注册的用户。这两类用户由于真实身份不明确，导致图书馆管理和服务追踪的难度加大，因此，图书馆应根据数字资源的版权状态，为匿名用户和非实名认证用户设置相对有限的访问权限。集团用户和 VIP 用户是图书馆服务特殊的用户群体。集团用户包括企事业单位用户、分馆用户等。由于集团用户的规模可能对权利人版权的收益带来影响，特别是具备采购能力的独立法人用户，因此，一般情况下数字资源提供商在进行数字版权授权时，会针对集团用户提出专门的授权政策，图书馆在进行授权谈判、用户管理、访问范围控制等环节的工作时，对此应有全盘的考虑。如果权利人许可，图书馆可以通过建立镜像站点和专用网络的方式为用户提供数字资源。同样，为 VIP 用户开放超越一般用户的特殊访问权限也应当得到权利人的许可。

3. 用户访问

在通过数字资源访问控制技术加强数字资源保护的活动中，图书馆不但可以用认证和权限管理完成访问控制的后台操作，同时可以采取明示政策和内置提示功能，以互动的方式对用户访问行为进行规范。图书馆在著作权法律法规和授权合同约定的框架之下，为用户提供数字资源服务，用户的利用行为也必须符合法律和合同的要求，为此，不少图书馆选择通过张贴海报、网络发布等各种方式向用户明示相关信息，使用户明确知晓其在访问图书馆数字资源过程中的权利和义务。例如，本节案例提到的深圳图书馆就在数字资源服务页面公开发布关于数字资源访问权限的规定，使用户在开始使用资源之前就能很清楚地了解到图书馆的管理办法。此外，也有图书馆将相关的管理信息内置于具体的数字资源中，在用户利用的特定环境进行提示，如当用户超出访问范围、超过用户使用流量限制时，系统弹出对话框提示用户。为了防止出现用户过量下载的现象，有的图书馆采取限制用户在单位时间内下载资源数量的技术措施。采用这种控制方式时，规定的下载数量应当经过科学合理的测算，并且必须保证用户在开始访问之前能够了解到图书馆的相关规定，以避免引发服务矛盾。图书馆应当合理使用资源，尊重和保护数字资源的版权，同时，也应当采取必要的防范措施，防止出现不当使用行为或侵权行为，并加强用户服务制度建设，发生用户不当使用或侵权行为，图书馆应视情节酌情给予警告、通报、注销用证卡等处罚，将造成严重影响的用户通报相关机构依法管理。

四、数字与网络技术的发展

数字与网络技术的发展极大地推动了国内外数字图书馆的建设与发展，同时也使图书馆面临的著作权问题更加复杂。数字图书馆涉及数字资源建设、数字资源组织、数字资源服务等各项环节与业务，在数字资源建设与服务过程中不可避免地要遭遇著作权问题。能否妥善处理著作权问题，直接关系到数字图书馆项目的资源建设规模、服务模式、服务范围等方方面面。数字图书馆获得信息资源的途径包括两种：一种是获得法律的授权，另一种是获得合同的授权。目前，国内外多个数字图书馆项目在如火如荼地开展，各个数字图书馆都在极力寻求适合于自身发展的著作权解决方案，有的已积累了许多成功的经验，并形成了可被他人借鉴的模式，这些数字图书馆项目解决著作权问题的方式大多从以下几个角度出发：或充分开发公有领域资源，或充分利用著作权法中的权利豁免，或与著作权集体管理组织、出版社、作者等签订授权协议，这些都是数字图书馆建设与发展过程中解决版权问题的有益探索与有效途径。此外，图书馆还需要采取各种措施与手段来保障数字资源版权管理工作顺利开展，例如应用版权管理技术、制定版权规章制度及设置版权管理岗位等。本书通过对国内外数字图书馆建设与服务各环节的侵权风险、版权管理实践案例进行分析与总结，在版权侵权风险防范、版权战略规划制订与实施、利用法律法规与政策支持、获取著作权授权、应用版权管理技术及制定版权管理制度等方面提出了具体的操作建议，以期为图书馆数字资源版权管理工作的开展提供借鉴。

第四节　互联网信息资源的未来与开发

一、网络环境对信息资源配置的影响

互联网和计算机技术的突飞猛进，使全球网络资源迅速增加，在当今网络环境下，用户可以在全球范围内寻找、传播和储存自己所需要的资源，同时这些资源的类型也是丰富多彩、不拘一格的，可以是正式出版的电子书籍、期刊，也可以是流动性很大的数字信息，如论坛公告、新闻网页、博客、微信、推特等。有一种观点认为，只要有一个网络存在，图书馆就没有存在的必要了，甚至有人提出在 2050 年后，图书馆就消亡了，丰富全面的网络资源可以完全取代图书馆的书库、期刊库和影像库等，利用网络可以逐步淘汰传统的图书馆，图书馆的价值就是把纸张媒介的资源转换为可以在计算机网络上流通的数字资源，把实际的图书馆发展成虚拟的图书馆，这种偏颇的认识很快被现实所否定。事实上文献和信息的资源是海量而复杂的，网络搜索引擎不能完全有效整理和组织信息，发现通过搜索引擎获得的信息包含大量价值低、质量差的信息，实际上网络信息的利用率也正在随着网络信息资源呈几何级的增长而降低。在信息爆炸的时代，图书馆的业务内容绝不仅仅是原有传统文献的数字形式的转换，而是肩负着组织海量网络信息资源的艰巨责任，把正确和权威的信息资源提供给读者。

二、网络数字信息类型与资源配置

为了更加深入地了解和有效地利用网络信息资源，首先要对网络信息资源进行分类。尽管人们从多种角度对网络信息资源进行了类型化研究，提出了不同的划分方法，但还没有完全一致的标准，因而对网络信息资源的分类也相对不统一。甚至有的国外学者将互联网资源细分为 26 种类型之多，但都只是罗列形式，缺乏概括和提炼总结。专家学者提出的分类方案达十余种之多，从不同的角度为我们认识网络信息资源提供了多种入口。

（一）按交流方式划分

1. 非正式出版的信息

互联网上信息量大、流动性强，但信息的真实性和质量难以保证，难于控制动态性信息。如电子邮件、专题讨论小组和论坛、电子会议、电子布告板、博客、微信等。

2. 半正式出版的信息

指没有纳入正式出版信息系统的"灰色"信息。如各团体、企业、商业部门、行业协会、政府机构和国际组织等网站所提供的描述性信息。

3. 正式出版的信息

拥有版权以电子网络版的形式出版的知识性和科学性信息。例如在网络上正式发行的电子出版物、各种数据库、新闻门户网站发布的新闻以及其他动态信息。

（二）按加工程度划分

1. 一次网络信息资源

指互联网第一手的原始信息，包括电子书籍、电子报刊、电子邮件、网络论坛、网络新闻组，还有各种各样的网站，如企业网站、政府网站等。

2. 二次网络信息资源

指对一次网络信息资源的收集、加工和处理后的信息资源，主要包括搜索引擎、网络导航、网络数据库、虚拟图书馆等。

3. 三次网络信息资源

指收集并重新组织和处理二次网络信息资源后的信息，如网络述评、网站评估、搜索引擎推荐等。

（三）按内容和用途划分

1. 普通型网络信息资源

主要指反映某个组织或个人相关信息、某类学科知识的信息。

2. 专门资料型网络信息资源

主要指全面为用户提供的可供查检的网络信息资源，如网络数据库、搜索引擎、专利检索网站等。

3. 数据资料型网络信息资源

通常指汇集的相关数据与信息，一般按地域、时间、内容、版权或者其他分类加以组织。

4. 即时资料型网络信息资源

通常指实时产生在网络论坛、网络新闻组、电子留言板、博客等平台上的信息。

（四）按表现形式划分

1. 全文型网络信息资源

指各种报纸、期刊、文献、政府出版物、专利、标准的全文，以及全文型的其他网站。

2. 数值型网络信息资源

指主要提供统计数据、产品或商品的规格及价格的网站。

3. 书目索引型网络信息资源

指联机公用图书馆目录（OPACS）和其他书目型检索系统。如美国科学信息研究所（简称 ISI）的"Web of Science"，它是 ISI 出版的各种引文索引的网络版。

4. 实时活动型网络信息资源

指各种网络论坛、网络新闻组里的信息，以及网站上的投资行情、电子商务等。

（五）按载体形式划分

1. 文本信息

如文字、符号、表格等。

2. 多媒体信息

如声音、图像、视频等。

（六）按出版类型划分

1. 源于万维网的信息

指的是始创于万维网的信息，例如：维基（Wiki）的条目、个人网页、电子邮件等。

2. 基于万维网的信息

指的是移植到万维网的信息，例如在版的报纸杂志网络版。美国出版的《时代周刊》《新闻周刊》以及《纽约时报》都有网络版。

上述几种划分标准与方法，从不同的角度对网络信息资源进行了分类，其中一些还有交叉复合。由于没有统一的划分标准，即使是同一种网络信息资源，如电子邮件，也会因为分类的标准不同而被划分为不同的类别。由于网络信息资源内容繁杂、形式多样、发展迅速，网络信息资源完全可能被划分出更多和更新的类型，从而进一步深化网络信息资源类型化的研究。划分未来信息资源类型无非是对这些资源更好地进行分析，探索出网络信息资源配置的最佳模式。互联网信息资源评价和筛选变得越来越重要，因为读者越来越依赖于互联网的信息资源，因此在互联网资源的选择标准上，应该遵循五个方面：内容的真实性和客观性，数据形式的统一性，链接的标准性和可用性，知识产权的明晰性，资源更新的及时性。

三、数据库的选择取舍

数据库选择和引进要从宏观上把握，必须有一定的战略规划，这一战略选择和资源配置对读者用户和图书馆的长期建设影响深远，既深刻影响图书馆的长远发展，也影响图书馆信息资源建设质量和效益。

战略上的宏观规划提供了图书馆未来配置数字资源的整体性框架，但根本上还要重视具体的实施和选择。为了更好地服务于数据库采购工作，建立数据库选择模式，确立数据库选择标准，一般在选择数据库的情况下，有四种常见的采购决策状态：

（一）高费用、高价值状态

这一状态被认为是可行状态。在可行状态下，尽管图书馆付出费用高但能够满足读者用户的电子访问需求，那也是值得的。

（二）高费用、低价值状态

这一状态被认为是失败状态。图书馆付出了高额采购费用，却没有读者用户访问使用，没有产生相应的使用价值，是一次失败的信息资源配置，原因可能是决策时没有考虑本地读者用户的需要。

（三）低费用、高价值状态

这一状态被认为是理想状态。在理想状态下，图书馆用尽可能低的采购投入，却能满足绝大多数读者用户的需求，实现了低投入、高效益的理想状态。

（四）低费用、低价值状态

这一状态被认为无意义状态。尽管图书馆购买了不太昂贵的信息资源，但读者用户也不需要这些资源，所以可有可无，对信息资源配置来讲就毫无意义。

数据库的费用本身就很高，还连年轮番涨价，许多图书馆的经费有限承受不起，如何更为有效实现低费用、高价值的理想状态，应反思数据库采购中存在的问题。有的学者发现读者用户在利用互联网搜索引擎搜索论文时，最需要和最关心的是论文而不是期刊，针对此种情况，提出了一些更有效的解决方式：采取精确定点采购即通过聚合器或文献传递获取期刊论文，这样既能够节省经费，又能满足读者需求，两全其美。但这样往往受到数据库商的限制和抵制。

四、网络资源与数字化信息资源开发

（一）网络信息资源的特点

网络信息是世界上信息量最丰富、使用最便捷、用户最多、发展最快的信息资源，是现代信息资源的重要表现形式之一，几乎涵盖了人类的整个知识领域。网络信息的内容和形式十分丰富，有文本信息，也有超文本和多媒体信息。网络信息资源区别于传统文献资源的优势在于它是按非线性文本组织模式，将信息单元存于节点，通过链接形成网状结构，既可按线性顺序查阅信息，又可根据节点任意浏览信息。网络信息以动态化存在，时效性强，更新较快。网站信息的更新既能大到知识总量的增减，也能小到一篇文章的变化。人们对网络信息资源的含义有不同的看法，比较有代表性的是网络信息资源是存储和呈现在互联网上的各种格式的信息集合，是信息活动中各种要素的总称。

网络作为报纸、广播和电视之后产生的第四媒体，集各种媒体之大成。概括起来，具有下列特点：

1. 存储载体数字化

以数字化形式存在的信息，密度高、容量大、易存储。既可以在计算机本地处理，也可以通过互联网进行远距离传送处理，还可以无损耗地被重复使用。

2. 信息格式多样化

网络信息资源不仅有文本的全文呈现，还有非文本的多媒体格式，诸如图像、音频、视频、软件、数据等。还有如电子报刊、电子工具书、数据库、文献索引、统计数据、电子地图等文献类型。

3. 传播媒介网络化

网络时代的信息存储与传输以网络为媒介，体现了网络资源的社会性和共享性。只要有计算机和网络的地方，就会有网络信息资源。

4. 资源层次复杂化

网络信息资源包罗万象，是多媒体、多类型、多语种信息的混合体。网络信息层次众多，不仅有一次信息、二次信息、三次信息层次，还有多媒体信息和超文本信息层次，还有电子书刊、书目数据库、联机数据库、软件程序，等等。信息的来源既有个人，也有团体机构。

5. 交流渠道自由化

互联网是一个开放的信息自由平台。既有权威的正式的信息交流渠道，也有各种非正式交流渠道，如电子邮件、个人网站、新闻组、论坛与博客等。这些交互性的渠道既提供了自由发表个人见解的广阔空间，也提供了获取非出版信息的丰富机会。

6. 传播方式的动态化

网络信息传播快速，更新及时，实时性强。不少新闻站点、商业站点、博客站点的内容更新非常频繁，信息能及时得到交流。

7. 资源管理无序化

大量的信息资源分散在网络的不同层次和节点上，没有一个中心点，处于无序状态。信息的数量庞大而繁杂，没有系统性和组织性；内容丰富且多变，缺乏质量控制和管理。各种出版物交织在一起，形式参差不齐；不同信息混为一体，质量良莠不齐。

8. 信息检索专业化

通过搜索引擎和其他检索工具，可以根据需要对网络信息进行检索与查询，如关键字词的查询、书目检索、全文检索，等等。查到的结果按相关性大小顺序排列，所需信息内容一目了然。

（二）如何鉴别和评价网络信息资源

网络信息资源呈现多样化、复杂化、动态化、无序化特征，决定了网络信息资源的分类方式的百花齐放，很难形成统一的标准。这些特点也同样使得对网络信息资源的质量评价方法繁杂，没有固定的模式。近年来，网络信息资源的评价与选择受到了越来越多的关注，美国威斯康星大学的图书馆提出了评价网络信息资源的"10C"原则。这个著名的"10C"原则如下：

1. 内容
指的是与内容有关的指标，如目标与动机，普及性或学术性，内容更新频率等。

2. 可信度
作者是否可靠，内容是否可信，出版者是否权威等。

3. 批判性思考
怎样凭经验和知识来评价网络信息资源，是否能鉴定出作者与出版者，使用什么准则来评价网络信息资源。

4. 版权
无条件地尊重网络信息资源的任何版权。

5. 引文
引用网络信息资源时必须列上出处，引文必须规范。

6. 连贯性

网站的管理与更新、网络信息资源的获得现在是免费，将来是否还是免费。

7. 审查制度

读者是否被限制使用网络，搜索引擎是否过滤敏感词汇，网络论坛的讨论是否被督导。

8. 联网能力

信息资源如何连接到网络上，信息用户是否熟悉网络工具及其应用。

9. 兼容性

网络信息资源之间是否兼容，不同时期的网络信息资源是否兼容。

10. 范围

包括研究范围、搜索范围、网络信息资源是否在要求的范围内等。

美国南加州大学教授罗伯特提出了"CARS 检验体系"，该检验系统主要包括以下内容：

置信度，主要评价指标包括值得信赖的信息资源、作者的资质凭证、质量控制的依据、知名度和权威性，以及来自组织机构的支持。其目的是要有一个权威性的信息资源来提供有力证据，从而提高信任度。

准确性，是评价信息的真实性和新颖性。其目的是保证有一个正确无误的信息资源来提供全部事实。

合理性，主要评价指标是公正、平衡、客观、适度。没有利益冲突，杜绝严厉批评的语气。其目的是要有一个与真理有关的信息资源来周到而合理地阐述主题。

支持度，主要评价指标包括已经列出的信息资源，联系地址信息。其目的是要有一个能够提供令人信服的明确的信息资源。由于很多信息来自别的信息源，信息源的引用会增强信息的可信度。"CARS 检验体系"的运用能够帮助人们甄别信息并检验其质量。

（三）未来网络信息资源配置的趋势

1. 多媒体信息

未来网络信息资源的发展形式应该是多媒体，多媒体信息是信息社会发展的必然趋势。回顾历史，人类文明一直是伴随着传播媒介的变革而发展的。从结绳记事到活字印刷，从电报电话到广播电视，从纸张载体到数字载体，每一种新媒介的出现，在产生新的信息形式的同时，也给人类带来了社会结构、生活方式的变化，人们在远古时期就知道把文字和绘画综合起来阐述一个主题。这是人类最早对信息形式的融合使用。印刷技术提供了融合文字信息与图表信息的基础，电视技术提供了音频信息和视频信息融合的基础，计算机技术提供了印刷传播媒介与电子传播媒介融合的基础。近十几年发展起来的网络技术则提供了融合多种信息形式与传播媒介的基础，使得多媒体信息可以融合各种信息形式，借助超文本形式，在网络上随意地流动。

正处在一个多媒体技术迅速发展和普及推广的年代。网络媒介的多媒体形式突破了单一的信息呈现形式，表现出多姿多彩的媒介形式，不仅可以反映文本数据图表，还能展现更加生动的声音、动态画面和视频，甚至可以描述虚拟的世界，给人以无穷的丰富的想象空间。多媒体信息资源更加贴近生活，贴近自然，因而在现代信息社会中的意义十分重大。不但提供了更为先进的信息发布平台，而且还实现了文字、图片、声音、画面及其他种种信息形式在一个平台内的共存。作为多种信息形式与传播媒介的融合形式，多媒体信息无疑是信息化发展的必然趋势，具备将报刊、广播和电视的传播优势集中于网络的能力。网络出版便是一个很好的例子。包括电子图书、网络期刊、网络报纸、网络广播、网络电视、网络音像、网络文件、网络软件等，都可以在互联网上传播发行。网络出版也可以采取多媒体形式出版，网络多媒体出版物集文字、图形、声音、影像、动画之大成，给读者以视、听、感、触4D立体感受，远远超过传统出版以纯文本为主的单一形式。

2. 虚拟现实信息

虚拟现实技术可以用来创建一个与真实世界相似的虚拟世界。虚拟世界是通过 VR 技术描述三维虚拟空间环境，具有非常逼真的视听、触摸等感觉的三维效果，用户可借助于 VR 技术参与到虚拟空间，进行信息交换、感受三维逼真环境，尽管这个时空相对于真实的世界是虚幻的，但从根本上改变了人类的思维方式。虚拟现实技术的发展和应用，如投影式 VR 系统可以将计算机生成的三维虚拟空间通过立体投影仪，投影到一个或多个屏幕上，也可以投影到球形屏幕上，体验者站在屏幕前，可以看到自己在虚拟空间的移动和操作。体验者可以与虚拟空间进行实时交互，计算机可识别参与者的移动和操作，步移景异，使得参与者感觉就像是在真实世界一样。投影式 VR 系统可以使多用户同时具有完全投入的感觉，因此投影式 VR 系统是多用户方式。中国国家图书馆的馆内大厅"虚拟现实漫游"项目就是多用户投影式 VR 系统。

通过网络，未来可以访问虚拟的图书馆，在虚拟图书馆中漫游，浏览图书，享受多媒体信息，参与互动。其交互性体验和感受给人耳目一新的感觉。

清华大学图书馆推出了全新3D全景栏目，将清华大学图书馆的图书馆外景、逸夫馆二层、老馆一角和人文社科馆的虚拟场景通过互联网展示给用户。清华大学图书馆的3D全景能够使用户"真实"地体验图书馆馆舍。

第八章 高校图书馆资源管理实践

高校图书馆要建立科学的文献资源保障体系，一方面需要源源不断地购买新的文献资源，另一方面需要对已经收藏的文献资源进行科学合理的组织管理。文献资源的组织管理，是指将所收集、加工的文献，按照一定的要求进行合理的布局、排列、保护和剔除，并进行有效的控制与调节，即科学地处理好藏书保存与使用的关系，尽可能地调节入藏与利用的关系。是一项技术性和工艺性都很强的工作，是高校图书馆文献资源建设的基本内容之一。

同样的文献资料，不同的组织方法，其利用效果是截然不同的，一个藏书虽少，但组织得当的图书馆，其作用肯定会胜过文献数量庞大而组织混乱的图书馆。为了高效率、高质量地开展文献资源建设工作，高校图书馆必须要在制度的完善、队伍的建设、经费的管理、馆藏布局等方面加强组织管理，充分发挥藏书系统的功能。

第一节 高校图书馆资源的来源与选择

一、高校图书馆文献资源的来源

高校图书馆的文献资源建设工作是根据高校图书馆的性质、任务和读者需求、经费状况，通过选择采集建立起来的，并连续不断地补充新出版物；满足教学、科研与读者需求是高校图书馆文献资源建设工作的宗旨，是建立馆藏资源的最终目标，也是文献采访工作的出发点与归宿。而这个过程的开展与最终完成，必须依靠出版发行信息才能够进行，出版发行信息是文献采访工作的主导因素，因此，重视与开展出版发行信息研究工作，对高校图书馆的馆藏文献资源建设有着十分重要的意义。

出版发行信息一般包括文献出版发行动态、文献发行机构，发行的文献内容、质量、类型、载体，发行时间、发行方式、获取途径等。

（一）我国文献的出版发行

传统图书馆时期，我国的出版发行信息主要是由新华书店和一些出版机构提供的书目、书评、书摘、广告，其功能就是作为图书出版信息介绍宣传和作为图书订购工具。而图书馆的文献采访活动多依赖这些，尤其是"三目"，即：《社科新书目》《科技新书目》《全国地方版科技新书目》等。随着电子化、数字化和网络化的普及与应用，文献采访活动所借助的出版发行信息不再局限于传统的新华书店、出版社、编辑部、邮局和专业图书进出口公司，还有各个专业学会、协会、学术机构、社会团体、电子出版物出版商、各类文献信息、出版机构门户网站、联机数据库服务商、因特网信息服务商等机构；类型也不仅有印刷型，还有电子版、光盘版、网络版等形式的信息内容。

1. 我国出版发行事业的基本状况

我国的出版发行事业尽管有着悠久的历史，但真正发展还是在改革开放以后。从20世纪80年代开始到目前，我国的出版业无论是出版单位数量、从业人数，还是图书品种、总印数、总印张数以及销售额等各项指标均有几倍甚至几十倍的增长，产业规模迅速增长，形成了较为完整的产业体系。我国每年的出版发行量都很高，品种也是丰富多样，可以为高校图书馆的馆藏建设提供充足的文献资源。不同的出版社有不同的出版范围，按照不同的隶属关系、不同的内容范围、不同的文献类型和不同的读者对象，可将出版社做以下类型划分。

按照不同的隶属关系，可分为政府出版社、部门出版社和团体出版社。政府出版社是指由中央和各地党务系统领导的出版机构、国家新闻出版署领导的国家级出版机构和由各省、市、自治区新闻出版局领导的各地方出版机构，如人民出版社、生活·读书·新知三联书店、商务印书馆、中华书局等。部门出版社是指由各专业系统及下属单位直接管辖的出版机构和军队系统领导的出版机构，如机械工业出版社、人民交通出版社、解放军文艺出版社等。团体出版社由群众团体领导，如中国青年出版社、工人出版社等。

按照不同的内容范围，可分为专业性出版社、综合性出版社、多学科出版社。如湖北人民出版社、人民出版社等属于综合性出版社；水利水电出版社、机械工业出版社、人民文学出版社等属于专业性出版社；各大学出版社、科学出版社、商务印书馆等属于多学科出版社。

按照不同的文献类型，可分为图书出版社、期刊出版社、报纸出版社、音像出版社、电子出版社、特种文献出版社（包括专利文献出版社、标准文献出版社、地图出版社）等。

按照不同的读者对象，可分为青年读物出版社、少年儿童读物出版社、农村读物出版社、老年读物出版社、妇女读物出版社等。如中国少年儿童出版社、中国青年出版社、农村读物出版社、中国老年出版社、中国妇女出版社等。

我国的出版社遍布全国各地，但由于北京、上海分别是我国的政治和经济中心，一直是我国的出版中心和出版基地，全国图书出版机构有 60%集中在两地。尽管发行量较大、较有权威的出版物大多由中央国家级出版机构或各级政府及所属部门出版，但不少地方出版社也不甘落后，经过几年发展，不仅数量大幅增加，而且质量也有很大提高。随着计算机和网络的发展，电子、网络出版业也发展迅速。

2. 出版社简介

高校图书馆文献资源建设需要收集收藏许多出版社出版的文献资料；期刊资料一般通过邮局征订；数字资源一般先试用后购买；后两者选择的难度相对较小，唯有图书因为每年的出版发行量较大，选择的难度相对也较大。为便于及时收集收藏到需要且适用的图书，提高高校图书馆的工作效率，下面着重介绍一些知名的出版社。

（1）大学出版社

20 世纪 70 年代末，为了解决学术著作出版难的"瓶颈"障碍，一批作为我国高等教育事业和出版事业重要组成部分的大学出版社相继成立。从中国人民大学、华东师范大学、北京大学等经批准恢复或组建的大学出版社算起，大学出版事业已历经了几十年时间，全国各大学出版社的出版量占我国总出版量的极小部分。大学出版社以为教学和科研服务为办社宗旨，出版了大量高质量的教材和学术著作，基本上形成了一个专业分工较为合理、学科结构较为全面的出版体系，正在逐步成为我国出版学术著作和科学、文化、教育读物的重要基地，成为反映我国高校教学和科研水平、展示国家科学文化发展水平的重要窗口。不同的大学出版社有不同的出版特色，高校图书馆一般根据本校的学科专业来选择购书。如清华大学的计算机实力较强，一般有计算机专业的高校其图书馆都会收藏清华大学出版社出版的相关学术著作。比较有特色的大学出版社主要有清华大学出版社、北京大学出版社、中国人民大学出版社、复旦大学出版社、武汉大学出版社、广西师范大学出版社、浙江大学出版社、厦门大学出版社、天津大学出版社等。

（2）专业出版社

各专业出版社是专业图书的主要生产者；高等学校实施的是专业教育，是专业教材、教学参考书、专业科技图书和工具书的重要消费市场，是高校图书馆文献收藏的重点。国内仅一级专业出版社就有 40 多家，如机械工业出版社、化学工业出版社、电子工业出版社、中国水利水电出版社、中信出版社等。

（3）其他多学科出版社

多学科出版社出版的图书面较广，可以满足不同读者群体的需求，高校图书馆可有针对性地选择多学科出版社，收集收藏与本校相关的学术著作、教学参考书、工具书等。除了大学出版社外，国内多学科出版社还有很多，下面主要介绍高等教育出版社、科学出版社、中国社会科学出版社、生活·读书·新知三联书店、商务印书馆和中华书局等几家比较有名的出版社。

高等教育出版社创立于 1954 年 5 月 18 日，是中华人民共和国教育部所属的出版全国高等教育、职业技术教育和成人教育教材的综合性的大型出版社，1978 年至今累计出版教材 3 万余种，包括新编教材和国外教材的中译本、影印本等，满足了我国普通高等教育理、工、文、农、医各科，中等职业技术学校以及成人自学高考等各个层次、各个学科的教学需要。其出版物质量优良，广获好评，众多教材颇具影响。目前，高等教育出版社已成为具备多学科、多类型、多层次、多品种、多媒体形式出版能力，业务涉及图书、期刊、音像制品、电子出版物以及网络、电视等领域的大型综合性出版传媒集团，综合实力和竞争力不断加强，并在教材出版领域引领国内潮流，并产生了一定的国际影响。许多高校图书馆都将高等教育出版社出版的图书作为收藏的首选。

科学出版社是中国科学出版集团的核心企业和全国最大的综合性科技出版机构，于 1954 年 8 月由中国科学院编译局与 20 世纪 30 年代创建的有较大影响的龙门书局合并而成。1993 年 8 月恢复使用"龙门书局"副牌。科学出版社以科学（S）、技术（T）、医学（M）、教育（E）为主要出版领域，每年出书 7000 余种（含重印书），期刊 200 多种。先后有 200 余种图书在国家级、省部级以上的评奖中获奖，在历届优秀科技图书评奖和科技期刊评奖中始终名列前茅。荣获国家首批"全国优秀出版社"称号以及"首届中国出版政府奖先进出版单位奖"。科学出版社的竞争力位居全国科技类出版社榜首，在全国出版社中名列第三四位。作为中国科学出版集团的核心企业，科学出版社正积极推进集团文化体制改革，努力完成中国科学出版集团"一个平台、两个中心"的建设，即建立集团科技内容资源平台，以适应数字化出版和内容产业发展的需要，同时将集团建设成为中国优秀科技成果的发布中心和国外优秀科技成果的引进中心，成为以 STME 为主要出版领域的高水平、综合性、国际化的科技出版集团，为促进中国科技走向国际做出贡献。

中国社会科学出版社成立于 1978 年 6 月，是由中国社会科学院创办并主管的以出版人文社会科学学术著作为主的国家级出版社。编辑出版中国社会科学院和全国哲学社会科学界、文化界学者的优秀成果，包括专著、资料、教科书、教参书、工具书和普及性读物；出版国外重要人文社会科学著作的中译本。中国社会科学出版社将坚持走"品牌立足、名社发展"之路，在不断提升学术品牌地位的同时，进一步发展壮大，为传播先进文化、繁荣学术、多出精品、提高全民族文化素质做出更大的贡献。

生活·读书·新知三联书店是一家具有悠久历史和光荣传统的国家级综合出版社，前身是生活书店、读书出版社和新知书店合并，成立生活·读书·新知三联书店，后与人民出版社合并。三联书店以出版社会人文科学的著译图书为主，兼及性质相近的实用书、工具书、电子书，包括用文学艺术形式表现文化、学术理念的图书。在积极打造社科人文图书核心竞争力的同时，三联书店努力推动期刊群的发展，现有《读书》《三联生活周刊》《竞争力》《三联财经》和《爱乐》等刊物。三联书店始终以"竭诚为读者服务"为办社宗旨，以"人文精神、思想智慧"为坚守的文化精神，努力追求特色和品位，不懈追求创新与发展。

商务印书馆创立于上海，1954年迁至北京，是中国近代出版事业中历史最悠久的出版基地，也是我国重要的辞书出版基地，出版的辞书以权威性、科学性、规范性著称。中华人民共和国成立初期，商务印书馆承担了翻译出版国外哲学社会科学和编纂出版中外文辞书等出版任务，逐渐形成了以"汉译世界学术名著""世界名人传记"为代表的翻译作品，和《辞源》《新华字典》《现代汉语词典》《英华大词典》等为代表的中外文辞书为主要支柱的出版格局。除汉译世界学术名著和辞书两大支柱之外，商务印书馆还积极出版国内学者的原创性学术研究，出版传播国内学者的一流研究成果；针对青少年和大众读者，开发素质教育读物和文化普及读物；与哈佛商学院出版公司合作，翻译出版哈佛商学院的畅销经管图书；成立商务印书馆世界汉语教学研究中心，以学术研究带动对外汉语教材研发，把该中心建成世界汉语教学精品图书的研发基地和出版基地。其出版的100多种精品书刊相继荣获国家图书奖、国家期刊奖等省部级以上重要奖项，在出版行业一直处于领军地位，始终有较大的影响力。

中华书局是整理出版中国古代和近代文学、历史、哲学、语言文字及相关的学术著作、通俗读物的专业出版社，出版了《资治通鉴》《甲骨文合集》《殷周金文集成》《中华大藏经》《王力古汉语字典》等经典图书，特别是"二十四史"及《清史稿》点校本，被公认是新中国最伟大的古籍整理出版工程。中华书局出版的汉语工具书也为广大读者信赖。中华书局在迈向多元化的企业发展道路上不断探索新路，在弘扬和普及中华优秀文化方面做出了新的努力。

（二）外国文献的出版发行

世界各国共有出版社10万多家，分为综合性出版社、专业性出版社、参考工具书出版社、大学出版社、教科书出版社、政府出版机构、学术团体出版机构等七种类型，主要集中在北美、西欧、日本等发达国家。各种不同类型的出版社都有自己的出版特点，例如：综合性出版社由于建立较早、规模较大、编辑出版力量雄厚，其出书质量高、出版范围广，在世界很多国家设立有分公司、代理机构和经销点，如美国的约翰·威利父子出版公司、英国的培加蒙出版社等；专业性出版社由于规模较小，出版的图书内容比较专业，有的只出版某一学科或几个学科的图书，其出版的图书学术价值较高，如日本东京的化学同人社、美国的数学出版社等；参考工具书出版社专门出版综合性或专业性参考工具书，如英国的麦克米兰出版有限公司和美国的鲍克公司等；大学出版社主要出版反映本校学术水平的教授和学者的学术著作，出版的图书学术水平高，如英国的牛津大学出版社、美国的哈佛大学出版社、日本的东京大学出版社等；教科书出版社主要以出版各类学校的教科书为主，同时也出版一些教学参考书，如美国的利顿教育出版公司等；政府出版机构专门出版政府保密性文件，如美国政府出版局、英国皇家出版局等；学术团体出版机构主要出版本学会组织学术活动所产生的文献，此类文献很多是最新的研究成果，有很高的学术水平，如美国的电器与电子工程学会、英国的皇家化学会都设有这样的出版机构。尽管国外出版社数量庞大，但真正出版量大、出书稳定、久负盛名的出版社不多，绝大多数出版社是每年只出几本或几年才出一本的小出版社和"皮包出版商"。下面着重介绍几个国外知名的出版社。

1. 约翰·威立父子出版公司

1807 年创建于美国，是全球知名的出版机构，面向专业人士、科研人员、教育工作者、学生、终身学习者提供必需的知识和服务。经过 200 多年的发展，威立已经在全球学术出版、高等教育出版和专业及大众图书出版领域建立起了卓越的品牌，成为全球唯一一家业务涵盖这三大领域并处于领先地位的独立出版商。在学术出版领域，威立一直处于世界的前列，出版高质量的学术图书、参考工具书、在线图书、期刊、过刊集、实验室指南、循证医学图书馆、数据库等，是众多的国际权威学会的合作伙伴。2007 年 2 月威立收购布莱克威尔出版控股有限公司，并将其与自己的科学、技术及医学业务合并组建世界领先的出版商，出版大约 1350 种同行评审学术期刊及涵盖面广泛的具有全球影响力的书籍，涵盖学科领域包括科学、技术、医学、社会科学及人文。威立不断加强学术出版在线平台的建设与提升，更快更好地为广大科研教学人员提供最新的高质量的信息。在高等教育领域，在会计专业、数学、物理学、人体解剖学、生理学、化学和工科及各种工程学领域保持着重要的市场占有率，并且着力于建立更功能化的网络和远程教学环境、扩大资源共享的伙伴。提供优秀的教程，并且有自己开发的教与学的平台，在专业出版和店销书领域，多项出版物类别中处于绝对领先的地位。根据行业的统计数字，威立是全美排名第一的技术类、旅游类、专业的心理学、建筑和烹调类图书出版商，第二大的烹饪和商业类图书出版商，第三大店销书和教育类图书出版商。Wiley 的强势学科包括化学化工、生命科学、医学、材料、计算机科学及电子电气通信、统计学、数学、工程学、地理地质、地球与环境科学、建筑、设计、物理和天文学，心理学和教育学、金融管理、农、林、牧、渔、动物、食品和营养、人文、社科类学科等。

2. 泰勒–弗朗西斯出版集团

在英国、欧洲、美国、澳大利亚、中国、印度、马来西亚和新加坡均设有办事处，每年出版超过 1100 种期刊和 2600 种新书，目前已出版的专业书籍达到 40000 余种。出版物拥有高质量美誉，涉及人文科学、社会科学、自然科学、经济、金融、商业管理和法律等专业领域，大约 1/4 的科研出版物是与学术团体合作出版的，同时泰勒–弗朗西斯出版集团还投入大量精力促进这些团体的发展。

泰勒–弗朗西斯出版集团一直致力于高质量学术出版，为研究人员、专业人士、教师、学生等出版重要的第一手资料，提供高品质的资讯与服务，以满足他们日益增长的研究需求。此外，泰勒–弗朗西斯亚洲太平洋公司同时在中国代理发行十余家欧洲、美国及新加坡等地区出版社的原版图书，主要涉及人文科学和社会科学。

3. 新加坡世界科技出版公司

新加坡世界科技出版公司是国际一流的英文科学技术出版机构，也是亚太地区最大的英文科技出版公司，旗下拥有"世界科技""帝国学院出版社（ICI）"两大知名科技出版品牌，每年出版高质量英文科技图书 400 余种，涵盖物理、数学、化学、非线性科学、材料学、纳米技术、计算机科学、工程技术、医学、生命科学、商业与管理等重要学科领域。

世界科技一直因其高品质出版物而享有盛誉，尤其在物理和数学领域，世界科技更是成为全球顶尖的专业学术出版社。世界科技拥有一支包括众多诺贝尔奖得主、菲尔兹奖得主等国际知名学者的作者队伍。1991 年，世界科技获得诺贝尔基金的授权，在全球独家出版发行 1901 年以来全部学科诺贝尔奖获奖者的讲座文集（英文）。这不仅仅是一种荣誉，也是对"世界科技"高水平、高质量的出版品质和实力的肯定。

世界科技的书籍因其高学术水准、系统的逻辑性以及完整性而被众多高等教育机构和研究机构采用作为教材或参考书。采用该公司的出版物作为教材的世界顶尖学府包括普林斯顿大学、耶鲁大学、剑桥大学、牛津大学、康奈尔大学、麻省理工学院、哈佛大学、斯坦福大学和加州理工学院等。

4. 剑桥大学出版社

剑桥大学出版社成立于 1534 年，是剑桥大学的印刷和出版机构，也是世界上历史最悠久及规模最大的大学出版社之一，数百年来，一直致力于发展印刷和出版事业，并以"获取、推动、保护和传播科学文化知识"为己任。剑桥大学出版社每年出版将近 2500 册书籍和 200 多种刊物，涉及数学、物理、工程、生物、地球环境及大气科学、天文学、医药、经济、法律、语言、文学、历史、政治、哲学、音乐、艺术等学科，包括科学技术、人文社会科学、医学、大学教材、期刊和圣经等，在 121 个国家拥有超过 35542 位作者，遍及北美、南美、澳大利亚、非洲、亚洲和伊比利亚半岛等。

剑桥大学出版社是世界上最大的纯数学、应用数学和统计学出版社之一，既出版 Hardy 等著名科学家的数学经典著作，也出版当今热门课题的大学及研究生教材。许多丛书都被中国科学院、北京大学、清华大学、中国科技大学、武汉大学、南开大学、复旦大学、北京师范大学、首都师范大学、扬州大学等成套收藏。

剑桥大学出版社的物理出版物在光学、光电子学和光子学，凝聚态物理、纳米及介观物理，粒子物理及核物理，理论物理及数学物理，原子物理、分子物理和化学物理，等离子物理和聚变物理，非线性科学和流体动力学，宇宙学、相对论和重力等学科具有明显的优势，并向量子物理、统计物理、生物物理、物理哲学等新兴学科发展。工程技术是剑桥大学出版社重点发展的学科之一，出版物主要集中在电子工程等新兴学科上，如电子、光电子、半导体、无线通信、电磁、微波、热流体学等，尤其是通信方面的出版物具有世界领先水平。剑桥大学出版社是世界上最大的和最著名的天文学出版社，主要为普通读者、业余天文工作者、本科生、研究生和学术研究人员出版太空生物学、天体物理学、宇宙学、相对论和重力、行星科学、等离子及太阳和电离层物理学、天文学史、天文科普、实践及业余天文学等方面各种类型和水平的书籍。医学是剑桥学术和专业出版部最大的学科。剑桥出版的医学图书主要集中在精神病学、神经病学、麻醉医学和放射医学，另外在生殖医学、儿科学、血液病学、肿瘤学、病理学、产科学和妇科学上也发展迅速。

剑桥大学出版社是世界上最大的经济学出版社之一，在经济学的几乎所有出版领域都有积极表现，尤其在计量经济学、国际经济学和经济学史的出版上实力强劲，另外在金融会计和工商管理方面的发展也非常快速。主要出版本科生和研究生教材，也出版学术专著，以及面向普通读者的经济学读本。

剑桥大学出版社是世界上重要的法律出版社之一，每年出版 100 多种法律图书，内容涉及学术研究、律师用书和不同领域的教材，以时效性、连续性和高质量而闻名于世，尤其在国际法、人权法、比较法及公司法方面独树一帜。剑桥大学出版社也是世界上最大的文学学术研究出版社，每年出版超过 200 种文学学术书籍，涉及范围从古英格兰研究、文学理论、戏剧、古文书学、书信集到文学批评，从英国文学、美国文学、欧洲文学到世界各地的文学。在英语语言和语言学领域中，剑桥出版物举世闻名。剑桥英语语言及语言类图书的出版涉及领域广泛，其中应用语言学及理论语言学尤为突出。"剑桥"成了国际史学界的著名品牌，随后出版的冠以"剑桥"品牌的世界断代史、地区史或国别史无不跻身学术精品之列，被全球知识界列入有关专题的主要参考书目。剑桥历史系列发展迅速，剑桥政治思想史系列、剑桥文学史系列、剑桥哲学史系列、剑桥戏剧史系列、剑桥宗教史以及剑桥科技史陆续出版完成。这些都使得剑桥的历史出版物在学术性、权威性以及方便实用性上受到了全世界读者的认可。

二、高校图书馆文献资源的选择与采购

选择与采购是高校图书馆文献资源建设活动中的两个重要环节，对馆藏文献的质量起着决定性的作用。为了使入藏文献符合本馆文献资源建设原则和发展规划，避免文献入藏的盲目性，文献采访人员应对本馆的性质任务、用户需求、馆藏文献资源现状、本地区其他馆的文献资源状况及馆藏文献资源来源等需求信息进行调查研究，从而为文献选择提供标准依据。这需要按以下步骤进行。

（一）需求信息调研

1. 本馆性质、任务调研

作为图书馆的文献采访人员，在购置文献资源前，首先要对本馆的性质、任务、目标和服务重点准确掌握，并在此基础上确定本馆的文献采访范围、重点、特色和结构。例如，要定期了解学校学科建设情况，了解学校专业设置情况、课程安排和教学参考书目，了解本校教师科研情况，及时掌握学校的发展动态及规划，是否新增或停办某些专业，哪些学科上升为国家级、省级和校级重点学科，并以此作为文献订购的参考依据。同时，还要根据本馆的发展规划，经济实力，读者人数以及完成本馆任务、目标所需的文献保障，确定适当的文献采集规模。

2. 用户需求调研

用户需求调研，主要是指开展对本校读者的文献信息需求的调查研究，这是提高文献收藏质量和效益的重要环节。

（1）征集意见

文献采访人员通过听取、征询馆内书刊阅览部、用户服务部等读者服务窗口部门的意见，了解本馆馆藏文献的利用情况，定期进行馆藏文献利用状况分析，从而掌握读者的文献需求和特点。

（2）定期召开读者座谈会

这是了解用户需求的最直接有效的调查手段之一，可针对不同的读者群体，如本科生、研究生、普通教师、专家学者等召开不同层次、不同范围的座谈会，从而满足读者的文献需要。

（3）印发文献利用调查表

表格的内容可包括以下一些项目：读者姓名、年龄、职称、学历、专业，经常使用哪

些图书、期刊、电子资源及对馆藏文献购置的意见和建议等。通过对收回的调查表进行分析研究，可了解读者利用文献的规律，并直接获得读者的意见和建议。

（4）深入基层调研

每学期深入学院和相关单位征求教师和学生意见，请相关学科的专家学者和广大师生荐购文献。

（5）通过开发文献资源荐购平台，广泛征求读者意见

为建立读者和图书馆之间的桥梁，让读者真正参与图书馆馆藏文献信息资源建设，让图书馆了解读者需求，高校图书馆应开发基于网络的文献资源荐购平台，通过该平台发布馆藏已有的图书、期刊、报纸、电子图书、数据库等资源信息，使读者有针对性地评价已购文献资源，推荐新的文献资源。对于新增和停购的文献资源，应有充分的依据，并多方征询读者和读者服务窗口馆员的意见，避免随意性。

3. 馆藏信息调研

（1）要对本馆馆藏文献的收藏情况有总体了解

例如，本馆图书、期刊的收藏重点，收藏特色，目前共收藏中外文图书种数和册数，中外文期刊种数，馆藏中外文图书和中外文期刊的大致比例，电子图书与印刷型图书、电子期刊与印刷型期刊的大致比例等。

（2）统计馆藏文献的利用率

高校图书馆的文献资源建设应充分考虑满足本校本地区的教学、科研和经济文化的需要，具有相对稳定的学科范围和读者范围。通过对馆藏不同类型的文献利用情况进行统计分析，可以将相关文献利用率指标作为确定该种文献是否订购的一个参考依据。

（3）对馆藏文献资源进行分类、比较、研究和总结

通过对馆藏的全面分析，了解馆藏图书、期刊的特色，本校各个学科、专业是否都有一定数量的图书、期刊作为文献保障，重点学科是否得到倾斜，馆藏图书、期刊是否存在严重的学科分布不均衡现象、可替代资源的数量等。

4. 本地区其他图书馆文献资源状况调研

由于经费的限制，任何一个高校图书馆的馆藏资源都不可能实现"大而全""小而全"，必须通过其他方式进行馆藏补充。目前，较好的补充方式就是资源共享，特别是与本地区其他图书馆的资源共享。对本地区其他图书馆的馆藏资源结构、特色、规模、收藏重点等情况进行全面的了解，将有利于采访人员有针对性地收集、收藏，避免重复浪费。

5. 出版信息调研

中文报刊最主要的征订目录是每年秋季邮局印发的下一年度《报刊简明目录》，各联合征订发行商和自办发行的期刊也会向高校图书馆邮寄征订目录、订单或样刊，高校图书

馆在订购时一般参考《中文核心期刊要目总览》《中国报刊大全》《中国期刊年鉴》《中国期刊名录》《中文期刊大词典》等工具书及《中文社会科学引文索引（CSSCI）》《中国科学引文数据库（CSCD）》等期刊数据库，并以此作为选择依据。很多高校图书馆中文期刊主要以《中文核心期刊要目总览》为参考依据；外文期刊在订购时一般参考《乌利希国际期刊指南》和《乌利希季刊》《国外科学技术核心期刊总览》等工具书，并以此作为选择依据，还有中图公司、教图公司、世界图书出版公司等代理商的《外国报刊目录》（每年出一册）和引进版权报刊目录等，这些目录图书馆一般在每年夏天可收到。近年来，中图公司、教图公司、华教快捷等期刊发行商都建立了网站，通过网上就能了解期刊征订信息。如笔者所在的院校图书馆主要以《国外科学技术核心期刊总览》为参考依据。中文图书采购主要的征订目录是《全国新书目》《社科新书目》《科技新书目》《全国地方版科技新书目》等，这些书目都可以通过相关网站了解并下载。随着网络的发展，很多发行商为提高到货率，开始自己想办法尽早获得各出版社的准确信息，并制作成更为个性化的新书机读目录，及时提供给图书馆以供批量查重和采选，也有越来越多的出版社通过自己的网站发布新书信息，并通过更加快捷的电子邮件、QQ、MSN等方式发布新书信息并对书商或图书馆提供机读目录的下载，图书馆采访部门所能获得的出版信息也是越来越准确和迅速。外文图书传统上也是以中国图书进出口（集团）总公司和中国教育图书进出口公司自行编制的《外国社会科学新书目》《外国科学技术新书目》《外国学术团体新书目》《外国高科技文献新书目》等为主。随着网络发展，很多高校图书馆通过中图公司、教图公司、中国国际图书贸易总公司等公司网站获取外文原版图书出版发行信息并下载其数据，由于外文图书价格昂贵，高校图书馆一般以校内用户推荐为主要选择依据，为了更好地服务于用户，中国图书进出口公司开发的"海外图书采选系统"（PSOP），不仅为图书馆采访人员提供更加及时的出版信息，而且改变了传统手工操作的图书馆外文图书采选的工作模式，利用现代信息与网络技术，建立符合本馆发展的个性化工作平台。

　　声像资源、电子资源、网络资源由于其特殊性，其出版发行信息主要来源于新闻媒体、出版发行商的推广宣传等，而且在选择时一般考虑其价值和影响，如很多高校图书馆选择中央电视台《百家讲坛》《世纪大讲堂》等系列光盘。很多高校图书馆还根据学校的办学特点和定位采用集团采购的方式选购适合本校的重要数据库。

　　要全面掌握出版信息，应健全图书、期刊供应信息的流通机制，为此一是要与图书、期刊出版发行部门或经营商建立新型的信息共享关系，确保信息的完整性、准确性、可靠性和信息传递的顺畅性与时效性；二是要运用信息技术和各种媒体，从书刊、网页、广播电视等各种媒体采集与传递图书、期刊供应信息，从而广泛地了解图书、期刊出版发行动态；三是要加强与其他高校图书馆之间的信息交流与协作，共享信息资源；四是要健全图书、期刊需求信息的流通机制，加强采购人员与读者的信息、交流渠道，使图书、期刊需求信息能及时得以传递和掌握，有时读者也会推荐一些采访人员未了解的新信息。

（二）采访原则

高校图书馆文献采访的基本任务是为教学、科研服务，满足用户文献资料的需求，因此高校图书馆必须结合学校和本馆的发展规划，根据本校学科建设和科研活动，按照本馆文献资源建设原则制定科学的采访原则。科学的采访原则是做好采访工作的基础，在新形势下，高校图书馆采访工作应该遵循以下几方面原则。

1. 实用性原则

文献采购应以本校学科专业的设置及主要科研方向为依据，尽可能使采购的文献符合实际使用需要，满足学生的阅读需求；为教师自身素质的提高和更好地完成教学科研工作提供丰富的专业文献资料，以适应本校多学科、多层次的办学要求。根据专业设置和教育教学内容的变化，不断调整和改变采购重点，最大限度满足本校读者对文献的需求。对于新专业、新课程等，应加大经费投入力度，重点扶持，力争在较短的时间内，购进相关专业课程读者所需要的书刊资料，使新专业、新课程的教学工作顺利进行。对于即将停办的专业或课程，应果断停止或限制相应书刊的购买，以免造成浪费和闲置。原版外文图书的采购可实行"一对一"的采购原则，即为人订书和为书找人，有重点地选择一些有关专业的科研项目及重点专业由它们选书，到馆后及时地"为书找人"，这样的做法使得原版外文图书真正地最大限度地发挥使用效益。

2. 系统性与完整性原则

系统性要求采购的书刊资料要相互联系、有比例、成体系。完整性要求采购的书刊资料不缺不漏。坚持长期性、及时性，避免乱采乱购、毫无计划、随意中断是保障系统性和完整性的关键。

3. 时效性原则

图书和期刊都具有时效性，这就要求采访人员必须通过各种渠道采购最新的书刊文献，时刻把握保证学术价值和适合专业读者需求的标准，为此，一方面，对时效性强的书刊文献，如年鉴、计算机和英语四、六级考试方面的资料尽快采购最新版本并随时剔旧，尽量用电子文献去代替，以便节省尽可能多的经费；另一方面，对一些学术价值高、时效性差的文献应努力收集齐全。

4. 高质量原则

随着文献出版发行量的剧增，不同的文献其内容价值、印刷质量和服务是参差不齐的，在采访时，一方面要注重出版单位、著作人、主编人等信息，另一方面要选择好的书商，包括它的规模、信誉度、到书率、到书时间、服务质量和组织图书的能力等。目前，各高校图书馆合作书商都是通过招投标方式确定，图书选择以知名出版社和特色出版社为重点，著作人、主编人一般以相关学科的专家学者为选择重点。

5. 满足需求原则

满足读者需求是高校图书馆采访工作的根本所在，高校图书馆在购买文献时，一方面要满足不同层次读者对不同学术价值文献资料的要求，另一方面要满足不同层次读者对不同层次文献数量如图书的种类和复本的要求。在高校，读者人数一般是随着学术水平的提高而减少的，读者对文献资料品种和数量的需求是随着学术水平的提高而提高的，因此，在经费有限的情况下，高校图书馆应合理制定图书复本量，针对不同的读者群体购买不同学术价值的图书、期刊、电子资源等，不能千篇一律"一刀切"。

（三）采购方式

随着科技、网络、信息的发展，我国的出版发行事业有了迅速发展，图书发行经营方式由原来的国有转为国有、集体、个体三者并存，高校图书馆采购书刊从原来较传统的单一预订、邮购发展为订购、函购及网上订购、图书现采等多渠道的采购方式，建立了畅通的、快捷的需求与保障渠道。

各高校图书馆的采购方式主要有预订、现采、网购、函购、受赠、集团购买、交换、呈缴等几种。

1. 预订

预订是高校图书馆长期以来图书采购的主要方式之一。图书馆经常会收到来自出版社或书商的图书征订目录，这些订单提供了广泛、便捷和具有多种用途的书目服务手段，也是图书馆进行采访与了解出版动态不可缺少的工具。预订图书能使图书馆有计划地补充适合需要的图书资料，保证采访图书的品种与数量，但是，由于是"隔山买牛"，看到的信息内容与实际有差距，不能完全保证采购图书的质量，而且，预订图书到书时间比较滞后。

2. 现采

现场采购是高校图书馆近年来图书采访的主要方式之一，即高校图书馆根据馆藏需求，选择资质、信誉好的图书经营商，由图书经营商组织采购人员到全国性书市，包括大卖场的书店、出版社样本间、图书经营商的仓库等地方通过手提电脑或采集器进行现场查重和采购。这种方法简单易行，能直接鉴别图书的质量，决定取舍，可以弥补预订方式的不足。尤其是国内各大出版社逐步重视馆配这一业务，对于样本间的建设也越来越完善，图书馆采访员到出版社样本间采集样书信息收获通常都很大。由于现采有更好的直观性和及时性，目前许多高校图书馆正在逐步加大图书现采的力度，但也应该看到，由于现采的形式对提供现货的依赖过大，且差旅费支出较大，高校图书馆需要有选择地参加有特色或对口的现采活动，并将现采与预订有机结合，互为补充。

3. 网购

网上购买是近年来图书补充采购的主要方式之一，由图书采访人员通过网络这种便捷工具在网上书店进行选书、数据传送、订单传递和付款，不仅极大地提高了图书订购速度，而且缩短了到书周期。对于本校老师、学生荐购的急需文献及查得本馆缺藏的必藏文献，高校图书馆常常通过网上书店如当当网上书店、京东网上书店、亚马逊网上书店等直接下订单购买，这种方式购买的图书一般在 1~3 天内就会到货，非常便捷；外文原版图书在亚马逊网上购买通常比在国内进出口公司的订购价格更加优惠、到货速度更加快。

4. 函购

函购是依据书刊广告、消息等以信函方式购买书刊的一种工作方式，是补充采访的一种较好的辅助性方法。对一些作者自费出书或非文献出版社所编印的内部资料如会议文集等，可采取函购方式，但不宜大量采用。

5. 受赠

对国内外友好单位或个人免费赠阅的图书有选择地收藏。外文原版图书的高昂价格，使众多高校图书馆望而却步，外文图书的馆藏由此成为各高校图书馆的一块心病。一方面是经费紧张，外文图书收藏困难；另一方面是本馆外文读者的求书若渴；为缓解这一压力，让本馆外文读者有书读、有书借，各高校图书馆积极寻找对策，广辟来源。目前，国内高校图书馆主要通过设立在上海外国语大学、上海同济大学、中国海洋大学、大连理工大学的"美国亚洲基金会""美国亚洲之桥基金会"等原版图书赠送点获取外文图书，也有许多高校图书馆直接接收国外的校友或友人的捐赠。

6. 集团购买

集团购买是目前采购电子资源、网络资源特别是外文数据库最重要的方式之一。高校图书馆以参团的方式加入某一个组织，如中国高等教育文献资源保障中心（简称 CALIS 中心）、各省高校图书馆工作委员会等，再由这个组织以集团的方式与经销商谈判，以相对较低的价格购买使用权。通过集团购买，高校图书馆可以节约经费，以较低的价格享受较高价值的资源。CALIS 文理中心以及 CALIS 区域中心经常组织全国的高校图书馆购买大型外文数据库，各省市（数字）图书馆工作委员会也经常组织本省市高校图书馆购买中文数据库，个别地区高校也进行地区自由组团购买。

7. 交换

交换是获得内部书刊、珍贵资料的主要来源之一，主要在两个单位之间进行，如图书馆与图书馆之间、图书馆与其他出版单位之间，达到互通有无、调剂余缺、丰富馆藏的目的。目前，期刊特别是高校学报是各高校图书馆利用交换方式获得的主要资源。

8. 呈缴

呈缴是国家为保证出版物收藏的完整性，妥善保存文化科学遗产，以法律或法令的形式规定，相关出版单位凡出版一种新的出版物，必须向指定的图书馆免费缴送一定数量的样本。高校图书馆一般要求本校出版社所出出版物，本校教职工所出专著、教材，本校研究生、博士生学位论文应向本校图书馆缴送一定数量样本。随着电子技术和网络的发展，许多高校图书馆也要求出版者缴送电子文档。

三、高校图书馆文献资源的复选与剔除

任何一个图书馆在建设设计时，都有一个藏书的限度，这个限度如果是在考虑了近期和长期需要的情况下确定的，就是一个图书馆必要藏书的合理限度；如果是设计不合理造成的书库过度饱和，就应该考虑扩建，以适应本馆藏书建设的需要。对于图书馆的空间容量和书库条件而言，上述情况不论属于哪一种，都会因藏书的发展或迟或早地出现书库饱和的问题，因此，从合理使用书库，以及图书馆内部工作的科学管理来考虑，藏书的复选与剔除，是图书馆藏书建设中必不可少的一项重要内容。图书馆藏书的有进有出，才能符合图书馆藏书建设的客观规律。图书馆藏书是一个发展着的、有机的整体，藏书本身不断进行着新陈代谢。图书馆藏书是长期积累起来的，随着社会的发展和新知识的产生，必然导致藏书中出现一些观点有问题、内容陈旧过时、失去现实意义和参考价值的书刊。当图书馆的读者对象，或具体任务发生变化时，藏书中也会出现一些不再符合读者需求的书刊。在采购工作中，由于选书人员不了解本馆读者的实际需要，或者是只凭订单选书，也会造成藏书的不适用或复本太多。上述种种因素都要求图书馆不断进行藏书的复选，将那些不需要的文献剔除出去。

（一）复选的定义

文献复选，旨在解决馆藏存储空间危机、合理调整和优化馆藏结构等问题。一般来说，图书馆根据一定的原则和标准，对馆藏文献进行筛选、调整和剔除的过程就是馆藏复选。复选是文献资源建设过程的继续，并为馆藏补充提供依据，是文献资源发展的重要内容之一。藏书复选是实现图书馆藏书自我更新、不断完善、藏书数量低速增长的重要途径。

馆藏复选需要掌握好文献入藏前和入藏后的复选两个工作程序环节。文献入藏前的复选，是指通过文献验收工作程序控制，先通过复选，将初选不当的文献挑出，然后，再将

其余的文献整序入藏。文献入藏后的复选，即藏书剔除，是指图书馆根据一定的原则和标准，对已入藏文献进行筛选处理的过程。馆藏体系的形成是一个动态的发展过程，在这个动态的发展过程中，既要不断补充新的馆藏，又要不断通过复选，剔除那些已经失去使用价值的馆藏，这样，才能不断净化和完善馆藏体系，提高馆藏质量。

（二）复选的目的和意义

文献老化是馆藏文献复选的重要依据。图书馆的文献是长期积累起来的，随着时间的推移，新知识、新技术、新工艺的产生取代了旧知识、旧技术和旧工艺，不完善的方法也为较完善的方法所更新，这就必然导致文献内容的老化。文献老化的加快也导致了高校图书馆呆滞书刊的大量产生，这些呆滞书刊留在图书馆，不仅占用了大量空间，还使得有用的文献与无用的文献鱼龙混杂，降低了图书馆的藏书质量，也影响了藏书的有效利用。藏书复选是遵循藏书增长这一现象，又根据文献老化这一规律而进行的，图书馆藏书要遵循藏书发展稳定状态理论，也称为零增长理论。该理论认为，图书馆在发展到一定规模时，不应无限制地继续发展其藏书数量，而应控制藏书增长的速度，使藏书整体在一定时间内处于相对稳定状态，在这种状态下，保证较高的藏书入藏率，同时要剔除一定数量的失去价值的藏书，达到文献输出输入的动态平衡，确保馆藏图书的知识常新。图书馆开展藏书复选工作具有以下几方面的意义。

1. 保持藏书活力

剔除对藏书资源来说也是"吐故纳新"的过程，一方面，内容陈旧过时的藏书逐步退出；另一方面，反映新学科、新技术、新知识、新理念的图书不断进入，从而保持了图书馆藏书的活力，使藏书资源始终保持实用性、时效性、新颖性。

2. 消除涨库现象

随着馆藏的不断扩大，当藏书发展超过图书馆的库藏容量时，如不及时进行剔除，必然会产生涨库现象。如果只注重藏书数量的增长，却忽视了藏书的剔旧工作，书库藏书长期只进不出，图书馆面积不能扩大或不能及时扩大，就会导致书库饱和，书架超载，藏书结捆堆放，新书无法及时入藏上架的涨库现象。

3. 优化藏书结构，提高藏书利用率

高校图书馆主要是为教学、科研服务的，它的主要读者是教师和学生，他们对图书资料的需求主要反映在学校的教学和科研活动中，由于课程内容的变化，教学方法的更新和师生的当前需求，要求对藏书进行不断再评价，并为这些新的发展采购合适的文献资源，这个再评价的过程也意味着以最新的文献资源来取代过时的资源，注销不复使用的资源和替补破损的资源。高校图书馆要适应学校教学、科研和学科建设的发展，必须对馆藏文献资源进行审查，既要不断补充新的馆藏，又要不断通过复选，剔除利用率低甚至已失去了现实意义和使用价值的馆藏，才能优化、活化馆藏，使馆藏结构更趋合理、系统和完善，从而提高馆藏质量；同时由于复选是围绕图书馆的方针任务和读者要求进行的，因而经复选后留下的馆藏质量较高，从而能够形成馆藏特色，缩小馆藏规模，节约了空间，也提高了馆藏利用率。

4. 减少浪费

据有关资料统计，图书馆书库每收藏一册书，其土建费和架位费就需要 2 元左右，再加上室内装修、照明、维护的费用以及所需人力、时间来管理保藏，费用更大，所以剔旧可以减少人力、物力、财力、时间和空间的耗费。

5. 调节控制图书馆业务工作流程

使馆藏布局和馆藏结构更趋合理、系统与完善。通过藏书的复选与剔除，还可以有的放矢地改进图书馆工作。比如，分析藏书的呆滞究竟是属于选购了不需要的文献，还是分类不恰当、著录不准确或典藏失误等，并及时进行纠正。

6. 调剂余缺

有利于文献资源的整体布局。通过对剔除文献的合理处理，如转移到其他图书情报机构，使之各得其所，特别是通过交换、调拨，不但调剂了余缺，客观上也起到了合理调整馆藏文献资源分布的作用。

（三）复选的原则

藏书复选工作，是图书馆科学管理的重要组成部分，也是一项复杂而细致的工作，应统一思想认识，根据本单位文献的收藏、积累和利用等情况，结合本单位的实际，制订计划。藏书复选是一项理论性、实践性、操作性、经验性很强的工作，务必遵循由近及远、由复本到品种、由一般到重点、由点及面的原则，从整体藏书的针对性、完整性、系统性、先进性和未来发展等方面综合考虑，确定复选原则。高校图书馆的藏书复选工作，应当遵循以下原则。

1. 从本校实际出发的原则

应在了解学校教学科研计划和馆藏发展规划、调查读者需求、评估现有馆藏、广泛征求读者和图书馆工作人员意见和建议的基础上，进行藏书复选工作。藏书复选必须首先考虑本校的层次、特色和经济情况，因校制宜，量力而行。

2. 制订全面的复选计划和切实可行的复选方案

应建立明确的馆藏复选组织机构，加强馆藏复选馆员的培养，吸收教学科研人员和有经验的图书馆工作人员参与馆藏复选工作，充分听取学科专家的意见，应综合考虑图书馆的目标和规划、存储空间状况、馆藏布局、馆藏特点和使用善本状况、读者特点、馆藏资源特性等因素，制订馆藏复选方案。馆藏复选方案应定期修订。

3. 科学性和持续性原则

应加强对馆藏复选标准和复选方法的研究，使馆藏复选工作更具客观性、科学性和合理性，更具效率和效果。同时应结合文献采选的原则和标准来制定馆藏复选的原则和标准，并将馆藏复选取得的信息及时反馈给采编、典藏等业务环节，保持馆藏发展方针政策的一致性和连贯性。应经常性、持续性地开展馆藏复选工作，根据馆藏实际情况，有计划、有步骤地进行馆藏复选。

4. 应对被剔除文献进行妥善处理

应制定统一的文献剔除方案，根据被剔除文献的状态和特点区别对待，决定是否移入储备书库、提供给外部机构、出售或做废品处理。需要注意的是，处理这些文献时要考虑可能的法律限制。

5. 保守性原则

对于馆际协作计划确定的由本馆分工收集的文献、本馆特藏文献和善本书，原则上不予剔除；对于珍贵的、有长期保存价值的、有潜在使用前景的或重点学科的文献原则上应保留品种。

（四）复选的标准

馆藏复选标准，是进行馆藏调配、剔除和复本增配的准则。不同高校之间，由于办学历史、办学水平、办学特色的不同，其图书馆的服务对象、馆藏状况和馆藏特色存在较大差异，对馆藏使用价值的衡量和理解也不相同，因而也很难找到一个统一的、合理的复选标准。图书馆开展馆藏复选工作时，应视不同类型文献和具体目的，采用不同的标准。

1. 一般标准

（1）以藏书内容为标准

对内容重复、错误、过时或撰写拙劣而不宜公开流通的书刊应进行剔除。不宜久藏的图书有以下几种：①一般知识性、消遣性的图书；②大量的习题类图书，其中许多是形式、版本不同而内容相同的图书，如有关大学四、六级英语考试、考研等方面的；③应用科学中更新换代比较快的图书，如时效性强、价格高的计算机类图书，一旦内容陈旧过时就失去保存价值，成为压架书；④入藏时没有及时发现的复本。

（2）以藏书外形为标准

文献的外形是影响其使用价值的重要因素，有的文献经过多次修补，已无法继续利用；有的印刷质量很差，严重影响文献的内容；有的污损、缺页，已不具备内容的系统性；这样的文献都属于剔除的范围。但是，在剔除时需注意该书是否为善本书或需先增补新书。

（3）以文献出版的时间为标准

对出版时间过长、内容陈旧过时或连续出版物的早期卷作进行剔除。文献半衰期理论揭示出，文献的使用价值随着时间推移而逐渐减少，馆藏文献剔除应同文献老化的速度一致，才能保证馆藏文献具有活力，因此，一些国家的图书情报机构规定，凡出版时间超过一定年限的文献应从馆藏文献资源中剔除，如科技文献的寿命一般在 5 年以内。图书内容与书龄标准结合成一种各门类藏书剔除更新标准：如哲学、宗教和心理学经典名著 20 年以上，其余 10 年；社会科学图书 10 年，古典名著 20 年；数学、自然科学除经典名著外10 年，基础理论 20 年或 20 年以上，教科书 5 年；历史地理、参考书、辞典等一般长期保存；艺术、趣味类图书一般 10 年，但图集、乐谱等价格昂贵的图书应尽量保留。

（4）以藏书利用情况为标准

对复本过多造成长期积压或无人问津、实用性差、流通率低的书刊应进行剔除。从文献过去被利用的情况中可以推测其未来的利用情况，如果一本书过去一直未被利用，可推测今后也不会被利用，科技文献被利用的可能性就更小。要想快捷准确地了解图书的利用情况，除观察分析读者阅读的倾向性、规律性和借阅趋势以外，还能利用计算机图书管理信息系统进行查询得到我们所需要的信息，可采取以下查询方法：

①查询图书借阅频率法

利用图书管理信息系统的查询、统计功能，可以方便地得到每本馆藏图书的借阅情况。可将一些借阅频率极低或无借阅记录的图书进行统计、比较、挑选，再根据每本图书的具体情况，合理地进行剔除。

②查询图书出版时间法

馆藏图书作为科学技术的信息载体，应当不断地推陈出新，以适应科学技术发展的要求，通过查询图书的出版时间，把出版时间长、破损严重，确实不能再借阅利用的旧图书分离出来，进行剔除，并补充该类新版图书。

2. 各类型文献复选标准

（1）图书

图书，特别是中文图书，是馆藏复选的主要对象。清理多余品种或复本、调整呆滞图书或补充复本不足图书是图书复选工作的主要目的，原则上图书馆收藏范围内的所有品种图书应至少保留一个样本。因工作复杂、工作量巨大，在制定图书复选标准时，高校图书馆要在深入分析馆藏实际和使用状况的基础上，综合使用多项一般标准并合理确定其内涵，提高复选的效率和效果。图书复选标准主要包括：①根据馆藏实际和书库空间，综合运用书龄、借阅频率等指标，确定相应的指标权值，对藏书进行馆内调整和重新布局。②拒借率或预约率较高的专业图书，及时反馈给文献采访部门以增加图书复本或购买相关电子图书。③内容有错误，不宜公开流通的图书应予以剔除或另外保存。④内容陈旧过时的图书，低质量的赠阅本应予以剔除。⑤长期压架的多余复本应予以剔除。⑥利用率低、实用性差的图书应予以剔除。重点剔除内容、水平深度不符合本馆任务和读者实际需要的图书，滞架时间长、借阅频率低的图书，已有电子图书替代且利用率低的图书，误购图书等。⑦残缺破损，不能继续使用的复本图书应予以剔除。

（2）期刊

对于内容陈旧过时、不符合读者需求或内容有错误的期刊可予以剔除。如一些休闲类期刊、时效性强的计算机类和信息、报道类期刊，可重点进行复选剔除。馆内收藏的交换、赠送期刊如无收藏价值，也可考虑剔除。

期刊缺失严重、连续性差，收藏价值不高的，可予以剔除。现代图书馆多采用全开放模式，期刊的安全管理受到挑战，有些期刊缺失比较严重，而补订工作效果不好，导致期刊连续性差，已无收藏价值，可予以剔除。利用率极低的期刊，可考虑予以剔除。

已有电子版本的印刷型期刊的处理。目前各高校图书馆的期刊基本都是印刷型和电子版本并存，这是比较合理的，因为印刷型期刊也有一定的读者群，所以纸本期刊有存在的价值，但对使用频率不高的印刷型期刊，可剔除多余复本，保留品种。

（3）视听文献、缩微文献、电子文献和特种文献资料

内容陈旧、不符合馆藏范围和读者需求的，可予以剔除，这种情况和图书期刊的剔除类似。因产品更新换代、品质变坏、质量差或记录内容部分或全部被抹去或破坏的，导致阅读设备无法读取的可以剔除，如缩微胶片文献可处理为电子文献进行换代。存储空间不足或与其他数据库重复率较高的数据库，可考虑剔除一些次要的数据库或使用频次较少、投入经费相对较大的数据库，用文献传递等其他有效办法满足相关读者需求。特种文献资料一般具有较强的知识性和专业性，其复选标准主要是按其文献内容、收藏的连续性和文献时效的长短来进行选择。

（五）复选的方法

馆藏复选的关键在于找出馆藏中读者多用、少用、不用或无用的文献进行补充、调整和剔除。对馆藏文献进行审查、鉴别和复选，必须依据馆藏复选标准，综合运用各种馆藏复选方法。复选方法主要有。

1. 经验判断法

这是图书馆藏文献资源复选（剔除）最通用的方法，相关人员根据文献的外观、价

值、借阅频率等直接在书架上审查文献资料，进行主观判断剔除。图书馆在剔除工作进行之前，一般会根据本馆馆藏建设方针，制定一系列的标准、规则或准则，由于剔除标准、规则或准则是针对整体馆藏的普遍性原则，它使剔除人员在宏观上有所把握，防止剔除工作出现大的纰漏，但是在实际剔除工作中除人员面对的是具体的藏书，其涵盖的知识内容千差万别，质量参差不齐，由于剔除人员把握尺度不同，结果往往会不一样，单凭工作人员的经验和印象对文献资源进行主观判断复选剔除是不准确的，因此对经验判断法选出的有疑问的文献，还需参考其借阅记录，查询读者对其需求情况，必要时还要征求读者的意见。

2. 滞架时间判断法

这是一种根据一本书在两次流通之间未被使用的时间长度来确定藏书是否应剔除的方法。滞架时间是预测图书使用率的最佳数据，也是确定"滞书"最有用的客观标准。用计算机对各种图书的利用情况进行调查，统计呆滞图书，生成呆滞书目，可为藏书的剔除工作提供可靠的依据，其前提是必须有完整的文献借阅记录供参考、计算和分析。

3. 书龄法

这种方法是根据文献的出版年代、日期来剔除馆藏文献的，在剔除工作开始之前，必须确定采取什么日期（如版权日期、印刷日期、图书上架日期），以在规定的年限范围内流通的次数为标准，把低于规定流通次数的图书作为剔除对象。出版年代相同的图书，其当前的使用率也相差甚远，因此在以出版年代作为判断标准时，不应简单从事，单纯以年代日期决定藏书的去留，对藏书的内容、版本等还要慎重考虑，必要时还要请有关专家核定，否则就有可能把一些有价值、使用率高的旧书剔除。

4. 半衰期测定法

所谓文献的"半衰期"是指某学科现时尚在利用的全部文献中较新的一半是在多长一段时间内发表或出版的，这与该学科一半文献的失效所经历的时间大体相当。例如，若计算出某一学科文献的"半衰期"是5年，那就意味着该学科现在正被使用的全部文献的一半是在最近5年内发表或出版的；同时，也意味着经过5年，该学科全部文献的一半的利用价值已逐渐衰减。文献的利用衰变与文献增长有密切关系，不同学科的文献有不同的半衰期，应用此方法，剔除前应先确定各学科文献不同的有效时间，然后根据文献半衰期规律确定各类藏书的取舍。

5. 目录比较法

通过将馆藏现有中、外文文献和系资料室的文献目录与相关的某学科的标准书目、核心书目、核心期刊代表或某些权威的馆藏目录进行比照，评估文献收藏的完备程度，对馆藏进行复选，决定是否剔除。

6. 用户评议法

通过征询读者意见，如个别征询、访问、问卷调查和召开小型座谈会等，了解读者的需求和对图书馆文献资源建设的评价与建议，如哪些书不符合需求或已过时，或需要加强补充，或复本过多或过少，根据用户的建议确定文献复选的范围和标准。

7. 数学计算方法

利用数学方法如统计学的方法对载文量、引文量、书龄、复本量、滞架时间和使用频率等进行统计分析，并运用专门的公式或方法进行计算，根据计算结果做出复选决定。

8. 外形判断法

最容易为人们所接受的复选标准就是以所藏文献外形为依据，即：①外观陈旧、妨碍使用。②纸质低劣或印刷质量差的文献。③书页肮脏、发黄发脆、书脊开裂、缺页严重，甚至影响阅读的文献。④多次修补无法继续使用的文献。这些文献均属于剔除的范围。

（六）藏书剔除的步骤和程序

1. 组建藏书剔除的领导班子

组建专门负责藏书剔除的小组或部门，该小组或部门由熟悉馆藏、了解本馆任务和读者需求，具有丰富实践经验的人员组成。

2. 调查研究，制订方案

从实际情况出发，调查高校图书馆任务、馆藏、读者的基本情况，读者对各类书刊的要求与利用情况，本馆藏书与书刊流通情况，本馆的主要任务与读者需求趋势，我国科技发展水平与各学科各类型文献老化规律等情况，在此基础上，制订出剔除的实施方案，包括剔除的具体原则、标准、范围、方法、步骤等。

3. 数量统计

对某学科的图书、期刊以及各种类型的文献进行详尽的统计，包括该学科的下位类、各组成部分及相关学科文献，不同文种结构，不同的文献类型，外文书中文版、影印图书的比例，连续出版物的连续收藏时间等。

4. 书目核对和核实电子文献

就本馆现有中、外文图书和系资料室的图书选择有关某学科的标准书目、核心书目、核心期刊代表或某些权威的馆藏目录，与本学科馆藏进行比照，以评估本馆文献收藏的完备程度，对馆藏电子文献、各种数据库覆盖面、特色、利用情况进行调查，有电子文献的图书文献其副本可减少到最低限度。

5. 逐类逐种审查，提出剔书目录

根据既定方案，剔除人员要对藏书逐类审查、逐种鉴别，初步拟定剔书清单，内容包括剔除图书的财产号、文献名称、责任者、出版年、版次、定价等，一并附上剔除原因，经广泛听取意见后，交剔除小组讨论，提出正式剔书目录清单。

6. 抽书、出库和注销工作

及时办好藏书剔除的各种手续，依据剔书清单目录逐一把需要剔除的图书下架，在数据库中注销目录并修改财产账，最后根据剔除清单办理出库手续，保存清单以便统计与参考。

7. 对剔除图书合理处理

如团体调拨、交换、旧书寄卖店、图书交换市场、开辟无偿利用角等。

（七）藏书剔除应注意的问题

1. 藏书剔旧保持藏书的系统完整性和现实科学性

各个学科的发展都有其历史继承性，保证藏书的系统完整性，必须保留各个时期具有经典性、代表性的著作，以把握社会进程和科学发展的历史轨迹，资后世借鉴，所以藏书剔除切忌绝种；要保证藏书的现实科学性，有效地反映最新知识和科技成果，弃过时、陈旧的内容和学术观点，增强藏书活力和利用率，节约藏书空间。

2. 优化藏书体系，提高藏书质量

克服"大而全""小而全"的藏书思想，依照本校的学科重点，立足图书馆的性质、任务以及读者需要，建立具有馆藏特色的藏书体系，规定不同学科、不同类型的文献在藏书体系中所占的比例，突出实用性和系统性。

3. 加强调查研究

调查研究关系到剔除工作的质量和工作效率。调查包括三个方面：调查读者，请科研教授来馆浏览本专业和相关专业的图书；向图书馆流通人员调查，因为他们直接接触读者，最了解图书借阅情况；剔旧人员亲自按类查看藏书利用的情况，做到心中有数。

4. 建立定期藏书剔除的工作制度

提高工作效率。采编、典藏、流通等各环节与藏书剔除有机地结合起来，藏书剔旧工作原则上 3~5 年进行一次，也可采取经常性的小量、及时、准确、合理的剔旧。

5. 树立文献资源共享理念

信息时代高校图书馆的资源共享已成为必然趋势。随着文献资源建设自动化、网络化的建立和发展，文献共享得以实现。资源共享方针应纳入剔旧工作统筹规划中。因此，在剔旧时，应该考虑资源共享的藏书发展规划，在集中化协调的制约下，避免剔除本馆可能分享的重点藏书，而对与之相应的非重点藏书可采取不同的剔旧方法；同时，将剔旧的藏书进行协调，把对整个联合体有较大用途的藏书储存起来，待以后整体储存库建立发展再将其集中管理，使其继续发挥应有的作用。

第 二 节　 建 立 科 学 的 文 献 资 源 引 进 机 制

一、建立高校各级文献资源建设委员会

随着科学技术的发展，国内外出版队伍的壮大，数字图书馆在全球的蓬勃兴起，各种文献资源日渐丰富，高校图书馆文献资源采集正面临以下几方面的问题：

第一，随着社会主义市场经济的深入发展，日益繁荣的图书市场对高校图书馆文献资源建设产生了许多负面影响，如图书的多途径、多渠道发行增加了采访人员选书的随意性，影响了文献资源的采购质量。

第二，面对知识信息爆炸，边缘学科、交叉学科、新兴学科的不断涌现，大多数高校图书馆采访人员知识结构单一，仅仅局限于图书情报专业或者是单一的文科、理科专业，知识面较窄，加上缺少培训学习，知识成分老化，无法应对日新月异的科技发展趋势，势必形成巨大的"剪刀差"，影响文献资源的采购质量。

第三，受纸张价格上涨等因素的影响，文献资料近几年的价格普遍上涨。据统计，纸质图书的年上涨比例为13%左右，高校图书馆的文献购置经费往往捉襟见肘，无法满足本校教学、科研和广大读者的文献资源需要。

第四，随着出版业的发展，全世界每年出版发行的图书、期刊、电子资源品种多，数量大，高校图书馆少量的采访人员即使邀请部分教师参与选书工作，仍无法判断取与舍，控制数量的多与少，难免选购一些可有可无、非师生读者所需的文献资料。

面对以上问题，为了打破目前高校图书馆普遍存在的"采访人员决策"模式，充分发挥有限经费的作用，使高校图书馆采购的文献资源真正满足读者需求，满足学校教学、科研工作的需要，规范文献资源建设行为，在高校建立馆级和校级文献资源建设委员会是非常有必要的。

馆级文献资源建设委员会一般由图书馆领导、专职采访人员、其他读者服务部门（如信息服务部、书刊阅览部、用户服务部）的人员组成，实行民主决策，对采访人员提供的需要采购的价格昂贵（一般指单件（套）价格超过1万元）的文献资源进行评议审定。

校级文献资源建设委员会一般由分管图书馆的校领导、馆长、各学院负责人、专家、教授组成，实行民主决策，对图书馆文献资源建设委员会提供的需要采购的价格昂贵（一般指单件（套）价格超过5万元）的文献资源进行评议审定。目前很多高校将校级文献资

源建设委员会合并到校学术委员会。

文献资源建设委员会集责任、权力、利益、义务于一体，具有目的明确、群众基础广泛、职能互补等特点，通过馆、校两级文献资源建设委员会的评议审定，一方面可以节约有限的文献购置经费，另一方面能加强文献资源建设的科学性、规范性、针对性，而且还可以进一步提高高校图书馆馆藏文献的学术层次，突出学科建设和专业特色，加强学术文献的系统性、适用性，更好地促进学校教学、科研工作的发展和学术水平的提高。

二、建立完善的文献信息资源采购审批程序

文献资源是构成图书馆的重要因素之一，是图书馆开展各项业务活动的基础和保证，文献资源采购工作的好坏直接关系着图书馆的馆藏建设和服务学校教学、科研的质量。为了规范文献资源的采购工作，加强文献资源采购经费的监督管理，提高文献资源采购决策的制度化、科学化水平以及资金的使用效益，促进廉政建设，高校图书馆应根据国家和学校有关招投标管理办法，在总结多年来文献资源采购工作经验的基础上，制定适合本馆实际的文献资源采购审批原则与程序。

（一）采购审批原则

第一，采购文献要满足本校教学、科研、管理工作以及学校未来发展对文献的需要，为学校的发展提供文献信息资源保障。

第二，采购文献要根据学校的学科建设、科学研究、教学工作有重点地选择文献，重点学科的文献要力争达到研究级收藏水平，要满足教学对国内外经典教材和参考书的需要，兼顾不同的用户群体对文献的需求。

第三，采购文献要保证馆藏文献的连续性、完整性、适用性，突出本校藏书特色，要根据读者的阅读习惯和文献的特点选择不同载体的文献。

第四，采购文献时要认真收集用户的意见和建议，实行责任审批制度。

（二）采购审批程序

1. 单件（套）价格低于1万元

单件（套）价格低于1万元的文献信息资料，由高校图书馆相关负责人审批：单件（套）价格2000元以内的一般由文献资源建设部主任审批；单件（套）价格2000~5000元以内的一般由分管文献资源建设的副馆长审批；单件（套）价格5000~1万元以内的一般由馆长审批。

2. 单件（套）价格 1 万~5 万元以内

由高校图书馆文献资源建设委员会审定。

3. 单件（套）价格 5 万元及以上

由高校图书馆文献资源建设委员会预审通过后提交学校文献资源建设委员会审定。

4. 数据库、电子图书等大型电子资源

需先经过用户所在单位书面推荐，图书馆联系试用（试用期 1~3 个月），然后根据试用情况（点击率、下载量等评价指标）和学科专业建设实际需要，按上述程序审批。

5. 审批后

经审批确定购买的文献信息资源均应按学校有关大宗物资采购招投标管理办法采购。

第三节　建立完善的文献资源采集工作规范

文献资源采集工作是高校图书馆最重要的基础工作之一，也是高校图书馆文献资源建设的关键环节。包括学校教学科研信息与馆藏文献信息的调研分析、图书馆文献资源建设中长期规划及其实施计划的制订，文献资源出版发行信息的收集、整序、发布及采购意见和建议的征集，文献信息资源的引进、购买、交换与捐赠文献的受理，入藏文献的验收、登记与复审等。

完善的文献信息资源采集工作规范应包括以下几方面的内容。

一、严格执行文献采购原则和标准

认真履行文献采购审批程序，模范遵守学校财经纪律，合理使用文献购置经费，避免漏订或重购，严禁滥购，确保图书馆藏书建设工作做到"有规划、有计划、有预算"。

二、掌握学校学科专业建设、教育教学和科学研究现状与趋势

内容包括学科专业建设规划、学科专业设置、人才培养方案、学生规模、课程设置计划、主干课程教材使用计划及主讲教师、学科带头人、学术骨干等承担的课程及科研课题情况。采取有效形式与本校学科带头人、学术骨干、主讲教师保持经常性联系，及时了解他们对文献信息资源购置、补充的意见和建议，每学期要定期深入教学科研单位了解和掌握学科专业建设、科研课题、本科生和研究生规模、教学计划、教学参考书变动及对其文献信息的需求情况，并做好查访记录，建立信息档案。

三、应充分熟悉本馆馆藏

了解各学科、各专业、各类型文献资源收藏情况，对各学科经典著作、重要学术论著、主要研究资料和教学参考书的收藏状况做到"家底清，情况明"。要在图书馆内各读者部门建立起有效的资源需求及资源利用信息反馈渠道，经常到读者部门听取和收集一线工作人员对藏书补充的建议。

四、应了解国内外文献信息资源

了解出版发行机构的性质特点和资源特色，掌握与学校学科专业对口的出版单位的出版发行动态，完备收集国内外出版发行信息，并加以整理、分析、建档和建库；积极开发完善读者荐购网络平台，面向全校师生及时发布书目文献信息，公开订购和入藏信息，在图书馆文献信息资源建设活动中，切实赋予不同师生读者以知情权、建议权、授予权、决策权、决定权。

五、采集图书文献及普通光盘资料

无论是预订、现购、函购，还是交换或接受赠送，均应进行查重，制作文献采购单，并做好采访数据，同一版本图书重购率应严格控制在 3% 以内。采访数据著录项目要完整准确，至少包括有题名、责任者、版次、出版者与出版时间、ISBN 号、订数、定价或估价、来源等字段；图书预订或现购一般应到本馆图书采购中标单位进行，若因中标单位不能及时或无力保障教学科研所急需图书的供应，经主任领导同意，并向分管领导说明情况后，方可从其他渠道预订或购买。

六、报刊文献、光盘数据库和网络数据库

通常在每年 10 月份左右由文献资源采购部门提出下年度的订购计划和方案，按文献资源采购审批程序进行审批；因学校学科专业建设发展变化等原因需要临时调整或补充计划时，应经分管馆领导审核并签署意见、报馆长批准后，提交图书馆文献资源建设委员会或学校文献资源建设委员会审定。光盘数据库和网络数据库采购方案要求数据翔实，论据充分，对拟引进数据库的性质特点、收录范围、重点书刊文献、适用学科范围、试用情况、读者评价等事实数据应在方案中有全面准确反映。

七、购买文献到馆

应及时交给验收人员验收，验收合格后方可办理付款或报销手续；因特殊原因需提前

付款时，应报经馆长批准，并说明原因；发现有不合格产品，均应做好记录，查明原因，分清责任，并做出有效改进。

八、文献信息资源的采集

应做好预订和入藏文献的分类统计，除准确统计各类型文献的种、册（件）、金额等数据外，对各学科、各专业文献的预订和入藏情况等应在统计表中也有直观反映，且统计数据应按月及时上报。

第四节　加强采访队伍的建设

现代科技突飞猛进，信息资源不断地发展和变化，文献信息量剧增，学科之间相互交叉，传统的文献采访方式已经不能满足各个高校图书馆文献采购的要求，现采、网购等新的采访方式相继出现。采访新模式缩短了购书周期，提高了工作效率，但也暴露出许多高校图书馆采访队伍存在的问题，如采访力量不够，采访人员素质不高，知识结构不宽，工作责任心不强等。解决以上问题最有效的办法就是高校图书馆及时调整采访人员结构，加强采访人员的教育培训，使采访人员及时更新知识、更新技能、提高自身素质，真正从单一型人才成长为具有高学历的集多种知识和技能于一身的复合型人才。

一、调整采访人员结构

许多高校图书馆成为高校安排教师配偶的首选之地，采访人员学历结构参差不齐，有博士、硕士、本科、专科、中专等各种学历；也有的图书馆大多数人员都是图书情报专业毕业，对本校学科专业的知识不了解，以致高校图书馆的采访队伍结构不合理，很多采访人员的素质低，知识水平不高，责任心不强，采访中多凭自身的经验来判断，给采访工作带来偏差，无法保证文献采访质量。因此，高校图书馆应及时调整采访人员的学历结构和知识结构，有计划地通过引进、选拔、培养等方式让具备较高的思想素质、职业道德素质，有较强的事业心和责任心，有良好的语言沟通能力和社会活动能力，学历和专业水平较高的人员担任文献采访工作，以减少订书的随意性和盲目性，提高采访质量，更好地满足本校教学和科研的需要。

二、加强采访人员思想素质教育

高校图书馆是社会建设精神文明和物质文明，进行爱国主义教育的中心，其所收集的文献资料不允许有不健康的作品，必须是优秀的健康的思想政治、文化艺术、科学技术的作品，这就要求高校图书馆通过学习、培训等方式加强对采访人员思想素质的教育，树立正确的世界观、人生观，热爱图书馆事业，安心本职工作，努力钻研业务，热情为读者服务，把满足读者文献需求和学校教学、科研需要作为自己的目标追求，用购买的优秀作品去潜移默化地影响读者。

三、加强采访人员素质的持续提高和读者培训工作

采访馆员素质的提高是一项长期的工作，采访人员素质一定要跟上学校建设和发展的需要。随着高校办学水平和层次的提高，规模的扩大，文献种类的增多，文献内容的加深，高校对采访人员素质的要求也越来越高。采访人员必须具有广博的学识，博古通今，掌握外语和计算机技术，能够熟练运用计算机进行图书管理和信息分析才能胜任采访工作。为此，高校图书馆可通过继续、培训、请专家来馆讲座等方式，有计划地对采访人员进行图书馆专业知识、学校相关学科专业知识的培训，提高他们的业务素质，拓宽他们的知识结构，从而提高文献采访的质量。同时，让采访人员明确高校图书馆的性质、任务、服务对象，了解馆藏结构和读者的文献需求倾向，减少文献采访的随意性和盲目性。原因是图书馆的资源越来越丰富，如何用好图书馆资源，使学校投入文献经费效益实现最大化，做到物尽其用，需要馆员的引导，也需要加强读者培训。

四、加强采访人员社会活动能力和组织协调能力的培养

高校图书馆采访工作头绪纷繁，涉及面广，经常需要与读者、出版发行单位或个人进行沟通和交流，协调处理各项采访事务，没有一定的社会活动能力和组织能力是不能胜任采访工作的。因此，高校图书馆在重视采访人员思想素质和业务能力培养与提高的同时，也要重视采访人员社会活动能力和组织协调能力的培养与提高，让他们能轻松自如地与同行、读者、书店等单位或个人交往，营造和谐的工作氛围。

除此之外，高校图书馆还须重视采访人员的健康状况，这是进行各项业务工作的前提。采访新模式要求采访人员经常出差到外地现采，没有健康的体魄和充沛的精力是无法完成采访任务的。

总之，新时期高校图书馆应及时地调整人员结构，加强采访人员的教育与培训，让采访人员在掌握图书情报知识的基础上有良好的语言沟通能力，了解和掌握更多学科的知识，具备较高的思想素质、职业道德素质，有较强的事业心和责任心，有强健的体魄。只有这样，高校图书馆才能采购高质量、满足学校教学科研和读者需求的文献资料，从而提高自身的服务水平。

第五节　合理使用文献购置经费，加强使用效益评估分析

文献经费的多少决定着高校图书馆馆藏发展的规模、馆藏结构、资源类型和满足读者需求的程度。随着数字资源的急剧增加，服务网络化程度的不断提高，文献需求多元化等趋势的呈现，高校图书馆馆藏文献资源结构发生了巨大变化，面对新趋势、新变化，如何让有限的经费发挥最大的作用？高校图书馆特别是经费紧张的地方高校图书馆需要加强文献经费管理，合理使用文献购置经费，有计划、有针对性地购买文献，满足不同层次读者的文献需求。

每年高校的事业经费中都会列出图书馆的文献购置经费，高校图书馆应组织专门人员（一般由主管馆长、文献资源建设部主任、采访人员组成）制订年度文献购置经费使用计划，提交图书馆学术委员会审议通过后执行。

在制订经费使用计划时，应坚持重点优先、合理分布、互为补充、需求满足的原则，凡是与本校重点学科一致的文献资源首先要得到保障，新增学科或专业的文献资源优先考虑，并保持文献经费在本校各学科门类、专业之间的均衡，纸本资源与电子资源的互补，高利用率资源的补充等，切实加强文献购置经费使用的力度和广度。

文献购置经费使用是否合理，是通过使用效益评估分析来确定的；经费使用效益评估就是计算经费的投入—产出效益。根据使用效益评估分析可以了解不同类型文献的经费投入与利用现状，及时调整资金的流向。许多高校图书馆仍然以读者满意度调查法作为主要的评估方法，也有高校图书馆以文献采全率、采准率、流通率、专家评估法、电子资源使用量统计法等方法作为评估方法，但是由于采全率和采准率的实际操作性不强，简单的量化过程很难体现各项目标任务的价值及合理性，要做出精准的经费使用效益评估比较困难，为此，各高校图书馆正在积极探索寻求更好的评估办法。

第六节　建立合理的藏书布局

随着高校办学条件的改善，许多高校图书馆或修建或改建或扩建了新馆，办馆环境得到了明显的改善，服务模式也发生了较大的变化，从以前的书库和阅览室分离、闭架阅览、限时开放跨越到了藏、借、阅一体化，全年全天候全方位开放的服务模式，大大增强了服务功能，优化了资源配置，提高了数字信息技术含量。

藏书布局是藏书组织的重要环节，是将藏书区分为相对独立又相互联系的系统，目的是建立各种功能的书库，为每一部分藏书确立合理的存放位置，以便保存和利用。合理的藏书布局，将有效而充分地利用馆藏文献信息、资源，使图书馆的服务功能更齐全，管理更科学，读者借阅更便捷。

合理的馆藏布局，应以学校的教学科研需求为基础，按学科门类、利用程度划分。按学科门类，一般分为思想、哲学、社会科学、自然科学和综合性图书等五大类书库区。按利用程度，可分为流通馆藏区（又称一线书库区）、历史馆藏区（又称三线书库区）和剔除馆藏区：其中流通馆藏区存放的是近几年出版、大多数读者需要、满足本校教学科研要求的文献资料，是高校图书馆馆藏文献的主体，根据《中国图书分类法》按学科分类排列；历史馆藏区存放的是出版时间比较长、少数读者需要、具有保存价值的专业文献资料，是高校图书馆馆藏文献的辅体，根据《中国图书分类法》按学科分类排列；剔除馆藏区存放的是已经老化或者接近老化、读者基本不利用的文献资料，该部分文献资料在适当的时候可以作剔除处理。在流通馆藏区，高校图书馆一般会设置参考书（又称保留本）阅览区、普通阅览区、特色资源阅览区、新书阅览区等，以方便读者查阅。

合理的馆藏布局，还应考虑高校读者的习惯和图书馆的管理效益。高校图书馆为方便读者借阅通常有两种布局方式：一是将所有同一学科专业的中外文图书、期刊都存放在同一地点；二是将中外文图书、中外文期刊分别存放。两种方式各有其优缺点：前者有利于读者迅速查找到自己的专业资料，但不利于图书馆的资料管理，如交叉学科相关资料的存放问题、图书馆工作人员的劳动强度问题等；后者有利于读者对相同载体资料的查阅，但不利于读者全面查找自己所需要的专业资料。

通过合理的馆藏布局，高校图书馆可以使利用率高的文献不致被淹没，老化的文献及时得到处理，从而满足了读者的需要和本校教学科研的需求，适应时代的发展。

第九章 高校图书馆资源的评价标准与方法

第一节 高校图书馆资源的评价标准

文献资源是图书馆生存与发展的基础，馆藏文献资源评价是图书馆业务工作的中心环节，也是评价采访人员工作质量的重要依据。在传统图书馆向数字图书馆发展的过程中，通过馆藏评价，可以更好地了解馆藏的使用情况，馆藏文献资源是否符合本馆馆藏宗旨和图书馆的发展目标，文献购置经费是否得到合理的使用，为制定和调整馆藏建设的方针，分配文献购置经费，改进采访工作，提高采访质量提供理论依据。馆藏文献资源的评价既是高校图书馆文献资源建设的最后一个环节，也是高校图书馆文献资源建设的一个新的循环起点，对于建立高校图书馆文献资源保障体系有着非常重要的意义。

20世纪90年代以来，以信息高速公路和多媒体技术为标志的信息技术革命浪潮，以其日新月异的发展、势不可当的势头，全面影响并改变着人们的思维、观念、生活方式及工作方式，在文化领域、生活领域和经济领域带来了一场革命。在以网络为核心的信息技术革命的推动下，数字资源因为其良好的可获得性而引发了高校图书馆藏书建设的变革，并极大地改变了高校图书馆性质、功能及服务内容与方法。迅速增长、种类繁多的数字资源，一方面丰富了高校图书馆的馆藏，满足了信息时代读者对高校图书馆数字化信息服务的需要，使高校图书馆的文献资源建设有了更广阔的选择空间；但另一方面，由于数字资源作为网络化、信息化的产物，相对于纸本文献而言其成熟性、稳定性、存续空间等都有待进一步发展，尤其是其高额的年租金或购买费用，对高校图书馆文献资源建设工作乃至其事业发展的规划、决策等提出了新的、更高的要求，甚至是严峻的挑战。因此，开展数字资源评价研究，建立决策模型，对科学规划高校图书馆事业的发展、有效地利用文献资源建设经费、理性地建设数字馆藏、实现图书馆馆藏结构优化、提高图书馆服务质量与效益及图书馆决策的科学化、制度化、民主化水平无不具有十分重要的意义。

一、数字资源评价研究现状

数字资源是指一切以数字信息方式存在的文献资源，涵盖广泛，形式多样，包括互联网上免费的网络资源和那些由出版商或数据库商生产发行的、商业化的正式出版物，具有信息容量大，参考价值高，使用上超时空、易检索、速度快、共享性好、易编辑等优点。所要研究的数字资源是指网络型文献资源中基于数字图书馆馆藏建设，由出版商或数据库商生产发行的、商业化的正式出版物，包括数据库、全文电子期刊和电子图书等。

国内外学者或机构对数字资源评价理论及方法已经进行了许多有益探索，国外早期的研究主要针对电子资源的选购评价，如耶鲁大学、美国加利福尼亚数字图书馆、麻省理工学院等一些大学的图书馆基于自己的实践经验，制定了电子资源选择政策和指导方针，设计了电子资源评价表单。国内关于数字资源评价的研究起步较晚，并且始于对个案的研究，20 世纪 90 年代中后期，随着清华同方（CNKI）和重庆维普（VIP）两大数据库的发行使用，陆续出现一些对这两个数据库的研究和评价的文献。在对清华同方（CNKI）、重庆维普（VIP）两大网络版中文期刊全文数据库的收录范围、检索方法进行比较的基础上，以流量计费的方式对两大数据库的检索方法以及全文下载的速度、费用和结果进行了分析，为各类读者和机构合理选择和使用中文期刊全文数据库提供参考。由于数据库的差异性，这样比较的局限性在于，只注重了数据库的一个外部特征，侧重于系统和软件的比较，忽略了对资源质量和价值本身的评估，另外也不能兼顾到不同数据库间的差异，不能以同一的标准来进行衡量和比较。21 世纪初，北京大学开创了数字资源评价研究的新方向，提出了一套比较系统的评估方法和指标，给出了电子资源内容、检索系统及功能、使用情况、价值与成本核算、出版商/数据商服务、存档六个方面的评估内容和指标。在价值与成本核算部分，给出了数据库价格、数据库价格上涨幅度、检索成本、全文下载成本和登录成本等指标。由此开始，关于这方面的研究不断深入发展，从电子资源的内容、电子资源的整体建设、利用率、用户需要、相关服务等诸多方面进行全程设计，都有了一个较高的发展。

但是，应该看到，与数字资源评价理论体系的科学构建的内在要求和数字资源评价实践的现实需要相比，已经开展的研究和取得的成果其广度和深度均存在不同程度的差距，主要表现为：①无论在数量还是在质量上，我国图书馆界在数字资源评价方面的研究成果都比国外的少，水平也不高。②评价指标定性化的居多，定量化指标很少，缺乏可比性。即使是定量化指标也因没有确定同样的比较单位和环境，实际上也是不可比的。③因为定量化指标较少且不成体系，在实际评价过程中评估人员感性化成分较多。④评价指标未能形成科学体系，不能由表及里深入到资源内部或学科内部，评价结果具有表面性。⑤评价指标标准不统一，种类繁多，缺乏可操作性。⑥统计渠道不统一，评价需要的相关统计数据不全面。⑦评价理论与实践缺乏互动。

因此，高校图书馆有必要对数字资源评价指标体系的完备性、科学性及其各种影响因子进行更加深入的探讨、分析和提炼，制定更加完善、科学、合理的定量指标体系，寻求更为有效的方法支撑数字资源评价模型，开发和研究新的、有效的技术手段，实现理论与实践的有机结合，使数字资源评价理论在图书馆事业发展实践中彰显其价值，并使之日臻完善、科学。

二、馆藏文献资源的评价标准

文献资源评价就是对不同学科、不同类型、不同文种、不同深度文献的采集、入藏、使用及物理状态等进行评价，一般包括馆藏数量和质量两个方面的评价。

（一）馆藏数量的评价标准

高校图书馆拥有一定数量的文献资源是其开展服务的基础。馆藏数量评价标准主要有以下几个方面：

1. 文献资源保障率

即每个读者平均占有图书馆馆藏量。馆藏数量是高校图书馆开展服务工作的物质基础，是衡量图书馆事业发展状况的主要标志之一，是制定图书馆发展战略的重要依据之一，教育部对高校本科评估藏书数量的评价标准为：A 级标准为 180 册/人，B 级标准为 150 册/人，C 级标准（达标指标）为 100 册/人。以上标准仅是针对纸本资源而定，对数字资源，由于一个数据库常常包含几千种期刊或上万种图书，可以考虑参照纸本文献的计量方法，利用系数折算法来折算馆藏。由于目前全国高校没有统一的馆藏评估标准，各馆只是根据本馆的实际情况而定。

没有一定数量的文献资源，高校图书馆的服务就无法开展，但馆藏数量的增长与满足读者文献需求的能力并不成正比，如果人均馆藏量太高，也可能造成资源的浪费。如何根据自身发展状况确定合理的馆藏量，是高校图书馆需要探索研究的。文献保障率仍是评价馆藏数量的一个重要指标。

2. 读者满足率

即读者在实际使用中获得的文献数量与他实际需要的文献数量之比。馆藏文献资源建设的根本目的在于最大限度满足读者的文献需求：一方面，高校图书馆的文献资源品种齐全，数量上形成相当的规模，对读者的满足程度越高越好；另一方面，对于一个具体的高校图书馆而言，不可能完全满足所有读者的文献需求。据美国耶鲁大学图书馆的调查分析，读者需求的90%集中在5%的文献中。百分之百地满足读者需求，需要增加馆藏19倍，显然是不可取的，根据我国图书馆现状，读者满足率在75%~85%之间是比较合理的。

3. 文献资源覆盖率

即馆藏文献占本校各学科领域文献的比例，是收藏文献完备程度的重要标志。各个高校图书馆根据自身需求和可能的条件，选择本校的优势学科（或强势学科）作为特色资源重点收藏，达到研究级使用等级水平，其他学科满足读者基本需求，达到大学级使用等级水平即可。

4. 专业文献与非专业文献的数量比例

专业文献是高校图书馆的重点收藏对象，其数量要占优势。高校图书馆专业文献数量一般应占馆藏数量的70%~75%，如果低于70%，教学、科研需要的文献就会受到限制；如果高于75%，就会影响非专业文献的数量，师生员工德、智、体、美以及业余文化生活需要的文献资料就得不到满足。非专业文献是高校图书馆一般藏书，通常占馆藏数量的25%~30%。

5. 馆藏文献增长量

对馆藏文献增长量的评价，就是评价增长的数量是科学的、合理的还是不合理的。一般情况下，把年生均增长量作为馆藏文献增长量指标。教育部对高校本科评估合格标准要求为学生人均年进新书4册，此标准应是高校图书馆馆藏比较科学的增长量。馆藏文献增长量太低，造成馆藏文献贫乏，知识断层，读者利用文献受到极大限制；馆藏文献增长量过高，造成大量无用文献进入图书馆，文献利用率下降。

（二）馆藏质量评价标准

作为为读者提供教学、科研服务的机构，高校图书馆文献资源建设的好坏，主要看其是否符合学校教学、科研的要求，是否满足读者需要，即是通过馆藏质量来判断的。馆藏质量不仅是衡量高校图书馆办馆水平高低的重要标准，而且直接影响着高校的教学、科研工作，因此，馆藏文献资源质量评价是高校图书馆文献资源建设过程中的一个重要环节。根据评价结果，高校图书馆可以及时调整计划，制订科学的文献资源发展规划。

不少高校图书馆为迎接教育部本科教学评估，弥补馆藏不足，匆忙购置了大量文献信息资源，从表面上看，数量指标是合格了，但是馆藏质量却大大降低了，资源浪费现象严重，并且破坏了原有的文献收藏体系。所以，辩证看待馆藏数量和质量，将两者有机统一起来，是高校图书馆在文献资源建设中必须注意的问题，不能盲目追求数量而忽视了最重要的质量。

1. 文献资源的结构

包括学科结构、文种结构、类型结构、时间结构和范围结构。

学科结构是指各学科门类文献的比例结构。学科因素是馆藏结构一个最基本的构成面，及时统计馆藏各学科门类文献的比例，分析是否与本校学科结构、本馆读者的需求结构相适应，将有利于高校图书馆及时优化馆藏学科结构。

文种结构是指馆藏文献中各语种出版物的结构状况，一般高校图书馆对某一学科领域收藏文献涉的文种越多，其完备程度也相对越强。

类型结构是指馆藏体系中各种不同出版形式、不同载体的文献结构状况，主要考虑图书期刊比例、纸质文献与数字文献比例。各高校图书馆可根据本馆经费情况、网络化和数字化的条件来构建类型结构比例。

时间结构是指按文献出版时间划分的层次结构。根据文献半衰期理论，文献的价值是随着时间的流逝而逐渐降低直至消失（特殊文献除外），3~10 年的文献其老化程度进入半衰期，11~20 年的文献内容被视为陈旧，20 年以上的文献内容基本失去了利用的价值。在评价馆藏文献质量时，高校图书馆应掌握各学科文献的半衰期，合理调整文献时序比例，及时补充更新相关文献资源，定期剔除价值低或者已经丧失价值的文献。馆藏文献时间结构大致可划分为 1~3 年、4~10 年、11~20 年、20 年以上等四个等级。

范围结构是指专业文献与非专业文献收藏的内容标准。根据高校办学的特点，明确高校图书馆收藏的专业文献与非专业文献标准，将有利于馆藏文献质量的定性评价。

专业文献主要是指教师教学、科研需要的文献和学生学习需要的文献。教师教学需要的文献是指教材样本、基础著作、重要著作、全套著作和有关评论、教学参考书、工具书、书目文献、期刊以及精选外文教科书等。教师科研需要的文献是指本专业领域有代表性的著作、论文集、会议录、期刊、过刊、参考工具书和书目文献等。学生学习需要的文献是指学生学习需要的基础著作、优秀教科书、参考书、工具书、期刊、书目文献等。实践教学需要的文献是指实践、实习、课程设计、毕业设计以及考取各种职业资格证书需要的文献，一线生产、建设、服务需要的新知识、新技术、新工艺和新方法等应用型、操作型文献。

一般而言，理论教学文献应尽可能系统、完整，实践教学文献以够用为原则，两者数量的比例应控制在 3：1 左右。

非专业文献主要是指满足师生员工德、智、体、美以及业余文化生活需要的文献，重点强调思想性、科学性、知识性、艺术性、趣味性等，包括政治、哲学、法律、地理、历史、教育、体育、文学、艺术以及有关自然科学种类等，一般以馆藏各类文献是否有经典著作作为评价标准。

2. 文献资源的利用率

这主要从馆藏利用率和文献资源产生的价值两方面来看。利用率的高低是文献资源质量和结构等方面的综合反映。收藏的文献资源质量越高，读者使用频率就越高，对图书而言，借阅率就是最好的反映；对数字资源特别是网络数据库来说，点击率、下载率是最好的反映。高校图书馆也可在一定时期内选定相关种类馆藏资源的用户，对其使用情况进行跟踪调查，获得利用率数据，从而为馆藏的合理配置提供依据。图书馆的利用率低下，馆藏质量可能是其主要原因。

3. 文献资源的知识信息含量

读者的信息需求在很大程度上取决于图书馆文献资源的知识信息含量。高校图书馆面对庞大的出版发行信息，不能盲目选择，应合理地利用图书馆经费，保证学术价值高、内容新颖的核心文献的收藏。对于图书文献，可以根据学科核心书目等，保证核心图书的入藏；对于中文期刊文献，可利用北京大学四年一版的《中文核心期刊要目总览》圈定各学科的核心期刊范围，保证核心期刊的入藏；对外文期刊文献，可利用期刊的影响因子，确定核心期刊的入藏。

随着网络技术的发展，馆藏资源评价不仅局限于本馆的实际收藏，即传统意义上的实体馆藏，还需要对虚拟馆藏和网上信息组织能力以及对虚拟馆藏利用率等进行评价。各高校图书馆主要采用下列标准对虚拟馆藏进行评价：①可随时阅读和下载（有使用权）的虚拟资源学科覆盖率；②利用网络信息资源的设备、布局及网络传播速度；③网络的大众使用性（服务时间与收费标准）；④本馆可供共享的数字化资源信息含量及被访问下载次数；⑤网上离散资源的收集、组织能力；⑥虚拟资源浏览人次等。

文献资源建设与评价是动态的、发展的，两者具有互动性，文献资源建设的评价往往滞后于文献资源建设。高校图书馆建立健全科学的文献资源评价体系，对提高文献资源建设质量将起到巨大的推动作用。

三、数字资源评价指标构建原则

（一）科学性和先进性

指标体系里的每个指标都要有明确的含义和统计界限，都要能直接或间接地反映数字资源的特点，指标的选择与层次划分要符合思维逻辑，各级指标的划分标准应统一，各子项应不相容；在准确、全面反映数字资源特点的同时，评价指标还要能反映数字资源的发展方向，体现现有数字资源发展的不足。

（二）整体性和系统性

评估指标体系是一组系列化的由浅入深、由表及里的指标组成。考虑到数字资源的特点包含两个方面：一是自身的静态特点，包括收录内容、检索系统等；二是使用过程中的动态特点，包括具体的使用情况和效益等；因此，构建的指标不应该是孤立的，而应该是能同时反映以上两个方面的特征，成为一个系统化的完整体系，只有这样才能全面、系统、准确地评价数字资源。

（三）灵活性

数字资源评价指标体系，应具有相当的灵活性，既要能作为整体框架用于全面评价一个数字资源的总体情况，也要能对比评价同类型数字资源和不同类型数字资源之间的情况，满足高校图书馆在数字资源购买、服务的不同阶段对评价的需要。

（四）数据的可获取性和合理性

为使评价在实践中能顺利进行，各指标的评价数据应该易于收集和获取，不能直接获取数据而需要采用其他方法间接赋值的指标，应考虑具有合理的赋值方法与之相适应。

（五）可操作性

在考虑指标体系的科学性的基础上，必须考虑该体系的可操作性，应尽量选取较少的指标反映较全面的情况，为此，所选指标要具有一定的综合性，指标之间的逻辑关联要强，具有可比性。而且，所选取的指标应该尽量与数字资源现有数据衔接，必要的新指标应定义明确，以便于数据采集。

（六）深刻性

评估指标对于比较数字资源的学术性和学术质量有实质性效果，形成的结果能够对于数据库的采购起到参考作用。

（七）定性分析与定量分析相结合

为了进行综合评价，必须将一些反映数字资源基本特点的定性指标定量化、规范化，为采用定量评价方法打下基础。

四、数字资源评价指标体系构建中应注意的问题

（一）规范化

评价指标体系是由一系列相互联系的统计指标所组成的。体系中的指标不能孤立和分散使用，作为一个系统化的完整体系，评价体系强调对数字资源的整体评价，因此，要求指标含义和界定都必须明确和清楚，同样，在对指标的定义中所涉及的术语也必须规范，所使用的计量单位也必须便于比较和分析。规范化是建立评估指标体系的一个基本问题。

（二）数据收集

评价涉及大量统计数据，而这些统计数据主要来源于数字资源出版商或供应商，以及高校图书馆。数字资源出版商或供应商提供的主要是系统自动统计积累的客观数据，如用户检索次数、下载篇数、收录期刊种数等；高校图书馆提供的主要是根据计算、对比和分析得出的半客观或半经验、主观或纯经验的数据，如全文利用成本、后备文档成本、目标读者访问率等；由于出版商或供应商所提供的统计数据的真实性难以验证，以及高校图书馆自己采集数据条件的局限性，在对不同数字资源的评价值进行比较时，要注意统计数据来源的不同所造成的差异。

五、数字资源评价指标体系的内容

（一）与学校教育教学及科研事业发展的符合度

在购买任何一种数字资源之前，都需要对其内容、形式、文种等进行综合研究，通过分析研究，明确购买该数字资源的必要性。具体来说，要参考以下方面：

1. 办学定位

数字资源的内容、形式、文种等是否与学校的办学目标一致，数字资源的内容深度是否适应学校的办学类型，数字资源的内容是否适应学校的办学层次，数字资源是否适应学校人才培养目标和特色等。

2. 学科建设与科学研究

包括数字资源与学校的学科建设规划是否关联，涉及的学科数量有多少，涉及的学科中本校重点学科（实验室）的比例，涉及的学科发展水平的高低情况等。

3. 目标用户

包括使用该数字资源的教学科研机构的数量，使用该数字资源的潜在人数数量，使用

该数字资源的读者类型，使用该数字资源的读者的学历结构和职称结构等。

4. 办馆定位

包括数字资源的内容、形式、文种等与图书馆的办馆目标是否一致，与图书馆的馆藏发展规划是否一致，与文献采购原则和方针是否一致，数字资源对现有馆藏的互补作用的强弱程度等。

（二）数字资源的内容

在购买某一种数字资源之前，需要对其收录文献内容情况进行分析，确定数字资源收录文献的数量规模、资源的品质，掌握其试用效果，具体衡量标准如下：

1. 数字资源的数量规模

数字资源的类型是图书、期刊还是题录、文摘、事实数据库等；数字资源收录文献的时间跨度，即收录的文献是从何年开始；数字资源的内容丰富程度，即收录文献的种、册、篇数的多寡；数字资源收录文献中的全文文献比例等。

2. 数字资源品质

数字资源收录出版物的权威性，其出版物作者、文章在学科中的影响力和知名度情况等；数字资源出版商的权威性，即出版物机构的知名度和学术影响力；数字资源收录文献内容的连续性和完备程度；数字资源收录文献内容的新颖性，更新的频率；数字资源收录文献内容与其他数字资源收录的文献的重复比重，与馆藏各类型文献信息资源的重复比例。

3. 试用效果

购买数字资源之前，各高校图书馆都会对需要引进的数字资源进行试用，试用结束后，应采集以下数据：试用期内个人用户访问该数字资源的比例（相对于目标用户）；试用期内个人用户检索该数字资源的平均次数；试用期内个人用户下载文章的平均篇次数；调查目标读者试用后对该数字资源的满意程度。通过以上数据和满意程度问卷调查，可判断数字资源的试用效果。

（三）数字资源的检索功能

在对数字资源的内容进行评估的同时，也需要对数字资源的检索系统进行评估，因为系统的好坏直接影响到对内容的使用，具体衡量标准如下。

1. 检索界面

检索界面的友好性和专业性：越方便、专业和学术品位越高的检索界面越容易被读者所接受，利用率会提高。

2. 检索技术与方法

检索入口、检索途径和检索技术：检索入口多样、层次较好，检索字段较多和检索途径较完备，检索方法、技术、策略等多样的数字资源更容易受读者喜欢，被读者利用。

3. 检索结果处理

读者能否对检索结果中的命中文献进行标注，系统能否对检索结果中的命中文献进行按相似度、时间、字顺等方式排序影响着数字资源的利用及利用程度。

4. 检索效率

在数字资源的使用过程中，其检索文献时的响应时间、拒绝访问或检索失败频次都影响其利用。由于查全率和查准率因检索技术的不同，其结果不同，很难确定其值，在此没有列入评价指标。通过实践中的分析比较，CNKI 因检索路径较多，其检索功能明显处于优势地位。

（四）服务商的品质

服务商的服务，同样影响着数字资源的质量和用户的使用，也是高校图书馆在购买和更新数字资源时必须考虑的问题，具体衡量标准如下：

1. 管理信息系统

服务商提供的数字资源的管理信息系统对图书馆是否有管理权限（指基于该管理信息系统开发资源并授权用户访问）；该管理信息系统能否及时为用户提供真实充分、反映资源品质特性的材料，及时反馈用户所需要的资源利用或试用报告等。

2. 数字资源附加值

服务商提供的数字资源能否提供参考文献、引文文献、资源报道等相关服务，能否提供全文文献传递的配套服务，是否具备诸如调整输出格式、进行二次检索、全文浏览或下载、导入数据库和文档、投稿指南、邮件服务等个性化服务功能。

3. 技术指导

服务商提供的数字资源是否具有资源利用帮助系统，是否为用户开办讲座等。

4. 对问题或故障的解决

供货商的服务是否承诺及时解决资源利用过程中可能出现的各种问题，并提出合理可行的解决方案。

5. 出版商提供的服务

出版商提供的数据传递方式是通过 Internet 传递还是本地镜像通过校园网传递，数据访问方式是 IP 地址授权访问还是用户名密码登录访问，存档方式是数据加密系统还是裸数据，有无并发用户数限制等。

6. 成本核算

购买数字资源后，还要考虑其成本，如每下载一篇全文所需要的成本投入（全文利用成本），每检索一次所在地需要的成本投入（次均利用成本），每个目标读者使用资源所需要的成本投入（读者人均服务成本），后备文档所需要的设备、维护等成本投入（后备文档成本）等。通过成本核算，结合图书馆经费情况，再决定下一年度是否续订或停订。

（五）以决策模型为基础，完善数字资源的采访工作

自 20 世纪 90 年代以来，高校图书馆普遍引进了各种类型的数字资源，数字资源以其检索便捷、数据更新及时等特性受到了读者的普遍青睐，也逐渐成为教学、科研活动的主要信息源。然而，数字资源的大量采进也使高校图书馆资源购置经费紧张与信息需求增加的矛盾不断激化，高校图书馆不得不对数字资源进行科学评价，以便利用有限的经费购置更多的高性价比资源，更好地满足读者的需求。

评价是判断文献资源的内在价值，而选择是判断文献资源的外在需求，评价的目的是为了更好地选择。当我们在选择某一数字资源时，首先科学评价其内在价值，通过评价结果，选择备选资源；然后，再根据图书馆的采选标准判断备选的资源；最后做出决策，如果符合选择标准，则购买；不符合，则舍弃。不同的高校图书馆，由于本校的办学水平、学科结构、经济实力的不同，其对数字资源的评价内容、标准和模式不同。在数字资源的采访工作中，可以利用数字资源评价决策模型，对数字资源进行评价与决策，达到完善数字资源采访工作的目的。高校图书馆数字资源的采访流程一般分为荐购、了解、初评、试用、正式评价、谈判、订购和付款等。

在"正式评价"的过程中，数字资源的采访馆员和参考咨询馆员应积极响应用户反馈，并在深入了解试用的数字资源后，由采访馆员填写数字资源使用（试用）情况统计，并交图书馆或学校学术委员会审查，通过后便可以在决策模型中录入此数字资源的原始数据进行评价。采访馆员将模型生成的数字资源的单独评价结果以及与同类型数字资源的对比评价结果提交给图书馆或学校学术委员会，由学术委员会根据评价结果最终决定是否订购此数字资源。

对于已经购买使用的数字资源，在使用到期之前涉及是否续订的问题，续订的过程相对简单一些，而其中正式评价的过程和新订数字资源的过程相同。

在决策模型中，将数字资源的目标层以及各个指标层进行了量化，图书馆或学校学术委员会在决策是否购买数字资源时，原则上，根据量化后得分的高低可以决策此数字资源是否值得购买。

（六）应该遵循一些特殊的原则

1. 与学校发展的不同阶段有关

当学校处于本科教育为主的阶段时，应重点选择那些学科覆盖率高、期刊数量多、单位成本较低的数字资源，此类资源虽然在学术品位、专业性等方面有所欠缺，但符合学校的定位；而当学校处于以硕士、博士研究生为主要教育对象的研究型发展阶段时，就应该重点选择那些专业性强、具有权威性与学术品位的数字资源。

2. 结合图书馆自身的预算情况

此原则注意控制数字资源的性价比。定期统计学校使用该资源的情况，计算单位访问/下载的成本，如果次均成本过高，甚至超过了采用文献传递方式的成本，那么就可以直接从成本控制这个指标上对此资源予以否决。

4. 与馆藏同类型的数字资源进行比较

如果准备采购的某种数字资源与馆藏另一数字资源内容重复过多，或内容部分重复但综合评价得分偏低，那么也需要考虑此数字资源是否值得购买。

建立完整的评价指标模型对数字资源进行综合的评价决策目前在国内相关领域尚属罕见，而利用计算机语言编制程序构建决策模型以实现评价的功能更无先例。此系统开发完成后，经文献资源部门试用，系统稳定实用，并在数字资源采选决策中发挥了巨大的作用。

第二节　高校图书馆资源的评价方法

一、馆藏文献资源的评价方法

（一）自我评价法

馆藏文献自我评价，是高校图书馆有关管理人员对馆藏文献从不同侧面进行评价。

1. 采访人员的评价

文献增长量是否科学、合理；文献文种结构、类型结构是否合理；文献的知识信息含量是否适合于高校办学的需要，文献的出版时间是否较新等。

2. 流通人员的评价

读者对文献的利用率情况。可利用图书馆管理软件，统计某一时间段内图书的借还情况；数据库可利用点击率和下载量等来统计读者利用情况。期刊，由于许多图书馆实行全开放、全开架模式，读者的利用情况不好统计，一般以复印登记记录为依据。

3. 馆藏发展研究人员的评价

人均拥有的馆藏数量是否达标；文献的学科结构、专业文献与非专业文献的结构比例是否合理；文献覆盖率和核心文献的占有率是否较高等。

（二）用户评价法

用户评价法是高校图书馆最常用的定性方法，从用户，特别是专家型用户那里收集关于馆藏的意见，可以发现并分析出用户对不同类型文献的阅读倾向、需求特点，从而为制订藏书补充计划提供可靠的依据，为馆藏文献资源建设工作提供有价值的反馈信息。

用户评价法由于是通过对用户的调查实现的，可以选择一个指标体系，设计一些问题，如"你认为我馆的电子资源能满足你的需求吗"等，让用户回答，或利用德尔菲法（专家咨询法）集中馆藏建设中遇到的主要问题，通过专家帮助提高馆藏质量。目前，各高校图书馆主要采用召开不同知识层次的读者座谈会、发调查问卷等方式进行评价。对教师读者的调查要从职称和学历两方面进行；职称分教授、副教授、讲师、一般教师等四个层次；学历分博士、硕士、本科等三个层次。对学生读者的调查要分博士、硕士、本科三个层次，本科层次还可按年级细分。

（三）引文分析法

引文分析法在国外应用较为广泛，主要用于分析馆藏支持读者从事学术活动的能力，评价馆藏被利用或可能被利用的情况。评价时选择的引文要充分考虑来源文献的全面代表性、文献发表的时间性和引文的数量，所选取的论文或著作首先要在本学科领域具有普遍意义或具有综述和述评的性质，其次要考虑作者的代表性、权威性，最后还要考虑文献本身的学术价值和引文绝对数量。在自然科学领域，往往一篇（部）或者若干篇（部）文献具有专业学科领域的理论奠基价值，通过这些文献可以滚雪球式地寻找到若干核心作者，累计核心文献，间接达到提高馆藏质量的目的。运用引文分析评价馆藏，可以确定本馆收藏的相关学科的核心图书和期刊，并以此作为评判文献价值、著者学术水平的量度标准。

（四）评分的方法

馆藏文献资源的评价比较复杂，单纯用某一种评分方法评价馆藏文献质量的高低难以准确、客观和全面，因此，可以考虑定性与定量相结合，并用模糊数学、经济学等方法进行分析评价，如利用层次分析法，结合实际情况，构建指标体系，建立评价模型，采用定性和定量评价相结合的方法进行数字资源的评分；定性评价法简单易行，适用性较强，有的因素难以量化时，可以采用定性评价法；定量评价法具有客观性、准确性。两种评价方法相结合进行评分可以互相取长补短，贴近客观实际。

二、数字资源评价的方法

数字资源的科学评价是一项比较系统、复杂的工作，需要考虑很多因素。由于数字资源价值和质量是其本身与数据提供商、图书馆及其用户、计算机与网络等外部物质、技术、人本因素相互作用的结果，进行数字资源评价体系研究必然涉及图书情报学、经济学、数学、统计学、信息技术等众多学科的理论和方法，高校图书馆应从以下四个方面对数字资源进行评价：

（一）建立数字资源评价指标体系

1. 目标层指标

该项指标主要围绕数字资源评价目的如"采购评价"等而设计。

2. 准则层指标

通过对评价指标的类分确立数字资源评价基本内容框架，如资源内容评价、服务质量评价等。

3. 要素层指标

在总结、归纳、分析、抽象的基础上，通过广泛的调查研究，确立对数字资源评价具有普遍适应性的要素与因子。

4. 方案层

根据数字资源价值和质量的评价，确定质量好价值高、质量好价值低、质量差价值高、质量差价值低等四个方案，供学术委员会参考，以确定是否购买和续订。

（二）建立数字资源评价数学模型

利用调查统计、模糊数学、经济学等方法对数字资源评价指标进行定量研究，探究各指标间及其影响因子之间的一般关系，并建立数字资源评价数学基本模型。

（三）开发数字资源评价决策专家系统

利用现代信息技术和手段，通过计算机编程，开发对数字资源评价实践具有决策意义的计算机辅助管理系统，并在实践中得到应用和检验。

（四）建立数字资源采访模式

根据评价结果，结合高校图书馆的特点，建立适合高校图书馆的数字资源采访模式。

三、层次分析法（AHP）

随着社会和科技的发展，系统工程在我国已广泛地应用于各工程的组织管理，如安排施工进度、制订生产计划、调度机器设备等。在各项大型建设项目中，如长江三峡工程等，都要进行深入细致地可行性分析（系统工程中的一种分析方法）。数字资源的评价是一个系统工程，需要考虑诸多因素并构建一个由一系列相互关联的统计指标组成的评价体系。

客观事物具有多种属性、多个侧面，各个侧面是互相联系、互相制约的，且各自的重要程度不一，如只从一个角度或依据一个方面对客观事物进行评价，片面性在所难免。因此，在系统工程中，人们无法回避决策过程中决策者的选择和判断所起的决定作用，决策中总会有大量因素无法定量地表示出来，定性和定量相结合的方法还太少。基于此，美国著名运筹学家、匹兹堡大学教授萨迪于 20 世纪 70 年代初期提出了一种系统分析方法（AHP），是一种能将定性分析与定量分析相结合的分析方法。

AHP 可以将复杂的问题分解成若干个层次，在比原问题简单得多的层次上逐步分析，可以将人的主观判断用数量形式表达和处理，也可以提示人们对某类问题的主观判断前后有矛盾，将人们的思维过程和主观判断数学化。不仅简化了系统分析与计算工作，而且有助于决策者保持其思维过程和决策原则的一致性，易于掌握，也易于应用，如在对事物和干部的评价上，在为某一目的对各种方案、器材、厂址和其他任何事物的选取上，在对新技术的发展、新武器的研制或将来市场的预测上，在对资源或人力的分配上，都有着非常实际的应用价值。AHP 将判断和价值结合为一个逻辑的整体，依赖想象、经验和知识去构造问题所处的递阶层次，并根据逻辑、直觉和经验去给出判断，允许使用者随时进行修订，即使用者既可以扩展一个问题层次中的元素，也可以改变原先的判断；允许使用者去考查结果的敏感程度以决定到底做何种改变，为进行群体决策提供了一种适宜的结构。

（一）AHP 的优点

AHP 具有适用性、简洁性、实用性、系统性等特点，输入的信息是决策者的选择与判断，充分反映了决策者对决策问题的认识——适用性；分析思路清楚，可将分析人员的思维过程系统化、数学化和模型化——简洁性；在决策过程中，将定性和定量因素有机地结合起来，用一种统一方式进行处理——实用性；把问题看成一个系统，在研究系统各组成部分相互关系以及系统所处环境的基础上进行决策——系统性。

（二）AHP 的缺点

AHP 在很大程度上依赖于人们的经验，主观因素的影响很大，至多只能排除思维过程中的严重非一致性，却无法排除决策者个人可能存在的严重片面性；比较、判断过程较为粗糙，不能用于精度要求较高的决策问题。

（三）AHP 分析问题的思路

首先，把要解决的问题分层系列化，即根据问题的性质和要达到的目标，将问题分解为不同的组成因素，按照因素之间相互影响的从属关系将其分层聚类组合，形成一个递阶的、有序的层次结构模型；然后，对模型中每一层次因素的相对重要性，依据人们对客观现实的判断给予定量表示，再利用数学方法确定每一层次全部因素相对重要性次序的权值；最后，通过综合计算各层因素相对重要性的权值，得到最底层（方案层）相对于最高层的（总目标）的相对重要性次序的组合权值，以此作为评价和选择方案的依据。具体包括以下两个步骤：

1. 明确问题

在分析社会、经济以及科学管理等领域的问题时，首先要对问题有明确的认识，弄清问题的范围，了解问题所包含的因素，确定出因素之间的关联关系和隶属关系。

2. 建立层次结构模型

应用 AHP 分析决策问题时，首先要把问题条理化、层次化，构造出一个有层次的结构模型，在这个模型下，复杂问题被分解为元素的组成部分，这些元素又按其属性及关系形成若干层次，上一层次的元素作为准则对下一层次有关元素起支配作用。这些层次可以分为三类：

（1）最高层

这一层次中只有一个元素，一般它是分析问题的预定目标或理想结果，因此也称为目标层。

（2）中间层

这一层次中包含了为实现目标所涉及的中间环节，可以由若干个层次组成，包括所需考虑的准则、子准则，因此也称为准则层。

（3）最底层

这一层次包括了为实现目标可供选择的各种措施、决策方案等，因此也称为措施层或方案层。

递阶层次结构中的层次数与问题的复杂程度及需要分析的详尽程度有关，一般来说层次数不受限制。每一层次中各元素所支配的元素一般不要超过九个，这是因为支配的元素过多会给两两比较判断带来困难。

（4）建立两两比较的判断矩阵

层次结构反映了因素之间的关系，但准则层中的各准则在目标衡量中所占的比重并不一定相同，在决策者的心目中，各占有一定的比例；在层次分析法中，为了使判断定量化，关键在于设法使任意两个方案对于某一准则的相对优越程度得到定量描述，一般对单一准则来说，两个方案进行比较总能判断出优劣，层次分析法采用标度方法，对不同情况的评比给出数量标度。

在确定影响某因素的诸因子在该因素中所占的比重时，遇到的主要困难是这些比重常常不易定量化。此外，当影响某因素的因子较多时，直接考虑各因子对该因素有多大程度的影响时，常常会因考虑不周全、顾此失彼而使决策者提出与他实际认为的重要性程度不相一致的数据，甚至有可能提出一组隐含矛盾的数据。

四、调研方法

数字资源评价的影响因素的重要性程度是一个抽象的概念，很难给予量化，重要影响因子的筛选也具有多准则和不确定性。如何在众多的评价影响因素中找出关键性影响因子，需要借助不同读者群体特别是专家群体的共识筛选。针对以上指标，可以采用问卷调查的方式进行调查。

（一）问卷设计及答案的构思

问卷调查表采用两部分的结构形式：致敬信、正文测试题。为便于读者理解并认真回答问题，调查内容设计为按影响因素（评价指标）的重要性程度排序。

（二）调查对象

不同类型的图书馆其经费来源和服务的群体不同，对数字资源评价指标影响因素的认可度和重要性认知也存在差异。由于调查的是高校图书馆关于评价指标的影响因素重要性程度，主要面向使用数字资源较为普及的教授、博士、硕士以及少量的本科生，考虑到高校图书馆信息服务人员经常接触使用数字资源，也将其列入调查对象。

问卷数据汇集所采取的方法：将各个指标所排的名次取平均值得到该指标的综合名次，以此为获得各指标在该类级中的权重提供原始数据，由原始数据按照数值转化的方法转换成层次分析法所需的相对标度。

五、构建数字资源决策模型

对数字资源进行评价研究，对于合理利用文献资源建设费用、理性地建设数字馆藏、提高图书馆的服务质量都有着非常重要的意义。

为了更加完整、具体地对数字资源进行评价，我们需要量化表现数字资源的目标层、一级指标甚至二级指标，以方便使用者对资源的评价与决策。因此以评价指标体系为依据，建立一套评价数字资源的决策模型，此模型包含指标和资源两方面的基本信息，其目标便是以层次分析法为实现原理，以计算机语言为工具，编制程序，实现多途径地对数字资源进行评价决策，实现全面、系统、精确地评价某个数字资源总体情况的需要。而在实际应用过程中，可根据需要，自如地纵、横向伸缩该指标体系中的部分指标，以满足不同阶段、不同深度的评价要求。

参考文献

［1］韩雨彤，常飞. 图书馆信息资源建设发展研究［M］. 北京：应急管理出版社，2020.

［2］江莹. 基于信息资源建设与读者服务的高校图书馆发展研究［M］. 长春：吉林大学出版社，2020.

［3］余晓华. 高校图书馆信息资源建设与服务［M］. 郑州：中原农民出版社，2020.

［4］宋丽萍，于君. 大数据环境下高校图书馆信息资源建设与共享［M］. 北京：兵器工业出版社，2020.

［5］李丽丽. 图书馆数字信息资源建设研究［M］. 海口：南方出版社，2020.

［6］凌霄娥. 图书馆管理艺术与信息化应用研究［M］. 西安：西北工业大学出版社，2020.

［7］刘哲，杨扬. 信息资源检索与毕业论文写作［M］. 北京：中国商业出版社，2020.

［8］李小贞，赵毅. 现代馆藏管理与资源建设［M］. 长春：吉林人民出版社，2020.

［9］郑德俊. 移动图书馆服务质量评价及提升策略［M］. 北京：光明日报出版社，2020.

［10］宋红梅. 大学生信息素养能力与教育探索［M］. 延吉：延边大学出版社，2020.

［11］王立诚. 科技文献检索与利用［M］. 南京：东南大学出版社，2020.

［12］刘敏. 科学数据素养教育［M］. 镇江：江苏大学出版社，2020.

［13］刘聚斌. 图书馆管理与信息存储［M］. 沈阳：辽海出版社，2020.

［14］顾志芹. 图书馆管理与信息应用［M］. 沈阳：辽海出版社，2020.

［15］章先贵. 图书馆管理与信息服务研究［M］. 中国原子能出版社，2020.

［16］穆桂苹，崔佳音. 图书馆管理与阅读服务研究［M］. 沈阳：辽海出版社，2020.

［17］乔红丽. 图书馆信息管理与多元化发展研究［M］. 长春：吉林大学出版社，2020.

［18］吴环伟. 图书馆文献资源建设与共享服务创新［M］. 吉林出版集团股份有限公

司，2020.

[19] 王春玲. 地市级数字图书馆资源建设与阅读推广研究［M］. 沈阳：沈阳出版社，2020.

[20] 容海萍，刘斌. 图书馆信息资源建设［M］. 北京/西安：世界图书出版公司，2019.

[21] 包华，张璐. 高校图书馆信息资源建设［M］. 北京：中国商务出版社，2019.

[22] 宋松. 公共图书馆信息资源建设研究［M］. 北京：现代出版社，2019.

[23] 程东立. 图书馆信息检索与资源共享教材［M］. 北京：中国商业出版社，2019.

[24] 刘付霞. 大数据环境下图书馆文献信息资源建设与利用［M］. 长春：吉林人民出版社，2019.

[25] 滕玉蓉，刘皎. 图书馆信息资源建设与管理［M］. 昆明：云南科技出版社，2019.

[26] 萨支斌. 图书馆信息资源共享理论研究［M］. 哈尔滨：黑龙江教育出版社，2019.

[27] 张现龙. 现代图书馆信息资源管理概论［M］. 西安地图出版社，2019.

[28] 詹黎锋. 数字时代图书馆信息资源建设的新发展探究［M］. 中国纺织出版社有限公司，2019.

[29] 张荷立，金叶. 互联网+背景下图书馆信息资源建设和创新服务研究［M］. 北京：中国书籍出版社，2019.

[30] 刘坤. 图书馆档案信息资源开发与整合［M］. 延吉：延边大学出版社，2019.

[31] 孙爱秀. 图书馆管理与信息应用［M］. 沈阳：沈阳出版社，2019.

[32] 张睿丽. 数字图书馆资源管理与建设［M］. 长春：吉林人民出版社，2019.

[33] 马利华. 图书馆信息管理与服务研究［M］. 延吉：延边大学出版社，2019.

[34] 王鑫，蔡秀华. 地学信息资源检索与利用［M］. 北京：地质出版社，2019.

[35] 姜广强. 现代图书馆信息资源配置机制与评价［M］. 天津：南开大学出版社，2018.